Heinrich W. Lütge
Honecker mochte keinen Aal

Heinrich W. Lütge

Honecker mochte keinen Aal

ISENSEE VERLAG
OLDENBURG

Für Jutta

Sie sind überzeugt, keinen Mord begehen zu können?
Das waren gelegentlich nur leichtfertige Äußerungen?
Sie irren!
Sie denken, Sie sind ein besserer Mensch als ein Mörder?
Sie irren schon wieder,
denn für Sie bestand noch nicht die Notwendigkeit,
einen Mord zu begehen.

(nach Orhan Pamuk)

Umschlagabbildung:
Detailfotografie der Berliner Mauer an der Bernauer Straße, Berlin,
mit Spuren sogenannter Mauerspechte. Foto: Iris Dahlke, Oldenburg

Bibliografische Information der Deutschen Bibliothek
Die Deutsche Bibliothek verzeichnet diese Publikation in der
Deutschen Nationalbibliografie; detaillierte bibliografische Daten
sind im Internet über <http://dnb.ddb.de> abrufbar.

Zweite Auflage

ISBN 978-3-7308-1008-8

© 2013 Isensee Verlag, Haarenstraße 20, 26122 Oldenburg
Gedruckt bei Isensee in Oldenburg

Die Hauptpersonen

In etwa in der Reihenfolge, in der sie erscheinen

Heinrich Bertram	Leitung EGA-Motorenwerke später: Vorstand Vertrieb EMD
Marie-Louise	Bertrams Ehefrau
Dr. Peter Berg	Leitung Kaufmännischer Bereich
Petra Pietz	Bertrams Sekretärin
Ute Glade	Dr. Bergs Sekretärin
Wilfried Behnke	Vorstand EGA-Konzern
Gabriel	Treuhand
Ottfried Lükermann	Rentner mit Hund Otto
Maximilian Weisshäupl	Lükermanns Freund
Berti Beckmann	Polizei-Kommissar in K.
Klaus Jakobus	Sprecher Vorstand EMD
Gerhard Heinze	Vorstand Technik EMD
Arthur Gagestein	Leitung Vertrieb EMD in Berlin
Ernst Bauer	Werkleiter in W.
Friedrich Gruber	Werkleiter in Zwickau
Gustafsson	Vertreter EMD in Dänemark
Herbert Plischke	Treuhand

Kapitel 1

Dezember 1990.
Leicht versteuert rutschte der Audi an den Rand der stark gewölbten Straße, wurde aufgefangen und wieder in die Mitte der Fahrbahn gesteuert. Bertram versuchte seine Müdigkeit abzuschütteln. Weiter. Nach einigen Minuten im Scheinwerferlicht ein Ortsschild. Abgeblätterte Farbe, aber noch erkennbar der Name der Stadt W. Durchatmen. Das Ziel war fast erreicht. Seine Verkrampfung löste sich. Durch die an den Rändern schneeverkrustete Frontscheibe tauchten vereinzelt Häuser aus der Dunkelheit auf, geduckt unter schneebedeckten Dächern. Kein Lichtschein nach draußen. Dann erste Straßenleuchten, die den Verlauf der Straße etwas besser erkennen ließen. Ein Warnkreuz für einen Schienenverkehr. Ein genannter Hinweis. Hundert Meter weiter links die enge Straße. Vorsichtiges Einbiegen und kurz danach war in einem Gitterzaun ein Tor zu erkennen. Bertram hielt den Wagen an. Die Füße auf Kupplung und Bremse, den Schlüssel drehen, die Augen schließen. Fünf Stunden Fahrt für gut zweihundert Kilometer. ›Wie weit noch zur Grenze? Das ganze Abenteuer endgültig beenden?‹ Dann wieder die klare Erkenntnis: ›Es geht nicht mehr!‹ Er gab sich einen Ruck, öffnete die Tür und tastete vorsichtig mit einem Fuß in den Schnee.

Er nahm den Mantel vom Rücksitz, zog ihn an und wickelte auch den von seiner Tochter gestrickten roten Schal um den Hals. Auf der anderen Straßenseite nur Dunkelheit. Der Schein seiner Taschenleuchte huschte über den Schnee. Vor und hinter dem Tor waren keine Tritt- oder Fahrspuren zu erkennen. Den in Dresden übergebenen Schlüssel fest zwischen Daumen und Zeigefinger, um ihn nicht im Schnee zu verlieren, stocherte er in das Torschloß, das sich leicht aufschließen ließ. Er lenkte den Wagen auf das Gelände, schloß das Tor und steuerte langsam auf den schwarzen Kasten zu, der sich vier oder fünf Stockwerke hoch kaum gegen den fallenden Schnee abhob. Er stellte den Wagen so, daß im Scheinwerferlicht die Treppenstufen zum Eingang zu sehen waren. Ein Wohnheim für Vietnamesen, einige hundert. Die hatten bis zur Wende für das hiesige Motorenwerk des ehemaligen DDR-Kombinats Elektromaschinenbau – heute Elektro-Motoren-Dresden AG oder kurz EMD – gearbeitet. Bertrams Unterkunft für die erste Zeit in dieser Stadt.

Er holte seine Reisetasche aus dem Kofferraum und stapfte vorsichtig die verschneiten Treppenstufen hinauf. Die verschrammte Aluminium-Glas-Tür ließ sich ebenfalls ohne Probleme öffnen. Ein Wandschalter im Schein der Taschenleuchte, Leuchtröhren im Treppenhaus sprangen flackernd an. Bertram stellte die Tasche in die Tür, ging zurück, verschloß den Wagen und stieg die Treppen in den vierten Stock hinauf, wo ein Zimmer für ihn vorbereitet sein sollte. Vom grauen Ölsockel neben der Treppe war die Farbe abgeblättert. Oben angekommen noch ein kurzer Blick hinunter ins Treppenhaus. Die Tiefe zog ihn an und Bertram versteifte unwillkürlich die Arme am Geländer. ›Könnte man gut runterspringen!‹ Er machte einen Schritt zurück. Vor der Pendeltür zum Etagengang zwei Lichtschalter und einer ließ die Deckenleuchten in einem langen Flur aufflackern. Abgetretener Linoleumboden. Er zählte die Türen und sah auf der achten Tür rechts als Hinweis für ihn seinen Namen mit Kreide geschrieben. Der Schlüssel steckte. Als er die Tür öffnete, ging im selben Augenblick das Flurlicht aus. Alles schwarz. ›Wenn da drin jetzt kein Licht ist.‹ Tasten um die Ecke, ein Schalter, eine Glühlampe an einem Decken-Kabel erhellte den Raum. Feuchtwarme Luft schlug ihm entgegen. Ein schmaler Schrank, ein Tisch, ein Stuhl und ein Bett. Die Wände sahen sauber aus. Es roch nach frischer Kalkung. Das Fenster sperrte, ließ sich mit einem Ruck nach innen aufziehen. Die Heizung unter der Fensterbank knackste vor Hitze, war auf den ersten Blick nicht regulierbar. Er stellte seine Tasche auf den Stuhl und ging noch einmal zum Fenster. Draußen der Harz, der Ost-Harz. Nicht sein Land, fremdes Land. Schräg unter seinem Fenster vor dem Eingang des Gebäudes, durch die fallenden Schneeflocken kaum zu erkennen, als dunkler Fleck sein Auto. ›Noch drei Stunden Fahrt und ich liege im eigenen Bett.‹ Das so dunkle Land hatte sich in den letzten Stunden wie ein schweres Tuch auf ihn gelegt, ihn fast gelähmt. Fröstelnd atmete er die kalte Nachtluft ein. ›Komm, abschalten! Wo sind Toilette und Dusche?‹ Er nahm Handtuch und Waschbeutel aus der Reisetasche und ging wieder auf den Flur. Einen Schalter für die Gangbeleuchtung gleich neben der Tür hatte er übersehen. Die Zimmertür ließ er offen, als Lichtinsel, falls das Deckenlicht wieder ausgehen sollte. Zwei Türen weiter ein abgebildeter Duschkopf. Acht offene Dusch-Kabinen und gegenüber an der Wand eine Reihe von Waschbecken. Er drehte einen Hahn auf, kurzes Gluckern, dann lief Wasser. Es schien sauber zu sein und wurde nach einiger Zeit heiß. Bertram machte sich klar, daß für ihn nicht nur das ganze Haus geheizt werden mußte, sondern daß auch die Wasseraufbereitung auf vollen Touren lief. ›Toller Service! Aber warum gibt es denn kein Hotel in dem Ort?‹ Er war zu müde zum Duschen und traute auch dem Wasser nicht zum Zähneputzen. Er hatte noch eine Flasche Mineralwasser in seiner Tasche. Die Toiletten befanden sich nebenan. Er hatte das Schlimmste erwartet. Plastisch lief vor ihm die Erinnerung an seine Geschäfts-Reisen nach Korea ab. Und einmal, als es ihm gesundheitlich so schlecht ging und er dauernd laufen mußte und dann in den Fabriken die ungewohnten Löcher im Boden. ›Wie habe ich's hier doch gut.‹

Das Bett bog sich bis zum Boden durch. ›Waren wohl Leichtgewichte, die Vietnamesen.‹ Er zog die in einen Überzug gezogene Decke bis zum Kinn hoch und atmete tief die einströmende Winterluft ein. Aber er kam nicht zur Ruhe. Es kreiste in seinem Hirn: ›Wie konnte ich bloß so dämlich sein!‹ Ein Mantra. Und jedes Mal mußte er sich dann sagen: ›Hör damit endlich auf, alles in Frage zu stellen. Die Entscheidung war richtig. Ich konnte nicht in K. bleiben und es ist so die beste Lösung.‹ Seinen Entschluß, in dieses für ihn so fremde und marode Land zu gehen, konnte er vor seiner Familie und seinen Freunden nur damit begründen, daß es für ihn doch außerordentlich attraktiv war, als Vertriebs-Vorstand einer AG mit rund fünfundzwanzigtausend Beschäftigten verantwortlich zu sein. Der wahre Grund für diesen Ortswechsel war jedoch kein freiwilliger und den kannten, so hoffte er, außer ihm nur drei Personen, von denen er wiederum nur eine kannte. Auch seine Familie wußte nicht, was geschehen war und auch das hatte seinen Grund. Wie in jeder Nacht schlich sich die Ahnung in seine Gedanken, daß alles ein schreckliches Ende nehmen würde.

Bertram brauchte unbedingt die noch verbleibenden paar Stunden Schlaf vor dem nächsten Tag. Wieder ein anderes Werk, wieder fremde Menschen, die auf die angekündigten blühenden Landschaften hofften.

Die Stille im Haus wurde durch das Knistern in der Heizung unterbrochen. Er durchfuhr im Halbschlaf die eine und andere dunkle Ortsdurchfahrt seiner nächtlichen Strecke. Mehrfach mußte er aussteigen, um die vom Schnee bedeckte Beschriftung der Ortsschilder zu identifizieren und sie mit den Hinweisen auf seinem vorbereiteten Streckenzettel zu vergleichen. In den letzten Stunden war ihm kein Auto begegnet. Eine Welt ohne Menschen. ›Was hätte ich gemacht, wenn der Wagen unterwegs liegengeblieben wäre?‹ Und da lag wieder die Kuh mit dem aufgeschnittenen Bauch auf der Straße; er schmeckte den ekelhaften Geruch der Innereien. Dann ein Mann, der im Dunklen mit dem langen Messer arbeitete? Bremsen! Bertram zuckte heftig mit einem Bein. Er war auf glitschigen Innereien ausgerutscht und war wieder hellwach. Im Bett! Keine Kuh! Langsam beruhigt horchte er in die Dunkelheit, hielt einen Augenblick den Atem an. ›War da etwas? Ein Geräusch? Draußen oder auf dem Flur? Ist das Fenster zugeklappt? Nein!‹ Bertram hielt einen Augenblick den Atem an. Es war kalt im Zimmer. Keine Leuchte am Bett. Er hörte das Ticken seines Weckers auf dem Boden. Die schwachen Leuchtziffern zeigten auf halb eins. Vor einer halben Stunde erst war er angekommen. Langsam richtete er sich auf. Das Bett stupste an die Wand als er aufstand. Vorsichtige Schritte zum Fenster, das sich in dunklem Grau abhob. Es hatte aufgehört zu schneien. Sein Auto war nur schemenhaft unter dem Schneedach zu erkennen. Vorsichtig, um sich nicht an der Heizung zu verbrennen, beugte er sich über die Fensterbank nach draußen. Alles still, kein Laut. Ein Blick an der Hauswand nach unten und da glaubte er hinter einem Fenster, zwei Etagen schräg unter sich, einen schwachen Lichtschein zu sehen. Schien der Mond und spiegelte sich in der Scheibe? Nein, kein Mondschein über dem Ostharz. Das konnte aber auch nicht die Deckenleuchte sein, die wäre heller. ›Sehe ich Gespenster? Aber da leuchtet doch irgendetwas. Da ist doch jemand. Auf dem Hof steht kein Auto und mit dem Fahrrad ist der wohl auch nicht gekommen. Was mache ich?‹ Bertram trat einen Schritt zurück, als könne man ihn sehen. ›Nachsehen? Aber warum? Was soll das und was kann mir hier passieren? Die haben mir doch das Zimmer vorbereitet. Wir sind doch in Deutschland!‹ Gefühlsmäßig war es für ihn aber noch die fremde, unbekannte DDR. Leicht beunruhigt tastete er zum Stuhl und zog, ohne daß er zu einem Entschluß gekommen war, seine Hose an und über das als Nachthemd getragene Oberhemd einen Pullover, die Schuhe ohne Strümpfe. Ihm fiel ein, daß sein Handy im Auto lag – aber wen hätte er jetzt in der Nacht auch anrufen sollen. Den Nachtdienst in der Fabrik? Gab es den überhaupt? Nein, er war völlig von der Kommunikation ausgeschlossen. ›Brauche ich hier Hilfe? Quatsch! Runtergehen und nachschauen? Oder vielleicht doch erst morgen früh? Dann ist es noch genau so dunkel wie jetzt.‹ Er schaute noch einmal aus dem Fenster. Nichts. Alles dunkel. Er zögerte, setzte sich auf sein Bett und erinnerte sich an die ihm zur Gewohnheit gewordene Geschäftsweisheit: Unbequeme Dinge müssen sofort erledigt werden. ›Also nachschauen!‹ Er stand auf, ging zur Tür und da war plötzlich ein Schrabbern auf dem Gang. ›Die Gangtür!‹ Ein Lichtschein fiel durch den unteren Spalt seiner Zimmertür. Die Beleuchtung war angeschaltet worden. ›Vielleicht doch jemand vom Werk?‹ Ein Klopfen an eine Zimmertür und es hörte sich dann wie ein Versuch an, die Tür zu öffnen. ›Die Werkleute wissen, wo mein Zimmer ist; die kommen wohl auch nicht mitten in der Nacht.‹ Nach kurzer Zeit erneutes Klopfen, das näher schien. ›Habe ich abgeschlossen?‹ Er tastete sich zur Zimmertür, traute sich nicht, die Klinke zu drücken und drehte den Schlüssel. Der blockierte oder war am Anschlag. Der Lichtschein verschwand unter dem Türspalt. Er hörte sich entfernendes Tapsen, dann wurde das Licht wieder eingeschaltet und im selben Moment hörte er Schritte vor seiner Tür. Es wurde angeklopft. Bertram zuckte zusammen. ›So schnell kann der Kerl nicht zurück sein. Also sind es zwei. Was jetzt tun? Endet so das Abenteuer DDR?‹ Noch ein Klopfen! Der Türgriff wurde runtergedrückt. Dann eine Stimme:

„Wer ist da?!"

›Was soll das? Das ist Deutsch, aber kein Hochdeutsch. Ist das ein Dialekt aus der Gegend hier?‹

„Wer ist da, was wollen Sie?" Bertrams Stimme war sehr laut.

„Machen auf, wir wollen sprechen."

Bertram trat neben die Tür an die Wand, als erwartete er, daß jemand durch das Holz schießen würde. Er hielt den Atem an, als ihm plötzlich der Gedanke kam, wo er sich hier befand. ›Die haben etwas vergessen.‹ Noch zögerlich knipste er das Licht an, schloß die Tür auf und öffnete einen Spalt. Aber das waren keine Vietnamesen. Zwei Männer, mittelgroß, beide unrasiert, einer, wohl der ältere, hatte asiatische Gesichtszüge. Sie standen in der Mitte des Gangs, angespannt, aber nicht in drohender Haltung.

„Wer sind Sie? Was wollen Sie? Gehören Sie zum Werk?"

Die beiden Männer schauten sich an und wechselten leise ein paar Worte in einer Sprache, die Bertram nicht verstand. ›Was sind das für Landsleute? An welche Länder grenzt die DDR? Tschechen? Polen? Rumänen?‹ Einer der beiden, der jünger Aussehende, streckte Bertram die geöffneten Hände entgegen.

„Verzeihen, haben Auto gehört. Haben kein Hotel gefunden und schlafen hier in Haus. Ist leer."

Das Flurlicht erlosch.

Der Jüngere kam einen halben Schritt auf Bertram zu:

„Wir können gehen in Zimmer und dann sprechen." Das war keine Frage, mehr ein Befehl.

„Was sprechen?"

Bertram war äußerst angespannt, aber es schien ihm keine gute Situation zu sein, im hellen Zimmer zu stehen und die Männer im Flur nicht deutlich zu sehen. ›Was kann ich jetzt tun?‹. Kurzes Zögern, dann öffnete er die Tür etwas weiter und beide Männer traten ein. Sie blieben in der Nähe der Tür stehen.

„Wer sind Sie und was wollen Sie?"

Es war wieder der Jüngere der sprach:

„Wir in Nacht gekommen. Der Ort heißt W. Ist das noch DDR oder Bundesrepublik?"

›Was soll denn diese Frage?‹

„Die DDR gibt es nicht mehr."

Sein Gegenüber wirkte leicht ungehalten:

„Wir wissen! Ist das altes Gebiet von DDR?"

Da dämmerte es Bertram, wen er hier vor sich hatte. Das waren desertierte russische Soldaten. In Dresden hatte er in den letzten Tagen ganze Kolonnen auf Militärlastern gesehen. Deren Rückreise in die Sowjetunion wurde vorbereitet, wie man in den Zeitungen lesen konnte, und diese beiden wollten anscheinend nicht mit zurück. ›Was mache ich jetzt?‹

„Ja, alte DDR. Die frühere Grenze ist rund fünfzehn Kilometer von hier."

Die beiden tuschelten wieder miteinander. Dann schaute der Jüngere Bertram intensiv an:

„Hast Du Geld?" Im gleichen Moment zog er eine Pistole aus seiner Manteltasche.

Bertram erstarrte und dachte: ›Genauso wie im Film.‹ Der Russe blickte zögernd zu seinem Partner, sprach ein paar Wörter. Der Asiate nickte und trat auf den jetzt wieder dunklen Gang hinaus. Bertram verstand seine kurzes *da*, also dessen Zustimmung und hörte schon den Schuß. Da hielt ihm der Deserteur die Waffe hin:

„Makarow: Sehr gut. Dreihundert Deutschmark."

Bertram versuchte klar zu denken. ›Liege ich im Bett und träume? War da nicht eben auch die tote Kuh? Was will der? Die Pistole verkaufen?‹

Vorsichtig zeigte er mit einem Finger auf die Waffe.

„Sie wollen die Pistole verkaufen?"

„Ja!"

Bertram trat einen Schritt zurück, rührte sich eine Weile nicht und griff dann langsam in seine Hosentasche. ›Ach du Scheiße. Aber so werde ich die vielleicht los. Sollte ich hier heil rauskommen, glaubt mir das sowieso kein Mensch. Oder spielen mir die Ossis einen Streich, damit ich gleich wieder abhaue. In der Schule haben die hier alle Russisch gelernt.‹

„O.k., ich kaufe die Pistole. Funktioniert sie?" Er war sich der blöden Frage sofort bewußt.

„Russische Pistolen immer funktionieren. Wollen schießen?" Der Russe blickte Bertram an, ohne das Gesicht zu verziehen.

Bertram hatte genügend Bargeld bei sich, schon um in diesem Land rechtzeitig tanken zu können. Es hatte noch zweihundertfünfzig Mark. Er zeigte dem Russen die Scheine und dann die bis auf einige Münzen leere Geldbörse.

„Gut!" Der Russe nickte.

Im Treppenhaus sprang das Licht wieder an. ›Der Mongole!‹ Der Russe nahm ihm das Geld aus der Hand und reichte ihm die Pistole. Er drehte sich zur Tür und und zeigte mit einer Hand auf Bertrams Mantel, der über den Stuhl gelegt war.

„Du anziehen, draußen kalt."

›Was soll das denn?‹ und er sagte in freundlichem Ton: „Ich will nicht nach draußen!"

Der Russe nahm den Mantel und warf ihn Bertram zu.

„Du uns fahren nach Bundesrepublik Deutschland. Nur fünfzehn Kilometer du gesagt. Oder geben Autoschlüssel und auch Schlüssel für Tor."

›Es geht also noch weiter. Wie soll ich einem Menschen erklären, daß das Auto weg ist? Zwei russischen Deserteuren den Schlüssel übergeben? Verrückt! Aber ich könnte ja die Pistole zeigen. Eine Pistole! Das würde dann ja prima zum Geschehen in K. passen. Nein, so nicht. Und was haben die vor, wenn ich sie jetzt über die Grenze fahre? Aber die könnten mich auch hier einfach erschießen und den Autoschlüssel nehmen. Also, besser fahren.‹

„O.k., ich fahre."

Während Bertram sich leicht durcheinander ausdachte, wie die Geschichte enden könnte, so zum Beispiel mit einer Zeitungs-Überschrift: *Hat Dr. Berg zugeschlagen?* und er kaum einen klaren Gedanken fassen konnte, zog er seinen Mantel an und faßte vorsichtig in der Tasche nach dem Auto- und Torschlüssel. Unten an der Treppe sah er den Asiaten an der Eingangstür stehen. Er hatte einen Rucksack auf dem Rücken und hob einen zweiten vom Boden auf. Sie gingen zum Auto und der Asiate warf, nachdem Bertram den Wagen geöffnet hatte, die Rucksäcke auf den Rücksitz und wollte gleich einsteigen. ›So nicht, mein Freund!‹ Bertram schöpfte trotzig Mut und wies mit der Hand auf den Schnee auf Front- und Rückscheibe. Sofort machten sich die beiden Fahrgäste daran, den Schnee von den Scheiben zu schieben. Dann gab Bertram dem Asiaten mit einem Fingerzeig in Richtung Ausfahrt den Torschlüssel. Während der Asiate lostrabte, setzte sich Russe Nummer eins auf den Beifahrersitz. Bertram fuhr durch das Tor und schaltete den Motor aus. Als der Asiate wieder einstieg, hielt Bertram seine Hand nach hinten und er bekam ohne Zögern seinen Schlüssel zurück. Er überlegte kurz, wie er den richtigen Weg finden konnte. Es wußte weder die Richtung noch was der erste westdeutsche Ort war. ›Am besten mitten durch die Stadt. Vielleicht sollte ich vor einer Polizeistation halten und fragen, wie ich am schnellsten zwei russische Deserteure über die ehemalige Grenze bringe; die haben mir dafür auch eine Makarow verkauft. Toller Auftritt.‹ Auch jetzt kaum eine Straßenbeleuchtung. Kein Schaufenster erleuchtet. ›Scheiß DDR!‹. Und dann tauchte er plötzlich auf, aus einer Nebenstraße, ein Wagen mit westdeutscher Nummer. ›Hinterher!‹ Die Hand des Russen legte sich schwer auf seinen rechten Arm und er machte ihm mit der anderen Hand ein dämpfendes Zeichen, langsamer zu fahren. Da fuhr Bertram seinen Beifahrer erregt an:

„Ich kenne den Weg nicht und er fährt sicher in den Westen. Ich war noch niemals hier!"

Der Russe reagierte nicht und Bertram hielt Abstand zu dem West-Auto. Das wurde anscheinend akzeptiert. Keiner der drei Männer sprach ein Wort. Nach zehn Minuten eine Ausfallstraße und am Straßenrand ein Schild, was Bertram jedoch nicht erkennen konnte und er traute sich auch nicht zu halten. Weitere Kilometer kein Hinweis auf die alte Bundesrepublik. Ein total dunkles Dorf, zwei Leuchten. ›Ich muß fragen, sonst bin ich vielleicht irgendwann wieder in Dresden.‹ Er fuhr auf gut Glück weiter. Dann endlich ein Kilometerschild für die Strecke nach Bad Harzburg. Bertram war so angespannt, daß er sich sekundenlang fragen mußte, ob das nun im Westen oder noch im Osten lag.

„Wir sind im Westen, Sie können aussteigen". Der Russe schaute nach vorne und sagte: „Weiterfahren, in Stadt!"

Der Asiate murmelte einige Sätze und diesmal sagte der Vordermann *„da"*. ›Ich weiß, was das heißt, aber was wollen die? In den Straßengraben fahren nutzt wohl auch nichts. Also, weiter!‹ Nach zwanzig Minuten tauchten Lichter auf. Sie näherten sich der Stadt. Ein Ortsschild: Bad Harzburg.

Das sahen auch die Russen und sie wechselten wieder einige Sätze. Und dann kam die Überraschung:

„Nach Polizei!"

„Was?"

Der Beifahrer blickte ihn an und wiederholte eindringlich: „Nach West-Polizei!"

›Großer Gott, die wollen um Asyl bitten. Jetzt nur nichts mehr sagen.‹ Bertram fuhr weiter in Richtung der meisten Lichtquellen und sah dann von weitem das bekannte Polizei-Schild.

„Anhalten!", sagte der Russe und drehte sich zu ihm: „Du jetzt zu Dein Hotel fahren und Du haben keine Makarow und wir kein Geld. Wir uns nicht gesehen! Verstanden?"

„Ja, klar! Und alles Gute!" ›Und haut endlich ab!‹

Die beiden stiegen aus, hängten sich Ihre Rucksäcke über und stapften in Richtung Polizei-Station. Bertram wollte sich für einen Augenblick zurücklehnen. Sein Mund war völlig ausgetrocknet. Da sah er, wie die Russen stehen blieben, sich einer umdrehte, der Jüngere, zurückkam und an sein Fenster klopfte. Als Bertram die Scheibe vorsichtig runter drehte, reichte ihm der Soldat etwas in Papier Gewickeltes ins Auto: „Patronen. Pistole nicht geladen. Mehr Munition Du kaufen bei Rote Armee. Russen ehrliche Leute." Er grinste, drehte sich um und lief zu seinem Kameraden.

Nach fast einer Stunde, Bertram hatte den direkten Rückweg nicht sofort gefunden, fuhr er wieder auf den Hof des Vietnamesenheims. In seinem Zimmer angekommen nahm er als erstes die Makarow vom Tisch, wickelte sie in alte Wäsche und legte sie zuunterst in seine Reisetasche.

Es war kurz vor zwei Uhr und Bertram konnte nicht einschlafen. ›Eine Pistole! Sicher ohne bekannte Seriennummer. Was soll ich damit? Zwei Deserteure auf der Polizeiwache; sicher in den nächsten Tagen groß in der Zeitung. Oder, war das alles ein Traum? Ein DDR-Albtraum?‹ Er sprang noch einmal aus dem Bett, griff in seine Reisetasche – und ertastete die Pistole.

Kapitel 2

Oktober 1990.
Nach mehreren kühlen und verregneten Tagen hatte der Wetterbericht einen schönen Spätherbsttag für den Norden Deutschlands angekündigt. Daran dachte jedoch keiner der drei Männer, die gegen halb acht Uhr morgens in kurzen Abständen ihre Autos auf einem Parkplatz des Motoren-Werks in K. abstellten. Der Wagen des vierten Kollegen stand schon auf seinem Platz und Dr. Klaus Richter konnte es sich nicht verkneifen, seine Hand auf den Motorraum zu legen und mit leicht hochgezogenen Augenbrauen zu bemerken:
„Schon kalt! Wenigstens einer, der sich um das Ergebnis kümmert."
Heinrich Bertram und Gerd Mannfeldt verzogen keine Miene. Ein kurzes *Moin* bei der Begrüßung.
„Könnte so ein schöner Tag werden", murmelte Mannfeldt mit einem Blick zum Himmel.
„Man kann nicht alles haben", erwiderte Dr. Richter trocken.
„Also um acht hier unten", sagte Bertram und wandte sich im Haupteingang des Verwaltungsgebäudes an den Pförtner:
„Sagen Sie Karl-Heinz Schneider Bescheid, Abfahrt acht Uhr." Er folgte den beiden, die vor ihm schweigend die Treppen hoch in den zweiten Stock stiegen.
Ein Treffen mit ihrem zuständigen Vorstand in der Zentrale des Konzerns gehörte nicht zu den fröhlichen Höhepunkten in ihrem Berufsalltag. Und zu einer solchen Aussprache war die Bereichsleitung nach Köln bestellt. Derartige

Ausflüge sollten nach vielen Jahren für die Geschäftsführung Routine sein, aber das galt wohl nur für Manager, deren Bereiche Jahr für Jahr das große Geld an die Konzernkasse ablieferten. Diese Könige in ihrer Provinz wurden von der Zentrale kaum im geschäftlichen Tagesablauf gestört. Sie hatten das Glück, sich für die richtigen Produktbereiche entschieden zu haben. In den Veranstaltungen der Zentrale traten sie selbstbewußt auf, wandten sich zwar mit teilnehmender Miene den Kollegen aus den ärmeren Bereichen zu, ließen aber immer durchblicken, daß diese Bereiche letztlich durch ihre besonderen Fähigkeiten am Leben erhalten wurden. Solch erhabenen Status hatten die Motorenleute selten erreicht. Meist bewegten sie sich bei solchen Gelegenheiten im Kreis anderer Stiefkinder des Konzerns, da die Erfolgreichen sich sehr schnell in den Dunstkreis des großen Vorsitzenden begaben. Magere Ergebnisse lagen nach Meinung jedes Vorstands eben nicht an schwierigen Marktgegebenheiten, sondern immer an der Führung des betreffenden Bereichs. Damit war die Grundmelodie für den Besuch im Zentrum der Intelligenz aufgelegt.

Bertram wollte noch bei Dr. Berg, dem Controller des Bereichs, vorbeischauen, wurde aber durch das Klingeln des Telefons davon abgehalten. Marie-Louise, seine Frau, wünschte noch einmal einen erfolgreichen Tag.

„Ihr macht das schon – und fahrt schön vorsichtig. Bei Münster ist übrigens ein Stau angesagt." Bertram wußte, daß sie noch eben den Verkehrsfunk abgehört hatte, dann aufs Fahrrad steigen und sich auf den Weg in ihre Sonderschule machen würde.

„Ja, Dir auch viel Spaß und laß Dich nicht verprügeln."

Kaum hatte er aufgelegt, klingelte es wieder und der Pförtner teilte mit, daß der Fahrer schon vorgefahren war. Unterwegs sei ein Stau und sie sollten etwas eher fahren. Er würde auch den anderen Bereichsleitern Bescheid geben.

„Tun Sie das ordentlich", bemerkte Bertram.

Dr. Berg kam als letzter zum Wagen, murmelte etwas wie

„immer ich" als er in die Mitte der hinteren Sitze rutschte. Das war sein Stammplatz bei solchen Fahrten, denn er war nicht allzu groß und schlank. Auch ihm war bewußt, daß man als armer Bereich nicht mit zwei Wagen bei der Zentrale vorfahren sollte; diesen Übermut verkniff man sich. Er brachte aber immer wieder zum Ausdruck, daß er seinen Reisekomfort für die zweieinhalb Stunden dauernde Fahrt nicht für angemessen hielt. Er ahnte nicht, daß ihm in Kürze eine grauenhafte Reise in wesentlich unbequemerer Lage bevorstand. Dann hätte sicher auch Mannfeldt, der hinten links saß, mit ihm Mitleid gehabt und die beiden konnte man nicht unbedingt als große Freunde bezeichnen.

Nachdem der Wagen auf die Autobahn gefahren und Fahrt aufgenommen hatte und somit das Schicksal für den Tag seinen Lauf nahm, wendete sich Bertram, Bereichsleiter und auch zuständig für den Vertrieb, vom Beifahrersitz halb nach hinten. Er löste den Sicherheitsgurt, um sich seinen Kollegen besser zuwenden zu können, was Fahrer Karl-Heinz Schneider mißbilligend zur Seite blicken ließ. Rechts hinten saß Dr. Richter, zuständig für die Entwicklung des umfangreichen Motorenprogramms. Obwohl sich Dr. Berg mit seinen Sprüchen, man wüßte ja nie, *ob ein Entwickler döst oder denkt, wenn er aus dem Fenster schaut,* auch bei den Entwicklern nicht sehr beliebt gemacht hatte, war Dr. Richter stets um einen Ausgleich bemüht.

Bertram teilte nun seinen Kollegen mit, daß er durch alte Kontakte aus seiner Zeit in der Kölner Zentrale gehört habe, daß es auf Vorstands-Ebene Kooperationsgespräche mit einem europäischen Elektrokonzern gäbe. Man wolle aus Gründen der Ergebnisverbesserung einige Bereiche aus den beiden Konzernen ausgründen und zu einer eigenen Firma zusammenlegen. Und das seien bestimmt nicht die großen Gewinnbringer für die beiden Muttergesellschaften.

„Könnte also sein, daß wir dazu gehören. Viel mehr weiß ich nicht und ich bitte Sie, diese Information absolut vertraulich zu behandeln."

Bevor er noch etwas sagen konnte fuhr Mannfeld hoch: „Warum das denn? Ich meine, warum denn eine Kooperation, und welches Unternehmen ist das?"

Dr. Berg sagte nichts, hatte aber, wie es Bertram empfand, ein wissendes Lächeln im Gesicht. Bertram sprach ihn aber nicht an und wandte sich noch einmal an alle drei:

„Leute, bitte, mehr weiß ich nicht und ich weiß auch nicht, ob wir heute etwas erfahren. Ich wollte Ihnen das zur Kenntnis geben, damit sie diesen Hintergrund bei unserem Treffen berücksichtigen. Offiziell ist es unser monatliches Vorstandsgespräch. Und dafür haben wir alles durchgesprochen und", fügte er mit leichter Ironie hinzu, „sind mit unseren Zahlen ja bestens vorbereitet."

Bertram schnallte sich wieder an, nahm seine Unterlagen aus einer Mappe und vertieft sich in die Zahlen. Auch ihm war klar, daß bei einer Zusammenlegung von bisher getrennten Unternehmen eine der beiden Geschäftsleitungen überflüssig war, beziehungsweise einige Mitglieder daraus. Dieses Szenario spielte sich jetzt mit Sicherheit in den Köpfen seiner Kollegen ab, wie er vermutete und auch er konnte sich nicht richtig auf seine Zahlen konzentrieren. Ihn beschäftigte auch Dr. Bergs Gesichtsausdruck bei seinen vorherigen Erklärungen. Der Controller des Bereichs war fast sechzig Jahre alt. Eine Freisetzung hätte ihn nicht allzu schwer getroffen. Für seine Kollegen sähe die Lage anders aus. Langsam kam eine Diskussion auf der Rückbank auf, aus der sich Bertram jedoch heraushielt. Gegen elf Uhr fuhren sie in die Domstadt ein.

Vorstand Wilfried Behnke, einer der Zentralvorstände des Konzerns, zu dessen Vorstandsbereich auch die Motoren gehörten, und sein Assistent Brocke betraten mit kleiner Verspätung das Besprechungszimmer, begrüßten die Angereisten kurz und widmen sich nach wenigen Einleitungsfloskeln sofort den übergebenen Unterlagen. Behnke blätterte die Seiten flüchtig durch und schlug die letzte Seite auf. Nach schneller Prüfung der Zahlen klappte er die Mappe zu. Die Hochrechnung zum Jahresende wies ein leichtes negatives Ergebnis aus, etwas schlechter als bisher mit dem Vorstand besprochen. Das Budget für das kommende Jahr zeigte ein positives Ergebnis von anderthalb Prozent, schien die Situation jedoch im Augenblick nicht zu retten. Bertram wußte, daß Behnke dasselbe dachte wie er, daß das Ergebnis des laufenden Jahres wohl noch schlechter werden konnte als vorgelegt; in den letzten Monaten des Jahres war nicht mehr viel zu retten. Schweigen auf beiden Seiten des Tisches. Jedes Wort aus dem Kreis der Motoren-Leute wäre jetzt falsch. Wie erwartet brauste Behnke nicht auf. Ruhig, fast leise und ziemlich kühl kamen seine Worte:

„Meine Herren, das kann nicht Ihr Ernst sein, was Sie mir hier vorlegen. Vor vier Wochen haben Sie erklärt, daß zum Jahresende mit einem wenigstens ausgeglichenen Ergebnis zu rechnen ist und nun rauschen Sie erheblich ins Minus? Eine Bankrotterklärung!" Er schloß wohl seinen Assistenten, der die ganze Zeit leicht kopfschüttelnd neben ihm gesessen hatte, mit ein, als er fortfuhr: „Wir stellen Ihnen jetzt diesen Raum zur Verfügung. Sie können Ihr Ergebnis zum Jahresende überdenken. Um vierzehn Uhr stehe ich Ihnen noch einmal für eine halbe Stunde zur Verfügung. Entweder ist dann dieses Ergebnis weg oder, meine Herren, denken Sie mal über sich nach. Überlegen Sie sich das gut." Er machte eine Pause, sagte dann aber nichts mehr, stand auf und verließ den Raum. Die Tür blieb offen, wohl als Aufforderung an Brocke, ihm zu folgen. Dieser bemerkte im Hinausgehen leicht verkrampft:

„Dann viel Spaß!"

Keiner aus der Geschäftsführung machte eine Bemerkung, dieser Mann war für sie keine Hilfe. Einen Augenblick Stille. Dann stand Dr. Richter langsam auf und schloß die Tür. Es war eine der arroganten Angewohnheiten Brockes, die Tür nicht hinter sich zu schließen, um den Klassenunterschied zwischen Zentrale und Provinz zum Ausdruck zu bringen.

›Wie lange soll ich das noch mitmachen?‹ Bertram stand auf, hängte seine Jacke über den Stuhl und versuchte, sich und seine Kollegen aufzumuntern:

„Wie erwartet. Jetzt keine Panik. Es ist kurz nach elf, wir haben rund drei Stunden, um uns noch einmal etwas einfallen zu lassen."

Bertram wußte aus Erfahrung, wie das jetzt ablaufen würde. Sie würden die Zahlen ändern, um zu einem positiven Ergebnis zu kommen und mit kühlem Blick am Nachmittag verabschiedet werden. Wieder zu Hause würden sie keinerlei Ansätze finden, um das zu rechtfertigen, was sie heute unter den Drohungen zugesagt hatten. Ende Januar des nächsten Jahres würden sie im Jahresabschluß wieder die bisherigen negativen Zahlen präsentieren müssen.

Bertram war sich sicher, daß niemand seiner Truppe im Augenblick über weitere Möglichkeiten einer Ergebnisverbesserung nachdachte, wohl aber über die Möglichkeit, in einer Kooperation seinen Arbeitsplatz zu behalten. Auch Bertram zog sich für kurze Zeit in sich zurück. ›Immer derselbe Krampf. Entweder bin ich zu blöd dafür oder der Laden ist einfach langfristig nicht in vernünftige schwarze Zahlen zu bringen. Damit vergeude ich mein Leben. Alle vier Wochen Prügel und keine große Aussicht, daß sich die Lage wesentlich bessert. Ich muß mir endlich darüber klar werden, ob ich den Wechsel mache. Und das muß in den nächsten Tagen geschehen. O.k., aber jetzt erst mal heute hier durchkommen.‹ Er gab sich einen Ruck:

„Ich schlage vor, daß wir die einzelnen Ressorts noch einmal durchgehen um dann zu dem gewünschten Ergebnis zu kommen."

„Gewünschtes Ergebnis!? Und im Januar haben wir dann die richtige Bescherung." Die Stimme Dr. Bergs hatte einen leicht schrillen Ton. Er holte kurz Luft: „Es wird ja nicht einmal bei den zwei Millionen Verlust bleiben, ich rechne, wie ich schon gesagt habe, mit drei!"

Bertram blieb ruhig und seine Stimme war etwas leiser als er sich an den Kaufmann wandte:

„Herr Dr. Berg, bitte! Ja, ich weiß das und Mannfeldt und Dr. Richter auch. Denken Sie aber an meine Hinweise im

Auto und berücksichtigen Sie diesen Hintergrund. Fangen wir also mit dem Vertrieb an. Ich denke, daß ich den Umsatz noch etwas hochnehme, ein bis zwei Millionen, das bringt noch eine halbe Million Ergebnis. Prüfen Sie doch bitte noch einmal, ob wir die Abschreibungen weiter senken können und die Rückstellungen komplett streichen."

„Das mache ich nicht mit! Wir machen uns strafbar!" Dr. Berg klappte seine Unterlagen zu.

Bertram ging nicht darauf ein. Auch er wußte, daß das alles mehr als am Rande der Legalität war.

Dr. Richter hatte bis jetzt nichts gesagt. Er wandte sich an Mannfeldt:

„Wir haben das bis jetzt abgelehnt, aber warum nicht einfach weitere Produktion einfach aufs Lager fahren? Die Motoren werden ja irgendwann gebraucht und das bringt doch auch Ergebnis."

„Sicher können wir das", entgegnete der Produktionschef, „wir sind ja nicht ausgelastet." Er wandte sich an Bertram:

„Sagen Sie uns die Typen, wir prüfen das Material und produzieren die Motoren."

Bertram winkte ab. „Nein, das sollten wir nun nicht auch noch drauf tun. Dann ziehen wir zu viel Fertigung vor und können im Januar gleich Kurzarbeit anmelden. Außerdem muß unser Kollege", er blickte zu Dr. Berg hinüber, „dann wieder weitere Lagerbestände abwerten. Wir sollten jetzt erst einmal alle Möglichkeiten aufschreiben und dann versuchen, Werte festzulegen. Herr Dr. Richter, Sie haben die schönste Handschrift, gehen Sie doch bitte an den Flip-Chart."

Er wurde unterbrochen, denn Dr. Berg krächzte sofort dazwischen:

„Bis auf die Umsatzerhöhung, die Sie ja zu verantworten haben, können wir nichts weiter in die Planung einstellen. Das kann ich auch dem neuen Partner gegenüber nicht verantworten und ich kann mir auch nicht vorstellen, daß der Vorstand das von uns verlangt." Dr. Berg konnte sich kaum beruhigen. Bertram sah ihn starr an. ›Eines Tages vergesse ich mich und bringe ihn um, am besten hier in einer solchen Besprechung, dann bin ich unschuldig.‹

„Nein, tut er auch nicht. Aber er fordert uns auf, unsere Planung noch einmal zu überprüfen. Sie können ja eine Aktennotiz machen, damit Ihnen später keiner an den Kragen kann." Die Stimmung wurde gereizt, wie häufig in diesem fensterlosen, nur durch eine Lüftung versorgten Besprechungszimmer – auch von Kollegen aus anderen Bereichen die GPU-Zelle genannt. Dr. Berg blieb nun still. Mit Sicherheit hatte er die Situation lange verstanden, wußte sogar mehr und wollte sich ein Alibi verschaffen. ›Gegenüber wem?‹ Bertram sah ihn mißtrauisch an.

Während die Geschäftsführung im Besprechungszimmer die Diskussionen über weitere Möglichkeiten der Ergebnisverbesserung führte, rief Behnke seinen Assistenten zu sich:

„Die Amateure rechnen sich jetzt was zurecht. Ich denke, daß das Ergebnis bei gut drei bis vier Millionen Verlust landen wird. Das zeichnete sich schon im letzten Monat ab. Wir sollten aber mit zwei bis drei im Plus rauskommen. Die Franzosen werden das Gleiche veranstalten. Im nächsten Jahr müssen dann die entsprechenden Kosten eingespart werden. Ich denke, es gibt schon im ersten Jahr einige Synergieeffekte, so daß in Summe eine Null herauskommen könnte. Rufen Sie jetzt unsere anderen Bereiche an und stimmen Sie mit denen ein zusätzliches Sonderergebnis von vier Millionen für dieses Jahr ab, so daß wir in Summe im gesamten Unternehmens-Bereich unser Planergebnis erreichen. Ich will mir da keinen Quatsch im Vorstand anhören müssen."

Die Diskussion der Motorenleute im Besprechungszimmer wurde unterbrochen, als die Tür aufging und Frau Dullweiler, Behnkes Sekretärin, herein kam. Anita, wie sie in den Werken bei ihrem Vornamen genannt wurde, grüßte, blickt Bertram an und bat ihn, zu Behnke in dessen Büro zu kommen. Bertram nickte und sagte, daß er in zwei Minuten rüberkäme. Anita zog, überrascht über diesen Übermut, die Augenbrauen hoch, schaute noch einen Moment auf die vier aus dem fernen K., wo sie noch nie war und auch wohl nicht vorhatte, hinzufahren – was konnten Provinzen, in denen Bereiche des Konzerns Verluste machten, schon bieten – verließ den Raum und schloß die Tür.

Um Dr. Berg wieder etwas zu beruhigen, bat Bertram ihn, die einzelnen Bereiche mit den Kollegen noch einmal auf zusätzliche Ergebnisse durchzugehen. Er stand auf, griff in seine Jacke und prüfte, ob ein Schreibstift in der Innentasche steckte, nahm sein Notizbuch und verließ den Raum. Er beeile sich nicht sonderlich, um zu seinem Chef zu kommen. Am liebsten hätte er das Notizbuch auf eine Fensterbank gelegt, denn er konnte sich auch so merken, was in solchen Besprechungen festgelegt wurde. Er erinnerte sich aber gut an sein erstes Gespräch mit Behnke, als er zu ihm gerufen wurde und nichts zum Notieren dabei hatte. Dessen Frage, ob er zu einem Plauderstündchen käme, hatte er nicht vergessen. Auch wußte er, wie das jetzt losgehen würde und am liebsten hätte er noch fünf Minuten gewartet, um einen echten Anschub für einen Wechsel zu haben.

„Gehen Sie rein, er wartet schon."

Anita Dullweiler blickte bei seinem Eintreten gar nicht hoch und tippte auf ihrer Olympia weiter.

›Alle sehr freundlich, wo arbeite ich hier eigentlich?‹

„Haben Sie sich verlaufen?" Auch Behnke blickte zunächst nicht von seinen Unterlagen auf dem Schreibtisch hoch.

„Ich habe über einen Mord nachgedacht und bin ins Grübeln gekommen."

„Gut, wenn Sie das tun müssen, aber bitte nicht hier im Haus!"

Bertram verkniff sich eine Antwort. Es war von Behnke nicht so zynisch gemeint, wie es sich für einen Uneingeweihten anhörte. Bertram kannte seinen Chef seit einer Reihe von Jahren und wußte, daß neben seinen häufig schroff vorgetragenen Argumenten und auch solchen boshaften Sprüchen im

Ernstfall ein faires Verhalten gegenüber seinen Mitarbeitern bestand. Bertram beobachtete Behnke einen Moment, der noch einige Unterschriften in einer Postmappe leistete. ›Vielleicht wird man in solchen Positionen so. Aber von Motivation hat er noch nichts gehört. Aber auch da hat er wohl Recht; Mitarbeiter in meiner Position sollten nicht motiviert werden müssen, sonst sind sie falsch eingesetzt.‹

Überraschenderweise wies Behnke Bertram nicht den Stuhl vor seinem Schreibtisch an, sondern stand auf und zeigte auf die schlichte Polstergarnitur. Ohne weitere Kommentare über ihre kurze Episode im Besprechungszimmer setzte Behnke an:

„Ich erkläre Ihnen das jetzt; geben Sie davon noch nichts an Ihre Kollegen weiter."

Die Ausführungen bestätigten die Informationen, die Bertram im Vertrauen aus der Zentrale erhalten hatte. Zu schwaches Ergebnis seit einigen Jahren. Die Braut mußte nun für die geplante Kooperation geschmückt werden.

„Aus diesem Grund werden wir Ihnen in den nächsten Tagen eine Gutschrift für Ihr Kupfer, das Sie über die zentrale Materialwirtschaft bezogen haben, überweisen. Fordern Sie das mit einem rückdatierten Schreiben an. Der Betrag sollte bei rund vier Millionen liegen, eine weitere Million holen Sie noch aus Ihren Zahlen heraus. Dann kommen Sie mit drei Millionen positiv in diesem Jahr raus. Im nächsten Jahr, aber ohne eine solche Gutschrift, in etwa gleicher Höhe, besser etwas mehr. Begründen Sie das alles zunächst Ihren Kollegen gegenüber mit notwendigen Umstrukturierungs-Maßnahmen innerhalb des Konzerns. Haben Sie dazu noch Fragen?"

Bertram zögerte. ›Was soll ich jetzt sagen? Das ich schon Gerüchte gehört habe und daß ich weiß, um welchen Partner es geht? Daß ich diese Partnerschaft nicht für ideal halte? Dann müssten sich einige von uns auch einen neuen Job suchen. Nein, das ist hier überhaupt kein Thema. Also, sag was, bevor er aufsteht und dir sagt, daß Du darüber ja noch einmal nachdenken kannst – aber die Zahlen trotzdem entsprechend planst beziehungsweise den Realitäten anpaßt.‹

„Nun, ich bin nicht überrascht. Ein solches Konzept bietet sich" Bertram machte eine kleine Pause „auch an", wobei er das Wort *auch* stark dehnte. „Ich frage mich allerdings, warum keine Lösung innerhalb des Konzerns angestrebt wird. Wir bauen Serienprodukte in riesigen Stückzahlen. Das können aber die großen Firmen in den Niedriglohnländern Europas auch, denn unsere Wettbewerber kaufen dieselben Maschinen zur Herstellung dieser Motoren. Aber die Lohnkosten in Italien und Spanien und selbst in Frankreich sind wesentlich niedriger. Wir denken, daß wir auf Dauer nur überleben können, wenn wir ganze Systeme anbieten, also Motor mit elektronischer Steuerung und wo nötig mit Schaltwerk. Denn unsere Kunden müssen das bis jetzt alles selber zusammenkaufen und dann mit Aufwand in ihre Geräte einbauen. Und wir haben doch all diese Produkte im Konzern – man müßte sie in einem Bereich zusammenfassen und als komplettes System anbieten. Und das können nur wenige. Ein großer Familienbetrieb macht es uns auf dem Gebiet der weißen Ware doch vor, und denen geht es hervorragend." Bertram machte eine kurze Pause, sagte dann aber nur noch:

„Gut, das dazu."

Behnke sah ihn schweigend an, erwiderte dann kühl:

„Ich weiß nicht, ob es denen gut geht. Gehen Sie jetzt mit Ihren Leuten an die besprochene Aufgabe. Und Ihre Vorstellungen über Antriebssysteme geben Sie mir mal schriftlich rüber. Sonst noch etwas?"

„Nein. Also dann bis nachher."

„Wollen Sie das Ganze in K. überarbeiten?" Ein überraschend freundlicher Ton. „Dann fahren Sie jetzt. Schicken Sie mir die überarbeitete Planung zum Wochenende nach Hause; wir können dann telefonieren."

Kurze Verabschiedung und Bertram ging zu seinen Kollegen zurück ins Besprechungszimmer. Auf den Flip-Chart waren einige Zahlen geworfen, er konnte aber kein Ergebnis erkennen.

„Sie haben sicher ein abnehmbares Ergebnis sichergestellt. Dann könnten wir ja in die Kantine gehen und einen Kafffee trinken."

„Können wir uns nicht leisten", feixte Dr. Richter, „denn dann ist das Ergebnis wieder rot."

Bertram setzte sich. „Also, eine gute und eine schlechte Nachricht. Die gute, wir können für heute nach Hause fahren, der Meister gibt uns zwei Tage zum Überarbeiten. Ja, und die schlechte: es bleibt bei rund einer Million, die wir noch drauflegen müssen. Natürlich sind alle weiteren Investitionen gestrichen; Kassen zu!"

Es wurde noch eine Weile diskutiert. Dann gingen die vier gemeinsam in die Kantine und aßen das angebotene Hauptgericht *Rheinischer Sauerbraten*. Danach hatte jeder von ihnen noch einige Stunden in den verschiedenen Abteilungen der Zentrale zu tun. Dr. Berg meldete sich zur verabredeten Zeit kurz nach vier Uhr am Nachmittag als letzter zurück und der Fahrer, der sich mit Kollegen aus den anderen Konzernbereichen die Zeit vertrieben hatte, fuhr den Wagen vor. Die Rückfahrt verlief ohne große Diskussionen, wie sie manchmal geführt wurden, wenn sie ohne große Blessuren aus derartigen Gesprächen herausgekommen waren. Bertrams Gedanken glitten wieder zu der Möglichkeit eines Firmenwechsels, der ihm von Gabriel angeboten worden war. Er wollte abschalten, sah aber wieder das Gesicht Dr. Bergs vor sich. Er hatte dessen wissenden Gesichtsausdruck auf der Hinfahrt nicht vergessen. ›Und da war doch noch irgendein Satz, daß er irgendetwas dem neuen Kooperationspartner nicht zumuten könne. Was weiß er, was hat er und warum spricht er mich nicht an?‹ Dr. Berg gehörte dem Konzern seit über zwanzig Jahren an. Er war zwischenzeitlich vor Jahren einmal längere Zeit in einem Auslandsbereich des Konzerns tätig. Bertram wußte nicht genau, ob es Italien oder Frankreich war. ›Wohl Italien, fährt er ja gern hin, war doch erst wieder vor zwei Wochen bei der Cogeco.‹ Vor vier Jahren kam er aus der Kölner Zentrale, in welcher er im Bereich der

Auslands-Revision lange Jahre gearbeitet hatte, nach K.. Sein großer Kummer, nein, Kummer würde Verständnis bei den Kollegen hervorrufen, seine Unzufriedenheit war nach Bertrams Meinung darauf zurückzuführen, daß es ihm in all den Jahren nicht gelungen war, die Leitung eines Bereichs im Konzern zu übernehmen, obwohl er sich dafür als bestens geeignet hielt. Die Kollegen wußten, daß ihm in seinen Abteilungen kaum Fehler unterliefen. Auf seine Zahlen war immer Verlaß. Für außergewöhnliche Situationen, in welchen es nicht auf rein sachliche, sondern auf politische Entscheidungen ankam, hatte er jedoch wenig Gespür. Auch außerhalb der Geschäftsführung hatte er durch seine humorlose Art und seine leicht cholerischen Ausfälle keine große Fan-Gemeinde. Bei den weiblichen Mitarbeitern seines Bereichs versuchte er sich jedoch einzuschmeicheln. Er wurde dort wegen seiner geringen Körpergröße häufig *Hügelchen* genannt.

Der sommerliche Herbsttag neigte sich dem Ende zu, als der Mercedes gegen halb sieben Uhr am Abend auf den Fabrikhof in K. fuhr. Dr. Richter stieg schnell in seinen VW-Bus, um sofort nach Haus zu fahren, da eines seiner Kinder Geburtstag hatte. Dr. Berg setzte sich ebenfalls in seinen Wagen, stieg dann aber wieder aus, murmelte etwas und eilte zum Haupteingang des Verwaltungsgebäudes. Mannfeldt schlug den Weg zu den Werkhallen ein. Er wollte noch, wie er sagte, in einem der Heißbetriebe vorbeischauen, in denen Aluminium-Lagerschilde hergestellt wurden. Dort lief eine Spätschicht. Bertram stimmte mit dem Fahrer die Reisepläne für die nächsten Tage ab, verabschiedete ihn und betrat das Gebäude durch einen nahe am Parkplatz gelegenen Nebeneingang, der schnellste Weg zu seinem Büro. Zwar wollte er nach diesem Erlebnistag nicht mehr arbeiten, aber nachschauen, ob eventuell irgendwelche Hiobsbotschaften auf seinem Schreibtisch lagen. Es gab jedoch keinen entsprechenden Hinweis seines Sekretariats; dieser hätte gut sichtbar oben auf den Postmappen gelegen.

In einigen Minuten der Ruhe versuchte er noch einmal seine Gedanken zu ordnen. ›Kommen Sie in unser Team und übernehmen Sie den Vertrieb der Elektromotorenwerke der alten DDR. Da wartet viel interessante Arbeit.‹ Diese Aussage im ersten Gesprächs mit Gabriel, der neben seiner Vertriebstätigkeit in einer großen Getriebemotoren-Firma seit einem Jahr eine der leitenden Funktionen in der Treuhand einnahm und den er seit Jahren aus gemeinsamer Arbeit im Zentralverband kannte, hatte er wieder im Ohr. Und er wußte, daß die Position noch nicht endgültig besetzt war, weil Gabriel ihn in den letzten Monaten einige Male angesprochen hatte. ›Ich werde ihn morgen anrufen und ein Gespräch vereinbaren.‹ Noch in Gedanken schlug Bertram die Postmappe auf, als er hörte, daß auf dem Gang gegenüber seinem Büro die Pendeltür, die das Treppenhaus abgrenzte, klappte. Er dachte, daß entweder Dr. Berg sein Büro verlassen hatte oder Mannfeldt aus dem Werk zurückgekommen war, um noch einen Blick auf die tägliche EDV-Auswertung der Produktion zu werfen. Er hatte aber keine Lust, in dessen Büro rüber zu gehen, um das Kölner Treffen noch einmal anzusprechen. Es hatte gereicht. Auch die Durchsicht der Postmappe verschob er auf den nächsten Tag. Als er einige Minuten später das Verwaltungsgebäude wieder verließ, blickte er zurück auf die Fenster der Geschäftsführung, die außer seinem alle zur Seite der Werkshallen lagen. Hinter keinem brannte Licht. Sein Dienstwagen stand neben dem Dr. Bergs auf dem kleinen Parkplatz. Etwas irritiert stieg Bertram in seinen Wagen. Als er die Ausfahrt passieren wollte, wurde der Schlagbaum nicht betätigt und Bertram sah den Pförtner heftig mit den Armen winken. Er hielt an und fuhr das Fenster runter. Der Pförtner kam fast im Laufschritt zu seinem Auto.

„Es wird oben noch telefoniert", rief er schon von weitem.

„Wer?"

„Auf Ihrem Apparat!"

„Wieso auf meinem Apparat?"

„Das sieht man an dem roten Lämpchen auf der Anlage.

Haben Sie nicht richtig aufgelegt?"

„Ich habe gar nicht telefoniert."

Er sah den Mann fragend an. Der aber sagte nichts weiter, hob nur bedauernd seine Schultern. Der Nachtdienst wurde von einer Service-Organisation durchgeführt und der Mann war Bertram nur vom Ansehen her bekannt. Er drehte den Zündschlüssel und stieg aus.

„Ich gehe noch einmal nach oben."

„Ich kann hier nicht weggehen, bevor mein Kollege seinen Rundgang beendet hat und hier wieder vorbeikommt", antwortete der kleine rundliche Mann. Bertram ging nicht weiter darauf ein und eilte, jeweils zwei Stufen nehmend, die Treppe nach oben.

„Jetzt leuchtet es nicht mehr", hörte er den Pförtner von unten rufen.

Bertram knipste das Licht im Sekretariat an und ging auf seine Bürotür zu, die etwas geöffnet war. ›Hatte ich die offen gelassen?‹ Ein kurzes Zögern, dann drückte er die Tür auf und tastete um die Ecke zum Lichtschalter. Das Licht flackerte an – nichts. Die Postmappe lag unverändert auf dem Schreibtisch, der Telefonhörer war ordnungsgemäß aufgelegt. Bertram setzte sich einen Moment auf seinen Stuhl. ›Hat in meinem Büro jemand telefoniert und wenn ja, wer und wozu? Der Reinigungsdienst? Kommt doch morgens vor der Bürozeit.‹ Auf dem Flur klappte wieder die Pendeltür. Bertram sprang auf, stieß sich heftig an der Schreibtischkante und humpelte leise fluchend durch das Sekretariat. Auf dem Flur stand ein uniformierter Mann vor ihm mit einem Schäferhund an der Leine, der ihn, die Ohren gespitzt, aufmerksam ansah.

„Mein Kollege schickt mich hoch. Hier ist was nicht in Ordnung."

Bertram schaute ihn einen Augenblick irritiert an.

„Doch, doch, alles o.k. Waren Sie jetzt gerade in der Fertigung? Haben Sie meinen Kollegen gesehen, Herrn Mannfeldt?"

„Ich war jetzt um die Halle draußen rumgegangen. Das mache ich immer, nachdem ich durch die Fertigung und das Lager gegangen bin. Also in der Halle war ich vor einer runden viertel Stunde. Dann gehe ich bei meinem Kollegen unten in der Pförtnerei vorbei, ob es irgendetwas gibt und dann gehe ich den unteren Gang lang und dann komme ich in den ersten Stock und gehe dann die vordere Treppe, also diese hier", er wies zurück auf die Pendeltür, „hoch in den zweiten Stock. Aber jetzt bin ich gleich nach oben, weil mein Kollege mir gesagt hat, daß hier etwas nicht stimmt."

„Nein, nein, nichts Besonderes, aber haben Sie meinen Kollegen Mannfeldt in der Fertigung gesehen?"

„Nein, es war alles in Ordnung."

Bertram verkniff sich ein Lächeln.

„Ja, dann vielen Dank. Hier ist alles o.k.. Viel Spaß noch heute Nacht."

„Ich gehe jetzt erst mal unten Kaffee trinken." Er wollte noch mehr sagen, aber Bertram war schon wieder in sein Büro gegangen. ›Vielleicht alles Quatsch und irgendein Kurzschluß, oder weiß der Geier was. Jetzt ist Schluß für heute.‹ Er wollte sich am nächsten Tag einen EDV-Ausdruck der Telefonate geben lassen, ›kann Frau Pietz besorgen. Vielleicht kann man daraus etwas erkennen.‹ Hatte er noch nie gemacht, fiel in das Controlling von Dr. Berg.

Ein kurzer Hinweis auf einen eventuellen Kurzschluß in der Telefonanlage an den Pförtner. Er stieg in sein Auto und fuhr nach Hause.

Kapitel 3

Leichter Regen setzte sich auf die Frontscheibe, als der Wagen aus der Garage fuhr. Bertram überlegte, ob das Wetter am Vortag besser gewesen war, konnte sich aber nicht erinnern. Auch in der Nacht waren seine Gedanken immer wieder um das Kölner Gespräch gekreist: *Wir stellen Ihnen jetzt einen Raum zur Verfügung – und entweder ist am Nachmittag das negative Ergebnis weg – oder Sie.* ›Ein neuer Anfang wäre die Lösung.‹

Die Bereichsleitung hatte sich für neun Uhr verabredet, um das Zahlenwerk abzuschließen.
    Dr. Richter hatte schon den Bogen vom Flip-Chart des Kölner Gesprächs mit Magneten an der Wandtafel befestigt. Über Nacht waren auch den Kollegen keine weiteren Verbesserungsvorschläge eingefallen und Bertram informierte sie über sein Gespräch mit Behnke.
    „Ist ja zauberhaft" meldete sich Dr. Berg sofort zu Wort. „Vier Millionen aus heiterem Himmel. Und diese Position wird natürlich den Franzosen bei irgendwelchen Prüfungen nicht auffallen."
    „Kommt drauf an", bemerkte Bertram, „wer im nächsten Jahr den Kaufmann spielt. Ich sehe da keine Probleme." Und er fügte hinzu, „ich denke, daß die Franzosen das Gleiche tun werden. Das ist Mengenlehre: Wenn zwei negative Bereiche sich zusammentun, ergibt das einen positiven Bereich. Sie wissen doch aus der Schule: Minus mal Minus ergibt plus. So einfach ist das!" Einen Augenblick lang erfolgte

keine Reaktion beim Controller. Dann grummelt er etwas von *merkwürdiger Philosophie* in seine Akten hinein.

Bertram wollte nicht weiter auf dieses Spiel eingehen, konnte sich aber nicht zurückhalten zu erwidern: „Nein, das ist keine Philosophie. Das ist Psychologie oder vielleicht auch Theologie. Sie müssen dran glauben, dann klappt's auch."

„Die Position *Glauben* kann ich in keiner Bilanz unterbringen." Dr. Berg gab keine Ruhe.

Eigentlich wollte sich Bertram anderen Dingen zuwenden, konnte es sich dann nicht verkneifen, noch einmal darauf einzugehen: „Also, wenn Sie in einem stockdunklen Raum eine schwarze Katze suchen, dann ist das Philosophie."

„Hatte ich bis jetzt eine andere Vorstellung."

„Mag ja sein. Wenn sie nun in einem stockdunklen Raum eine schwarze Katze suchen, die gar nicht darin ist, dann ist das Psychologie."

„Das erinnert an unser Ergebnis", frotzelte Dr. Berg etwas gelockerter.

„Nun, und wenn Sie in einem stockdunklen Raum eine schwarze Katze suchen, die gar nicht darin ist und Sie rufen: *Ich habe sie!* Dann ist das Theologie."

„Sollten wir über unsere Planung schreiben und von einem Pastor unterschreiben lassen, aber nicht von mir", kommentierte der Kaufmann diese Definitionen wieder völlig humorlos.

„Wenn die Kooperation mit den Franzosen platzt, können wir das Geld dann auch behalten?" Bertram fragte sich, ob Mannfeldt das ernst meinte.

Um das Gespräch wieder auf eine ernsthafte Schiene zu bringen und abzuschließen, wandte sich Bertram wieder an den Controller und sage ihm, daß er für dieses Jahr den Umsatz noch um zwei Millionen hochsetzen solle, das brächte dann die notwendige restliche Million Ergebnis, die Behnke noch eingefordert hatte. Dr. Berg murmelte etwas von *sind ja tolle Preise für unsere Motoren* und *Papier ist geduldig*, brachte dann noch einmal heftig seine Bedenken zum Ausdruck und sagte, daß er damit in einer guten Stunde fertig sei und ergänzte:

„Ich denke, daß nun nichts mehr vom Himmel fällt. Dann kann ich die Unterlagen ja auch heute noch nach Köln faxen und", er blickte Bertram an:

„Sie brauchen am Wochenende nicht auf Behnkes Anruf zu warten und können sich dann anderen Dingen zuwenden." Er machte eine kurze Pause und ergänzte: „und ich auch. Ich habe ja für morgen einen Urlaubstag angemeldet und bin dann erst wieder am Montag im Haus."

Bertram beschlich wieder das merkwürdige Gefühl. ›Was sind das für Andeutungen? Wir müssen uns zusammen setzen. So kann es nicht weiter gehen. Vielleicht ist da auch etwas von meiner Seite, was zu bereinigen ist.‹ Die beiden hatten nie völlig harmoniert, aber Bertram hatte sich immer voll auf Dr. Berg's Zahlen verlassen können, seinen nicht vorhandenen Humor und seine oft zänkische Art akzeptiert und ihn auch den anderen Kollegen gegenüber stets in Schutz genommen.

Nachdem Dr. Berg gegangen war und die anderen Kollegen ihre Unterlagen schon zusammen packten, bat Produktionschef Mannfeldt darum, noch einen Augenblick zusammen zu bleiben. Er stand auf und schloß die Verbindungstür zu Bertrams Büro. Er redete schon, bevor er wieder auf seinem Platz angekommen war:

„Lassen Sie uns das Thema einer möglichen Kooperation noch einmal besprechen. Daß es Franzosen sind, ist schon mehr als schlecht. Die werden versuchen, alles nach Frankreich zu ziehen, denn das kennen wir aus anderen Beispielen. Wenn ich richtig informiert bin, haben die Franzosen zwei Motoren-Werke in Frankreich, eins für Kühlschrankkompressoren in Italien und die Staubsaugermotoren in Schweden. Wie sieht es mit dem Umsatz aus?" Er blickte Bertram an. Der hielt die Diskussion zu dieser Zeit zwar nicht für besonders sinnvoll, fühlte aber, daß seine Kollegen ihre Sorgen los werden mußten und brach das Gespräch nicht ab. Die

Struktur der französischen Firma war ihm aus einer Reihe von Gesprächen mit seinem französischen Vertriebskollegen Jean-Claude Boutonnier recht geläufig.

„Bei den Motoren, die mit unseren zu vergleichen sind, haben sie ein wesentlich kleineres Umsatzvolumen. Sie haben dafür das Werk für Staubsaugermotoren, da sind sie die Nummer eins in Europa. Also, in Summe in etwa gleiches Umsatzvolumen."

Mannfeldt dozierte weiter: „Die Standorte für die Leitung der Entwicklung, der Fertigung und des Vertriebs sind grundsätzlich nicht an ein Land gebunden, also Deutschland oder Frankreich. Sie müssen natürlich dort angesiedelt sein, wo die Geschäftsführung sitzt. Der Kaufmann wird also den Standort bestimmen, einmal wegen der Steuergesetze, der Richtlinien für die Bilanzen und so weiter. Ist doch so?"

„Sehe ich auch so", bemerkte Dr. Richter.

„Kennen sie den Kaufmann bei denen?" Er wandte sich wieder an Bertram.

„Nein, ich war zwar schon in Lyon, habe ihn auch kennengelernt, kann aber nicht viel über ihn sagen. Und meinen Vertriebs-Kollegen, von der andern Postleitzahl, kann ich jetzt wohl auch schlecht ausfragen. Ich kann Ihnen aber noch sagen, daß deren Chef ressortfrei ist. Er ist Elsässer und spricht somit sowohl deutsch wie natürlich französisch. Ich glaube, wir haben uns damals auf deutsch unterhalten."

„Das ist doch alles Scheiße!", entfuhr es Mannfeldt und er schob gleich eine Entschuldigung hinterher.

„Also gut, wir haben das Personalthema mal angesprochen, aber bis jetzt ist ja nichts entschieden", griff Bertram wieder in das Gespräch ein. „Ich denke, daß wir mit Behnke nicht vor der endgültigen Vereinbarung mit den Franzosen darüber sprechen werden. Es sollte folglich unser Ziel sein, daß die Verwaltung nach K. kommt. Was ist schon Lyon gegen K.? Ist ja nun einmal der Mittelpunkt Europas. Und liegt auch zentral zwischen Frankreich und Schweden. Und deshalb, gentlemen, müssen wir versuchen, unsere Planzahlen mit allen Mitteln zu realisieren. Es kann ja durchaus sein, daß die ersten Verträge in dieser neuen Gesellschaft nur auf Probe, das heißt für vielleicht ein oder zwei Jahre, festgelegt werden. Sollten in dieser Zeit die Budgets nicht realisiert werden und kommen alle krummen Gurken hoch, kann man die Leute ganz schnell austauschen."

Das Telefon klingelte. Petra Pietz meldete Petermann vom VW-Einkauf. Bertram beschlich ein ungutes Gefühl. Sein Verhandlungspartner für die kommende Woche. Was wollte der jetzt? Termin verschieben?

„Geben Sie rein."

„Bertram."

„Petermann, Tag Herr Bertram."

„Herr Petermann, guten Tag. Ich bin überrascht, wir sehen uns doch in der nächsten Woche. Sie wollen doch wohl nicht den Termin verschieben?"

„Ja, sagen Sie mal", Petermann machte eine Kunstpause, „ich lese gerade in meinem Terminkalender, daß Sie hier am kommenden Dienstag aufkreuzen wollen. Warum eigentlich?"

Bertram zwang sich, locker zu bleiben.

„Herr Petermann! Das ist unser seit langem abgestimmter Termin, um die Liefervereinbarungen für's nächste Jahr abzustimmen. Machen wir ja jedes Jahr um diese Zeit."

Natürlich wußte der VW-Einkäufer genau, worum es ging.

„Herr Bertram, passen Sie mal auf, ich erspare Ihnen die Fahrt. Da haben Sie auch niedrigere Kosten und können das gleich in den Preisen weitergeben. Ich mache Ihnen folgenden Vorschlag: Sie können mir jetzt am Telefon sagen, daß Sie die Preise für das nächste Jahr um vier Prozent senken und im übernächsten noch einmal um drei, dann kann ich mich dafür einsetzen, daß Sie Ihre Lieferquoten in den beiden Jahren an unser Haus behalten."

Obwohl Bertram das Einkäufer-Spiel kannte, schoß für kurze Zeit Wut in ihm hoch und die Abhängigkeit von einem so mächtigen Kunden schlug ihm wieder ins Gesicht. Er zögerte einen Augenblick mit der Antwort. Das würde einen Erlösverlust von rund drei Millionen Mark im nächsten Jahr bedeuten. Planung ade. ›Bleib ruhig!‹ Er wollte, wie üblich in solchen Situationen als erstes Petermann an die langjährige gute Partnerschaft zu beider Seiten Vorteil – besonders natürlich für das VW-Werk – erinnern, als dieser schon weiter diktierte: „Sie können natürlich gerne kommen, aber eines will ich Ihnen dazu gleich sagen, sollten Sie kommen, dann wird die Angelegenheit teurer für Sie. Also, sind wir uns einig?"

›Eines Tages werde ich mich revanchieren‹ schoß es Bertram durch den Kopf. Aber er wußte, daß er diese Chance nie bekommen wird. Zulieferer eines Automobilkonzerns waren abhängig und und nahezu ohnmächtig in ihrer Preisgestaltung. Man wurde am Leben erhalten ›Also, sei freundlich und erklär ihm, daß du natürlich kommen wirst.‹

„Sie wissen, daß wir viel in die neue Motorenreihe für den Passat investiert haben. Ich halte es deshalb für sinnvoll und notwendig, daß wir uns in der nächsten Woche zusammensetzen und dann alle Projekte durchsprechen."

„Wie Sie meinen. Sie sollten sich das aber noch einmal überlegen. Rufen sie mich in einer Stunde an, ob sie auf mein Angebot eingehen. Und nehmen Sie das ernst. Also bis dann, tschüss."

„Scheißkerl!", fluchte Bertram in den Raum, nachdem er den Hörer aufgelegt hatte und Dr. Richter gerade wieder eintrat.

„Freundliche Begrüßung", sagte sein Besucher und fragte, ob er störe. Bertram informierte ihn über das gerade geführte Gespräch und der Entwicklungschef sprach ihm lächelnd sein Beileid aus. „Natürlich fahren Sie hin. Die können doch auch nicht von heute auf morgen wechseln."

„Nein, aber sie können uns innerhalb eines Jahres stark runterfahren. Sie werden natürlich nicht auf uns verzichten, aber ich habe für's nächste Jahr das gleiche Volumen wie in diesem Jahr geplant und auch die Struktur leicht verbessert, so daß eine kleine Erlösverbesserung rauskommt."

„Haben Sie mal beim Wettbewerb angeklopft, was der macht?"

Bertram blickte ihn an und zog die Augenbrauen hoch, ging aber nicht weiter darauf ein. Sie setzten sich, um eine technische Veränderung an einer Motorenreihe zu besprechen, zu der dann auch Mannfeldt wieder hinzukam. Bei der Diskussion war Bertram nicht bei der Sache, beteiligte sich kaum an dem Gespräch und schaltete fast vollständig ab. Gedanklich war er wieder bei Gabriels Angebot für die Neuen Bundesländer. Dann kochte wieder der Ärger über Petermanns Anruf hoch. Plötzlich unterbrach er das Gespräch:

„Verdammt, habe ich vergessen, ich soll ihn ja anrufen." Er ging in sein Büro, tippte eine Nummer ein, die er im Kopf hatte und dann hörten seine beiden Kollegen ihn sagen:

„Dann richten Sie ihm morgen früh bitte aus, daß ich wie vereinbart in der nächsten Woche am Dienstag um zehn Uhr bei ihm sein werde. Und nicht vergessen, bitte sagen Sie ihm, daß ich nicht so kurzfristig zurückrufen konnte, weil wir uns hier in größerer Runde noch einmal Gedanken über die Liefersituation und die Preise gemacht haben. Und sagen Sie ihm auch, daß ich mich auf das Gespräch freue. O.k.? Bitte nicht vergessen. Ja, danke, auf Wiederhören."

Er ging noch einmal nach nebenan zu seinen Kollegen, klinkte sich aus dem Gespräch aus und ging zu Dr. Berg in dessen Büro. Ein freundlicher Blick von Ute Glade, Dr. Bergs Sekretärin, begrüßte ihn und wies mit dem Kopf auf dessen Bürotür. Die Unterlagen für Köln auf insgesamt sechs Blättern, die letzten beiden mußten durch die besprochenen Veränderungen ausgetauscht werden, waren fertiggestellt.

„So ein tolles Ergebnis hatten wir lange nicht." Dr. Berg wirkte wieder entspannt.

„Stimmt! Lassen Sie uns ein paar Minuten dran glauben", erwiderte Bertram. „Nun denn, faxen Sie das nach Köln und geben Sie mir eine Copie rüber." Dann stimmten die beiden noch die Formulierung für die Kupferforderung ab, die beide unterschreiben sollten und Bertram wollte in sein Büro zurückgehen, er stockte aber an der Tür und wendete sich noch einmal zurück.

„Haben Sie gegen Abend eine halbe Stunde? Vielleicht sollten wir uns in Ruhe mal über dies und das unterhalten."

Der Kaufmann sortierte seine Papiere auf dem Schreibtisch und antwortete, ohne Bertram anzusehen:

„Ich wollte das Haus heute Nachmittag etwas eher verlassen und für morgen habe ich mir ja einen Tag frei genommen. Können wir das auf die nächste Woche verschieben? Vielleicht gleich nach unserer Besprechung am Montag?" Er sah Bertram wieder mit leicht verkniffenem Mund an.

„Ja natürlich, dann bis Montag. Und ein schönes Wochenende."

Eine Stunde später brachte ihm Ute Glade die sechs neuen Blätter der Planung. Sie schloß die Tür des Büros hinter sich, was bestimmt zu einem Stirnrunzeln bei Petra Pietz geführt hatte, wie Bertram sich vorstellte.

„Hügelchen hat die Blätter nun selbst nach Köln gefaxt, sollte ich nicht machen. Was ist denn so Geheimnisvolles daran? Ich habe die ganzen Unterlagen vorgestern doch bis Mitternacht geschrieben. Wollte er aber alleine machen."

Glade überreichte ihm die Blätter in einem Umschlag und blieb vor dem Schreibtisch stehen. Sie war attraktiv und sportlich durchtrainiert, aktive Reiterin. Ihr vierzigster Geburtstag näherte sich, was Bertram nicht nur aus der Liste der *Runden Geburtstage* wußte. Sie war geschieden und arbeitete seit sieben Jahren in der Firma. Sie galt im Kollegenkreis als absolut zuverlässig. Und sie würde lieber heute als morgen in Bertrams Sekretariat arbeiten, was er aus bestimmten Gründen bisher abgelehnt hatte.

Er schaute sie an, überlegte und sagt grinsend:

„Die Vertraulichkeit ist dieses Mal ziemlich wichtig und Ihr Chef will natürlich sicher gehen, daß Sie die Unterlagen nicht aus Versehen an den Wettbewerb faxen." Glade streckte ihm die Hände entgegen und krallte die Finger. Bertram fuhr ernster fort:

„Es gab gestern Abend einen merkwürdigen Telefonanruf von meinem Apparat. Könnten Sie mal klären, wohin von meinem Apparat aus telefoniert worden ist."

„Ich kann sicher nicht feststellen, ob Sie selbst telefoniert haben, aber da ich Ihren Terminplan kenne, kann ich natürlich klären, ob jemand in Ihrer Abwesenheit von Ihrem Apparat gesprochen hat. Das kann aber auch das Sekretariat gewesen sein. Also, mal sehen, ich sag's Ihnen heute Abend."

„Danke Frau Glade und danke auch, daß Sie vorgestern solange für die Firma gearbeitet haben."

„Immer für die Firma und Sie bereit. Bis heute Abend, ich habe noch viel zu tun." Sie machte grinsend einen Knicks und verließ das Büro.

Bertram blickte ihr hinterher. Seine persönliche Verbindung mit Ute Glade war enger als es im geschäftlichen Tagesablauf anderen gegenüber aussah. Er fragte sich allerdings immer wieder: ›Wie konnte das damals passieren?‹. Das *Ereignis* lief wieder vor ihm ab: Anfang Februar, viel Schnee und dann die bei den meisten Mitarbeitern so beliebte Betriebskohlfahrt, ein norddeutsches Volksvergnügen, notgedrungen von allen Betrieben und Vereinen durchzuführen. Keiner der Geschäftsführer konnte sich drücken. Zwei Stunden Wanderung, damit der Kohl dann besonders gut schmeckte. Wichtiges Utensil, der überdimensionale Würfel, der ständig geworfen wurde. Fiel eine sechs, wurde ein Schnaps getrunken. Es sah auch so aus, als habe jeder Teilnehmer einer Kohlfahrt schon zu seiner Geburt einen Eierbecher als Patengeschenk bekommen, den er jetzt an einem Band um den Hals trug, also immer für einen Schluck bereit. Dann endlich, man roch den Kohl schon auf mehrere hundert Meter, das Restaurant. Fröhliche Begrüßung mit anderen Gruppen, man kannte sich in K.. Eine Kapelle auf der Bühne, Tanz erst später. Grünkohl, Kassler, Kochwurst, Pinkel, Speck. Wichtig der regelmäßig getrunkene Schnaps aus dem Zinnlöffel, um das Fett zu kompensieren. Und dann der Höhepunkt, Wahl des Kohlkönigs und seiner Königin, organisiert vom Königspaar des letzten Jahres. Bertram war dran, er konnte es nicht vermeiden und Ute Glade wurde dann auch noch seine Kohl-Königin. Dann begann der Tanz, und zwischendurch ging das Schnaps- und Biertrinken natürlich weiter. Ein frühes Aufbrechen wurde nicht zugelassen. Bertram mußte, um späteren Ärger zu vermeiden, natürlich zumindest mit jeder Sekretärin des Werkes tanzen, das blieb auch keinem seiner Kollegen erspart. Bei einem der Pflichttänze hatte er bemerkt, daß sich Kollege Dr. Berg plötzlich abrupt von Ute Glade abwandte und dann aus seinem Blickfeld verschwand. Und so gehörte er mit Ute Glade, Petra Pietz und Mannfeldt, der noch bei einigen seiner Betriebsleiter saß, zu den Letzten von der Geschäftsführeretage – was er eigentlich nicht vorhatte. Dann rief ihm Ute Glade zu, daß ein Taxi für ihn bereit stehe. Bertram war dankbar, verabschiedete sich von den anderen und wollte Dr. Berg's Sekretärin noch fragen, ob sie für sich und Petra Pietz auch ein Taxi bestellt hatte. Es war Usus in der Firma, bei solchen Gelegenheiten nicht mit den Sekretärinnen im gleichen Wagen fahren, um nicht bei irgendwelchen Beobachtern komische Ideen aufkommen zu lassen. Er stellte fest, daß Ute Glade nicht mehr im Lokal war und so stieg er, vom Alkohol leicht benommen, ins Taxi, nannte seine Adresse und lehnte sich erleichtert zurück. Als der Wagen losgefahren war bemerkte er, daß Ute Glade hinten im Wagen saß und ihn bat, sie mitzunehmen. Es dauerte etwas, bis ihm klar wurde, daß das keine gute Idee war, aber er konnte sie nun nicht mehr raussetzen. Sie fuhren also zur Pieritzstraße, Glades Adresse. Und als Bertram sich von ihr verabschieden wollte, überredete sie ihn, bei ihr noch einen Kaffee zu trinken, um einigermaßen klar zuhause anzukommen. Und er folgte nach kurzem Zögern ihrem Vorschlag und begleitete sie in ihre Wohnung. Er wollte dem Taxifahrer noch sagen, daß er warten solle, doch dieser drückte ihm eine Visitenkarte in die Hand mit dem Hinweis, ihn anzurufen, damit er zwischendurch noch eine andere Fahrt, die auf seinem Zettel stand, durchführen konnte.

Die Angelegenheit würde sicher länger dauern, daß sich ein Warten für ihn nicht lohne, bemerkte er suffisant.

Und so war es.

Auf seinen Wunsch rief Ute später ein anderes Taxiunternehmen an. Und in dem Wagen kam Bertram langsam zur Besinnung. ›Das war nur ein Traum, das kann es nicht gewesen sein. Nicht drüber nachdenken, gleich vergessen.‹

Bei der sich langsam vollziehenden Klärung seiner Gedanken hatte er nicht bemerkt, daß ein weiteres Taxi unbeleuchtet in der Nähe stand und nun auch angelassen wurde und abfuhr.

Am nächsten Tag in der Firma wurde das *Ereignis* von keinem der beiden angesprochen oder angedeutet. Das Ganze schien vergessen. In den nächsten Monaten entwickelte sich zwischen den beiden in der täglichen Arbeit eine neue Vertrautheit, die bis heute andauerte. Bei zweitausend Mitarbeitern erfuhren Sekretärinnen häufig Dinge, welche einem Chef nicht mitgeteilt wurden. Und so hatte Bertram neben seiner eigenen Sekretärin auch im kaufmännischen Bereich eine Informationsquelle, die er Dr. Berg gegenüber für nicht erwähnenswert hielt.

Es gab kein weiteres *Ereignis*.

Am Nachmittag bereitete sich Bertram ausführlich auf seinen Besuch im Wolfsburger VW-Werk vor und diktierte anschließend den Text des Schreibens an Behnke über den Sinn von Antriebssystemen an Stelle von Komponenten auf ein Band. Er konnte es sich nicht verkneifen, mit folgendem Satz abzuschließen: *Dieses Vorgehen, vielleicht in einer auszugliedernden Gesellschaft unseres Konzerns, sehen wir als sinnvoller an, als einen Zusammenschluß mit einem anderen Komponentenlieferer.* Er fragte sich, was passieren würde, wenn er das so abschickte? ›Können wir den Kram evtuell noch drehen? Und sollte ich auch das Beispiel der Tante Miele noch einmal anführen? Muß ich in jedem Fall noch mal morgen mit den Anderen abstimmen und auch darüber schlafen.‹

Am Abend gegen sieben Uhr verabschiedete sich seine

Sekretärin und stellte ihm noch eine Tasse Kaffee auf den Schreibtisch. „Also, dann bis morgen."

„Danke für heute. Morgen habe ich etwas mehr Zeit und wir können zusammen einige Dinge durchgehen, die sich in diesen Tagen abgespielt haben und auf die wir uns vorbereiten müssen, auch hier im Sekretariat. Einen schönen Abend, kommen Sie gut nach Hause."

Fünfzehn Minuten später klopfte es an der Tür und Ute Glade kam in sein Büro.

„Ist es schon Abend, oder muß ich Dich weiter siezen. Ich habe schon eine halbe Stunde Ablage gemacht, bis Deine Petra nun endlich gegangen ist."

„Komm, setz Dich. Möchtest Du etwas trinken? Kaffee ist kalt, aber im Kühlschrank haben wir noch eine halbe Flasche Ratzeputz."

„Ratzeputz ist immer gut und ich denke, Du wirst ihn nötiger brauchen als ich."

Bertram schaute sie fragend an, ging aber, als sie mit der Hand eine Prost-Bewegung machte, ins Sekretariat und holt zwei Gläser und die Flasche mit dem 70prozentigen. Nachdem der Schock des ersten Schlucks überwunden war, berichtete Ute, die Telefonliste habe ergeben, daß von Bertrams Apparat am gestrigen Abend ein Telefonat geführt worden war und zwar an eine französische Handy-Nummer. Sie habe von ihrem privaten Handy die Nummer gewählt, es habe sich auch jemand gemeldet, der dann aber, als sie nicht antwortete, aufgelegt habe. Sie reichte ihm einen Zettel mit der entsprechenden Telefon-Nummer. „Hast Du da vielleicht eine Freundin? Möchtest Du noch einen?" Sie wies mit dem Kopf auf die Flasche „denn ich habe noch etwas", und sie berichtete weiter, daß heute in der Mittagszeit von ihrem Fax-Gerät noch einmal mehrere Seiten verschickt worden waren. Das sei ihr deswegen aufgefallen, weil im Gerät noch Papier eingelegt war, bevor sie zum Mittagessen gegangen sei und als sie danach faxen wollte, sei kein Blatt mehr im Behälter gewesen. Wohin gefaxt wurde, könne sie leider noch nicht sagen, denn der Faxbericht würde automatisch erst nach einer gewissen Zeit rausgeschoben. Bertram schaute sie an und reagierte etwas naiv:

„Und was soll das bedeuten?"

„Da mein Chef die sechs Blätter heute selbst nach Köln gefaxt hat, vermute ich, daß er später noch ein paar Blätter woanders hin gefaxt hat. Dazu das mit dem Telefonanruf gestern Abend von Deinem Apparat nach Frankreich, merkwürdig, nicht?"

Ute Glade korkte die Flasche zu und schob sie zur Seite. Sie sah Bertram an:

„Ist vielleicht eine komische Vermutung von mir. Er hat mir das mit der französischen Firma heute Vormittag vertraulich mitgeteilt. Warum er das getan hat, wundert Dich sicher. Sage ich Dir mal demnächst, bringt jetzt zu viel Unruhe." Sie stand abrupt auf und wollte gehen.

„Schöner Mist!" Bertram dachte, sie bezog sich noch einmal auf die heutigen Vorkommnisse, aber sie deutete mit der Hand auf ein Bild, welches auf der ersten Seite der Zeitung zu sehen war, die auf dem Schreibtisch lag. Es zeigte eine Kuh, die nicht mehr in der Lage war, aufrecht zu stehen. Der Artikel, der zu dem Bild gehörte, hatte die Überschrift *Rinderwahn breitet sich weiter aus*. Bertram nickte:

„Ja, BSE, schrecklich. Vielleicht haben wir aber auch einige von diesen Hirnerkrankungen hier im Werk."

„Kann ich den Artikel haben? In der Nähe unseres Hofes zeichnet sich anscheinend auch eine Katastrophe ab. So, ich fahre dann nach Hause."

Bertram gab ihr die Zeitung. Er wußte, daß sie von einem Hof kam, in der Nähe von Nienburg an der Weser. Ihr Bruder, mit dem sie wohl ein recht vertrautes Verhältnis hatte, führte den Hof.

Bertrams Gedanken kreisten dann um Dr. Berg. ›Das müssen doch Hirngespinste sein. Unsere Planung dem zukünftigen Kooperationspartner vorab zuzuschicken. Einem solchen Informanten würde man doch keine Position als kaufmännischem Leiter eines großen Unternehmens anbieten, wenn das sein Ziel sein sollte. Da muß etwas anderes dahinterstecken. Und ist das jetzt nicht alles konstruiert? Natürlich, das merkwürdige Telefongespräch von meinem Apparat. Ja, Auslandsgespräche fallen ausschließlich im Vertrieb und somit bei mir und meinen Vertriebsmitarbeitern an. Frankreich? Ausgerechnet in dieser Zeit? Ein Gespräch von Berg's Apparat wäre bei der Kontrolle, und die führt Ute Glade durch, aufgefallen. Aber er hätte doch privat telefonieren können. Will er irgendeine Spur legen? Aber, das ist doch völliger Quatsch.‹

Kapitel 4

Der Anruf kam um neun Uhr am Abend. Ein windiger Herbsttag ging zu Ende. Bertram hatte mit seiner Familie einen Ausflug an die Küste gemacht. Während die beiden Jungs und das Mädchen am Strand Fußball spielten und mehrfach Glück hatten, daß der Wind von der See her wehte und den öfter, sicherlich auch absichtlich, ins Wasser geschossen Ball wieder ans Ufer trieb, besprachen Bertram und seine Frau die Möglichkeiten eines Wechsels zur Treuhand und somit in die Neuen Bundesländer. Die Vor- und Nachteile wurden abgewogen. Beiden war nicht wohl dabei, daß Bertram nach fünfundzwanzig Jahren die Firma verlassen sollte, aber letztlich überließ ihm Marie-Louise die Entscheidung. Ein eventuell notwendiger Umzug nach *drüben* wurde im Rahmen eines Fünfjahres-Vertrages nicht in Erwägung gezogen. Bertram wollte sich zunächst den Vertrag zusenden lassen, dann wollten sie die Entscheidung endgültig treffen. Was den Fußball ihrer Kinder betraf, so war eine Entscheidung schon gefallen, denn der Wind hatte gedreht und der Ball trieb unerreichbar vom Ufer entfernt davon, unbekannten Küsten entgegen. Keiner konnte ihn aufhalten.

Die Stunden im frischen Wind und die Besprechung mit seiner Frau hatten gut getan. Bertram wußte wieder, wer er war und wo er stand. Er war innerlich zur Ruhe gekommen.

Die Stimme von Ute Glade hörte sich gepresst an:

„Sie müssen kommen! Es stimmt etwas nicht." Pause. „Mit der Inventur. Es ist etwas geschehen. Bitte komm sofort!"

„Was ist los? Wieso Inventur? Wer macht Inventur?"
Bertram war irritiert.
„Wo sind Sie?"
Aufgelegt. Bertram wählte Dr. Bergs Sekretariat an – es wurde nicht abgenommen. Dann Utes Privatnummer – keine Reaktion.
›Was soll das? Das war doch Ute Glade, oder? Doch, war sie! Und Inventur? Wir machen seit Jahren eine permanente Inventur. Es gab bis jetzt keinerlei Anzeichen einer Unregelmäßigkeit. Wieso ist heute etwas aufgefallen? Heute, an einem Sonntag?‹ Bertram legte irritiert den Hörer auf. ›Ist ein Unglück passiert? Dann hätte doch sofort ein Pförtner angerufen, auch auf dem Handy.‹
Er griff seine Lederjacke von der Garderobe, blickte in den Fernsehraum, seine Frau und Philipp hatten anscheinend nichts mitbekommen.
„Ich muß noch einmal ins Werk, es ist anscheinend etwas nicht in Ordnung. Man hat angerufen. Ich melde mich, wenn's länger dauert," er winkte ihnen zu. Marie-Louise war aufgestanden und kam zu ihm.
„Was ist passiert?"
„Keine Ahnung, es wurde gleich wieder aufgelegt. Ich fahre mal eben hin. Wenn was in der Fertigung passiert ist, wird Mannfeldt sicher schon da sein. Vielleicht brennt's. Nein, so schlimm wird's nicht sein. Also, keine Sorge, ich melde mich."
„Kann ich mitkommen?‹"Phillip hatte den Fernseher ausgeschaltet.
„Kinder, ich fahre da nicht zum Spaß hin. Also, ich werde so schnell wie möglich wieder hier sein und wenn's länger dauert, rufe ich an."
Er griff sich den Autoschlüssel und verließ das Haus. Die beiden folgten ihm bis zur Haustür und schauten ihm nach, anscheinend überrascht von seinem hektischen Aufbruch. Unterwegs rief er noch einmal Ute Glades Büronummer an, nichts. Er fuhr sofort in die Pieritzstraße. Vor dem Reihen-

haus, das Bergs Sekretärin gehörte, sah er den Wagen von Dr. Berg stehen. ›Was ist denn nun los?‹ Er parkte seinen Wagen rund fünfzig Meter von Ute Glades Haus entfernt in der Nähe eines Speiselokals, das auf Räucheraal spezialisiert war und welches er häufig mit Kunden aufsuchte. Sollte jemand hier sein Auto sehen, so konnte das keinen Verdacht irgendwelcher Art aufkommen lassen. Er setzte seine Prinz-Heinrich-Mütze auf, welche im Handschuhfach lag. Tarnung? Ein kurzer Weg durch den Vorgarten und sofort nach dem Klingeln wurde die Tür geöffnet. Bevor er etwas fragen konnte, wurde er von Ute in ihre Küche geschoben.

„Was ist denn los?" Bertram fühlte sich überrumpelt und er reagierte ungehalten. „Was sollte Dein Anruf wegen der Inventur? Berg's Auto steht vor der Tür. Wo ist er?" Bertram schaute sie fragend an und dann sah er, daß Ute blaß, ja weiß aussah. Sie schob ihn auf einen Stuhl, blieb selber stehen und sagte völlig trocken:

„Berg ist tot. Ich habe ihn umgebracht!"

Sein Gehirn realisierte das nicht sofort. Dann spulte es die letzten drei Sekunden noch einmal ab. *Berg ist tot, sie hat ihn umgebracht.* Die Welt stand für kurze Zeit still bevor er losprustete: „Was redest Du da? Was soll das? Hast Du was?" Dann leise und jedes Wort betont: „Ute, was ist los? Was ist passiert?"

Sie stand auf, nahm ein Glas vom Tisch, füllte es unter dem Wasserhahn, stellte es wieder hin ohne zu trinken, setzte sich ihm gegenüber an den Küchentisch und blickte Bertram starr an. Dann sprudelte es aus ihr heraus:

„Berg wußte das von der Kohlfahrt – oder danach. Er hat getobt und mich eine Hure genannt. Er würde das in der Firma bekannt machen. Außerdem hättest Du auch schon mit den Franzosen Gespräche geführt, bevor Du die Kollegen erst am nächsten Tag über den Kooperationspartner informiert hättest. Es kam von ihm alles durcheinander. Er hat dann behauptet, ich hätte, wohl auf Deine Anweisung, Unterlagen nach Frankreich geschickt. Er hat getobt, er war außer sich. Dann hat er auch geheult, mich aber weiter beschimpft. Ich wollte ihn rausschmeißen, da hat er mich geohrfeigt. Er wollte Deine Frau anrufen. Ich habe ihm das Telefon aus der Hand gerissen und er hat versucht, mich wieder zu schlagen. Und da hatte ich den Brieföffner in der Hand, vom Schreibtisch – und da habe ich wohl zugestochen. Und dann ist er umgefallen. Noch mit dem Kopf auf die Schreibtischkante geknallt – höre ich jetzt noch."

Beide saßen jetzt still am Küchentisch und rührten sich nicht. Bertram starrte Ute fassungslos an, dachte daran, daß jetzt der Fernsehfilm lief, den er sich in der Zeitung angekreuzt hatte. Und nun hörte er, daß Ute Glade Dr. Berg, ihren Chef, erstochen hatte. Sie schob ihre Hand langsam zum Wasserglas, trank einen Schluck und sagte dann leise: „Und er hat sich dann nicht mehr gerührt, überhaupt kein bißchen."

Bertram kam zu sich und sprang auf. „Bist Du wahnsinnig? Hast Du einen Arzt gerufen? Wir müssen sofort ins Werk! Komm! Komm! Komm! Das war Notwehr. Los komm!" Er versuchte, sie hochzuziehen, gab aber auf und sagte, daß er allein fahren würde, wenn sie nicht mitkomme.

„Warum ins Werk? Was willst Du im Werk? Er liegt nebenan im Wohnzimmer."

Bertrams Knie wurden weich. Ein Gefühl, was er sonst manchmal nach einem langen Dauerlauf hatte. ›Die Leiche, Dr. Berg, lag nebenan. Ja, sein Auto stand ja vor dem Haus.‹

„Wann ist das passiert?"

„Heute Nachmittag."

„Heute Nachmittag?"

„Ja, heute Nachmittag."

„Und Du hast keinen Arzt gerufen?"

„Nein."

„Das hört sich nicht gut an. Komm mit."

Bertram ging über den Korridor zur Wohnzimmertür und öffnete sie langsam. Es war dunkel.

„Wo ist der Lichtschalter?"

„Da, wo er immer ist. Ich habe ihn seit heute Nachmittag nicht verlegen lassen. Rechts neben der Tür." Das Licht einer Stehleuchte erhellte den Raum mit gedämpftem Schein und Dr. Berg war nicht zu übersehen. Er lag vor dem Schreibtisch. Sein Pullover war in der Brustgegend dunkelrot gefärbt. Bertram sah den Horngriff. Der Brieföffner. Hatte wohl das Herz getroffen. Unter eine Seite des Oberkörpers und unter den Kopf waren Zeitungen geschoben. Bertram sah Glade an.

„Ja, ich war wieder klar und habe aufgepaßt, daß nichts auf den Teppich kommt."

„Hast Du ihn angefaßt?"

„Meinst Du, er ist hergekommen, hat sich Zeitungen untergelegt und dann Selbstmord gemacht?" Ute Glade schien sich wieder gefangen zu haben.

„Wir müssen die Polizei informieren." Bertram faßte sie am Arm. „Komm, das war Notwehr."

„Heinrich, das glaubt mir keiner. Berg ist ein Spucht und ich bin ganz gut in Form. Ich hätte ihn abwehren können. Aber er ist zu weit gegangen. Wir müssen ihn beseitigen, unseretwegen."

„Wir müssen ihn beseitigen? Unseretwegen? Dann ist es ein richtiger Mord. Und wie stellst Du Dir das vor? Ich rufe jetzt die Polizei an, Du konntest nichts dazu. Du warst geschockt und kommst erst jetzt wieder zur Besinnung. Wo ist das Telefon?"

„Heinrich, hör mir einen Augenblick zu. Setzt Dich und hör zu!" Sie schob Bertram wieder zurück in die Küche. Er setzte sich auf einen Stuhl, schloß die Augen und dachte, daß das nur ein Albtraum sein konnte und hoffte, gleich aufzuwachen. Vorsichtig öffnete er die Augen – Ute Glade saß ihm gegenüber und fing an zu sprechen:

„Berg hat mich gegen vier am Nachmittag angerufen. Er sagte, daß er etwas in der Firma zu erledigen habe und dazu müßte er von mir etwas erklärt haben; er würde bei mir vorbeikommen, dann bräuchte ich nicht extra ins Büro zu fahren. Ich war etwas beunruhigt, denn seine Stimme klang sehr unpersönlich. Er kam sehr schnell hierher und dann fing die ganze Arie an, wie ich sie Dir erzählt habe. Also, wenn ich jetzt erklären würde, das es reine Verteidigung war, dann würde die ganze Situation vor der Polizei oder Gericht dargestellt werden müssen."

„Wie meinst Du das?"

„Nun, er kommt ja nicht hier her, wird wild und will mich umbringen. Er ist ein relativ vernünftiger Mensch. Dafür muß es ja einen ernsthaften Grund geben."

„Ja und, gibt es einen? Ich meine, könntest Du so einen darstellen?"

„Ja, könnte und müßte ich. Aber natürlich würde das nicht für meine Unschuld ausreichen."

„Also, was denn nun?"

Sie atmete ein paar Mal durch. „Also, gut. Berg hat mir Anfang des Jahres einen Antrag gemacht, den ich abgelehnt habe. Das stand unterschwellig während des letzten halben Jahres zwischen uns. Er sagte auch, er sei im Taxi hinter uns hergefahren und er habe beobachtet, daß Du mit in meine Wohnung gekommen bist. Er hat es heute Nachmittag noch einmal versucht bei mir und ich habe ihn wieder abgelehnt. Und das hat er nicht verkraftet, alles ist wieder hoch gekommen, es hat ihm wohl den Rest gegeben."

Bertram war still, rührte sich nicht und versuchte, diese Mitteilung zu verarbeiten. ›Berg weiß von dem *Ereignis* mit Ute Glade. Er vermutet ein Verhältnis.‹ Er versuchte, sich zusammenzureißen. ›Was ist das hier? Was spielt sich hier ab? Aber, er ist doch tot. Er kann das alles nicht mehr berichten. Was muß ich jetzt tun?‹

„Aber Ute, warum hast Du nichts gesagt? Mir gesagt. Wann hat er Dir einen Antrag gemacht und was für einen Antrag?"

„Als wir im Februar unsere Kohlfahrt hatten, wollte er mich nach Hause bringen. Ich habe das abgelehnt" sie zögerte, „weil ich in guter Stimmung war und noch bleiben wollte. Dann hat er mich an die Theke gelotst, zwei Schnaps bestellt, mir zugeprostet und gesagt, daß wir doch gut zusammenpassen würden, ja, er sehr viel Zuneigung zu mir hätte und ob wir beide nicht wenigstens zusammenziehen sollten. Und als er dann noch so etwas sagte, wie daß wir auch viel Geld sparen könnten, da war das Maß voll und ich habe ihm so etwas gesagt wie, ach, ich weiß nicht mehr so genau. Es war heftig. Und dann ist er wohl hinter unserem Taxi hergefahren. Wir haben dann alles am nächsten Tag in einer kleinen Aussprache auf den Alkohol zurückgeführt. Also Heinrich, nur das wäre überhaupt ein glaubwürdiger Grund für sein heutiges Verhalten. Und das müßte ich alles erklären, wenn ich auf Notwehr plädieren müßte. Alles würde auffliegen. Willst Du das?"

Bertram versuchte, das alles zu verstehen, zu ordnen. Es war ein Problem aufgetaucht und das mußte gelöst werden. Damit hatte er oft zu tun. Aber dieses Mal war es nicht im Büro am Schreibtisch zu lösen. ›Es ist jemand ermordet worden, ich habe den Mord nicht begangen. Wenn ich Ute damit allein lasse, kommt das Ereignis hoch und das geht meine Familie an. Und Ute wird wahrscheinlich alles verlieren und eventuell eine Zeit ins Gefängnis gehen. Denn sie hat nicht die Polizei angerufen und keinen Arzt geholt. Wie kann das alles verhindert werden? Ich habe den Mord nicht begangen. Ich bin unschuldig, aber ich wäre trotzdem erledigt.‹

Langsam bekam Bertram wieder Boden unter die Füße. Er realisierte, daß er bei Ute Glade in der Küche saß und daß nebenan Dr. Berg erstochen vor dem Schreibtisch lag und das Problem nicht verschoben werden konnte. Dann sagte er sich wieder: ›Was mache ich noch hier? Ich habe Marie-Louise gesagt, daß man angerufen hat, daß etwas nicht in Ordnung ist. Ja, das stimmt ja auch. Ich sollte jetzt nach Hause fahren und ihr sagen, daß ich ein kurzes Verhältnis mit Ute Glade hatte, nein, überhaupt kein Verhältnis, und daß Ute Glade Dr. Berg ermordet hat, der bei ihr seit Stunden vor dem Schreibtisch liegt und daß man wohl besser die Polizei anrufen sollte, ob Ute Glade das nun will oder nicht.‹

Aber dann traf Heinrich Bertram eine Entscheidung, die nichts, die absolut nichts mit einem realistischen Verstand zu tun hatte. Ohne sich der weiteren Folgen bewußt zu sein, sagte er zu Ute: „Ich weiß nicht wie, aber ich werde Dir helfen." Niemals hatte er eine so grundsätzliche Entscheidung getroffen, ohne die Folgen abzuschätzen und im kritischen Fall einen Lösungsweg zu sehen. Aber dies war nichts Geschäftliches, was auf Zahlen beruhte und in einer annehmbaren Spannbreite abzuschätzen war. Die Lösung war rational nicht faßbar. Er dachte nur, daß Berg verschwinden mußte, einfach vom Erdboden verschwinden, so daß sein bisheriges Leben ohne einen Bruch weitergehen konnte.

›Wie läßt man Leichen verschwinden? Da habe ich nur Fernseh-Erfahrung. Und wenn man mich bei dem Versuch erwischt, kann ich wohl kaum sagen, daß ich nur einer Sekretärin unserer Firma helfe, ihren Chef, meinen Kollegen, den sie erstochen hat, verschwinden zu lassen. Verdammt! Ich wäre des Mordes verdächtig. Und wer weiß, was Ute der Polizei erzählt.‹

Bertram schüttelte heftig den Kopf, um klar zu denken.
„Hast Du einen Schnaps?"
„Im Schrank im Wohnzimmer. Soll ich ihn holen?"
„Besser wir trinken keinen Schnaps und behalten einen klaren Kopf. Was tun wir?"

Lange vergessene Bilder schossen ihm durch den Kopf. Er erinnerte sich, als Schüler häufig in einer Gärtnerei geholfen zu haben, um sein Taschengeld aufzubessern. Er war dann auch dabei, wenn die Friedhofskapelle für eine Beerdigung geschmückt wurde. Häufig war der Verstorbene schon vor dem Altar im Sarg aufgebahrt. Und immer schloß Gärtner Zielmann, ein Freund seines Vaters, kurz die Kapellentür ab und dann den Sarg auf. Er hob den Deckel an und sah hinein. Auf Bertrams verunsicherten Blick sagte er meistens: *Ich muß doch sehen, ob auch der Richtige drin liegt*. Bertram hatte immer vermieden, da hinein zu blicken. Er hatte sich auch gefragt, ob Zielmann vielleicht sehen wollte, ob sich der

Tote noch einmal umgedreht hatte oder gar nicht im Sarg lag, weil seine Beerdigung nur vorgetäuscht werden sollte, wegen irgendwelcher Versicherungssachen.

Bertram teilte Ute Glade seine Überlegungen mit. „Vielleicht können wir ihn als Beipack in einen Sarg legen. Man kann den noch öffnen, das weiß ich."

„Und Du meinst, das wird den Sargträgern nicht auffallen, wenn sie plötzlich das Doppelte an Gewicht zu tragen haben? Oder willst Du die Leiche mit Heimrecht rausnehmen und hinter den Altar legen?"

„Das macht pro Sargträger bei Berg nur gut 15 Kilo aus!"

Bertram kam fast in eine euphorische Stimmung. Ein Problem mußte gelöst werden.

„Willst Du einen Schlosser aus dem Werk bestechen, daß er Dir nachts die Kapelle aufmacht, weil ihr eine Geheimkonferenz abhalten wollt? Heinrich, ich denke, das macht keinen Sinn." Ute Glade war anscheinend wieder vollkommen gefaßt und sagte bestimmt:

„Berg muß jetzt aus der Wohnung raus und wir können ihn auch nicht irgendwo zwischenlagern, bis eine passende Beerdigung in einer Friedhofskapelle stattfindet, die man vergessen hat abzuschließen. Nein, ich habe telefoniert und ich denke, daß wir einen guten Plan habe. Du rufst jetzt Deine Frau an und sagst ihr, daß Du wegen irgend etwas noch einige Zeit im Werk zu tun hast und daß Du morgen Abend wahrscheinlich nach Köln fahren mußt, weil dort ein entsprechendes Gespräch wegen der Kooperation mit den Franzosen stattfindet."

Ute schob ihre Hand über den Küchentisch und legte sie auf seine. Sie versucht ihm Mut zu machen:

„Heinrich, wenn ich mich jetzt stelle, gehe ich ins Gefängnis. Willst Du das mit allen seinen Folgen? Wenn es später herauskommen sollte, gehe ich ins Gefängnis und Du bekommst sicherlich Bewährung und das bist Du mir doch wohl schuldig. Und wenn es nicht herauskommt, und das wird es nicht, passiert gar nichts. Und wegen Berg hast Du doch wohl kein schlechtes Gewissen, denn Du warst es nicht. Also müssen wir ihn jetzt beseitigen, und der Plan wird funktionieren."

Dann sagte sie ihm völlig sachlich, was sie beide in den nächsten 24 Stunden zu tun hatten. Bertram rang nach Luft und konnte nur murmeln: „Du bist verrückt!" Ein Übelkeitsgefühl überkam ihn und er ging zum Wasserhahn, spritzte sich Wasser ins Gesicht. Dann folgte er Ute Glade ins Wohnzimmer. Der Schein der Stehleuchte ließ Bergs Gesicht sanft und fast lächelnd erscheinen. Ute hockte sich hin, suchte in seinen Jackentaschen und zog ein Schlüsselbund heraus. „O.k." hörte er sie leise sagen. „Das ist er." Sie richtete sich wieder auf, nahm eine Plastiktüte vom Schreibtisch, zog sie auseinander und stülpte sie über das Messer. Mit einem Ruck zog sie die Klinge aus der Brust und legte das Messer vorsichtig in seiner Schutzfolie auf den Schreibtisch neben den Wagenschlüssel. Bertram fiel auf, daß sie plötzlich farblose Gummihandschuhe anhatte.

Die Nachbarn von Ute Glade nahmen Rücksicht auf die reibungslose Verbringung einer Leiche. Vor keinem der Reihenhäuser rechts und links war das automatische Licht angesprungen. Sie hatten Berg zwischen sich genommen und jeweils einen Arm um ihre Schultern gelegt. Man konnte auf den ersten Blick vermuten, ein Betrunkener wurde in ein Auto gebracht. Der Weg durch den Vorgarten war durch einige Büsche, die noch ihre Blätter hatten, gedeckt und auf dem Fußweg war niemand zu sehen. Rund zehn Meter zu Bergs Auto.

„Schließ auf", keuchte Ute.

„Den Schlüssel", forderte Bertram.

„Hast Du ihn nicht?"

„Nein, verdammt!"

„Ja, verdammt, Du denkst wirklich an nichts. Halt ihn, und zwar aufrecht."

Sie lehnten Berg mit dem Rücken an den Wagen und Ute legte Bergs Arme um Bertrams Hals. Mit viel Widerwillen drückte er sich an ihn. Ute hastete zurück ins Haus. Bertram drückte mit aller Kraft seinen Körper gegen Berg, damit dieser nicht zwischen sich und dem Auto wegrutschte. Und als er das leichte Trapsen eines Hundes hinter sich hörte, legte er auch noch sein Kinn auf Bergs graues Haar. Er hörte jemanden rufen. Vielleicht nach dem Hund. Dann kam Ute zurück. Sie schloß den Kofferraum auf, flüsterte: „Niemand zu sehen", und beide wuchteten Dr. Peter Berg hastig hinein. Als Bertram die Beine krümmte und hineindrückte, damit sie nicht aus der Klappe heraustaksten, was auch mit einer Warnleuchte nicht zu rechtfertigen wäre, gab Berg plötzlich ein Geräusch von sich, das sich wie ein geblöktes *Böööh* anhörte. Bertram glaubte, tot umzufallen und auch Ute zuckte zusammen.

„Er lebt! Er lebt! Wir müssen ihn ins Krankenhaus fahren. Es ist alles o.k."

Bertram wollte ihn aus dem Kofferraum zerren. „Nein, nein, besser nicht bewegen. Ich fahre ihn sofort hin." Bertram war schweißgebadet. Ute stotterte leicht, als sie ihm zuflüsterte: „Hör auf, da ist durch das Reinquetschen noch Luft aus der Lunge gedrückt worden. Das kenne ich von den Tieren, wenn die Kadaver verladen werden. Er ist tot. Schieb ihn jetzt rein, bitte, schnell!"

Bertram hätte Berg am liebsten wieder aus dem Kofferraum gezogen und dessen Puls gefühlt. Aber er gab nach, schob die Beine zusammen und bemühte sich, nur die Hosenbeine von Berg anzufassen und seine Fingerabdrücke nicht auf den Schuhen zu hinterlassen. Ohne weitere Worte setzte sich Ute Glade vorn auf den Fahrersitz und Bertram ging wie im Traum zu seinem Wagen. Es begegneten ihm einige Fußgänger, die wohl aus der nahen Kneipe kamen. Ein älterer Herr redete auf einen Hund ein, der an einem Baum sein Bein gehoben hatte. Ein Fahrradfahrer kam ihm auf dem Bürgersteig entgegen und klingelte schrill, als er einen Schlenker um den Hund machen mußte. Der Hund unterbrach erschrocken sein Geschäft und der Halter rief ihm ein paar Schimpfworte nach. Er sprach Bertram wegen dieser Rüpelhaftigkeit an und ergänzte noch: „Und die Homos treiben es jetzt auch schon hier in aller Öffentlichkeit." Bertram ließ sich auf kein Gespräch ein und ging einen Schritt schneller.

Am späten Sonntagabend war wenig Verkehr auf der Autobahn. Bertram fuhr auf den ersten Parkplatz, blinkte kurz, und Ute Glade setzte sich mit Bergs Wagen wieder in Bewegung. Die Fahrt zum Flughafen dauerte zwanzig Minuten. Beim Flughafen angekommen fuhr Ute den Wagen in die vierte Etage für Kurzparker, in der jetzt nur wenige Autos standen. Bertram steuerte um das Parkhaus herum, nahm sie wieder auf und sie fuhren wortlos zurück nach K.

Bertram setzte Ute Glade in einiger Entfernung von ihrer Wohnung ab, es wurde nichts mehr zwischen ihnen geredet und er fuhr nach Hause. Als er die Haustür hinter sich schloß, fingen seine Knie zu zittern an und er flüchtete sich auf die Toilette. Er glaubte sich übergeben zu müssen, aber sein Magen gab den Fisch, den er am frühen Abend mit seiner Familie an der Küste gegessen hatte, nicht wieder her. Ihm wurde klar, daß das Abenteuer ja noch nicht zu Ende war; er fing am ganzen Körper zu zittern an, als er an die nächsten 24 Stunden dachte. Es war eine Stunde vor Mitternacht und das Haus war still. Seine Frau und seine Kinder schliefen. Bertram ging in die Küche und schüttete sich ein Glas Milch ein. Auf dem Küchentisch lag ein Stapel alter Zeitungen, für den Papierkontainer bestimmt. Und dieses Mal sah er nicht über den auf der ersten Seite der FAS aufgemachten Artikel über den Stand der BSE-Seuche hinweg. Nach der Einleitung auf Seite 1 sucht er gerade die Fortsetzung auf den nächsten Seiten, als Marie-Louise die Küche betrat. Sie schaute ihn etwas verschlafen an, bückte sich, um ihn auf dem Küchenhocker zu umarmen und blickte noch etwas duselig vom Schlaf auf den Artikel über die Rinderseuche.

„Willst Du in die Landwirtschaft gehen? Aber da gibt es wohl zur Zeit mehr Probleme als bei den Motoren. War was Ernstes in der Firma? Du kommst spät."

„Ja, ein paar Probleme." Bertram quälte sich mit der Antwort. Jetzt war vielleicht noch Zeit, reinen Tisch zu machen. Würde seine Frau ihm helfen, aus der Situation wieder herauszukommen? Aber das konnte er jetzt einfach nicht erklären. Er war völlig erledigt und wünschte sich nur noch zu schlafen, einfach für ein paar Stunden alles zu vergessen.

„Laß uns schlafen gehen, morgen sehen wir weiter." Und im Dämmerschlaf sah er den zusammengekrümmten Dr. Berg im Kofferraum seines Mercedes im Parkhaus des Flughafens Bremen liegen und hörte, wie er still vor sich hin blökte.

Kapitel 5

Ottfried Lükermann hatte sich wegen einer zwar nicht psychiatrisch bestätigten, aber in Selbstanalyse und -beratung festgestellten zunehmenden Antipathie gegen regelmäßiges Arbeiten von seinen Kollegen in einem Kraftfahrzeughandel, in welchem er in der Buchhaltung tätig war, zum 1. April des Jahres in den vorgezogenen Ruhestand verabschiedet. Er war seinerzeit angenehm überrascht, daß es bei seinem Antrag mit einer von ihm vorgeschlagenen halbwegs befriedigenden Abfindung keine größeren Probleme gab und das Vorhaben kurzfristig genehmigt wurde. Ottfried war 57 Jahre alt und hoffte nach den Statistiken der Renten- und Sterbetabelle auf weitere ruhige zwanzig Jahre. Immer wieder hatte er durchgerechnet, ob er ohne Arbeit mit seiner Rente über die Runden kommen würde und war dann, auch mit Gottvertrauen auf eine noch langjährige Gesundheit und Schaffenskraft seiner um sechs Jahre jüngeren Frau zu dem Entschluß gekommen, diesen Schritt zu wagen. Seiner Frau Angelika teilte er diese Lebensplanung mit dem Hinweis *Ich lebe nur einmal* mit und erläuterte dann, daß er nun auch wesentlich mehr Zeit habe, sich um den Hund zu kümmern. Der bis zur Verrentung täglich über eine Stunde durchgeführte Spaziergang mit seinem Hund, der den schönen Namen Otto trug, wurde auf drei Stunden ausgedehnt. Anschließend waren Hund und Herrchen vom Laufen und der frischen Luft so erschöpft, daß beide nur ein ausgedehntes Nickerchen wieder auf die Beine bringen konnte. Sie wurden dabei von niemandem gestört, denn Ottfrieds Frau arbeitet tagsüber in einem Schuhgeschäft und kam erst am Abend in das Reihenhaus zurück um sich um die restlichen am Morgen liegen gebliebenen Aufgaben der Hausarbeit zu kümmern. Ohne viel darüber nachzudenken ging Ottfried davon aus, daß seine ihm vor dreißig Jahren angetraute Gattin weiterhin ein zufriedenes Leben an ihrem Arbeitsplatz sowie an seiner Seite führen würde.

Das zweite Hobby von Ottfried Lükermann bestand darin, Kriminalromane zu lesen und hier hatte er sich seiner Meinung nach eine vorzeigbare Bibliothek mit rund einhundert Büchern im Laufe seines Buchhalterlebens aufgebaut. Durch diese Literatur angeregt, hatte er häufig bedauert, nicht den Beruf eines Privat-Detektivs oder Hauptkommissars ergriffen zu haben. Was für ein aufregendes Leben wäre das seiner Meinung nach gewesen.

Einmal im Jahr, an seinem Geburtstag, und dies rechnete er sich zur Ehre an, lud er seine ihm auch für gute Tage angetraute Ehefrau zu einem Abendessen in ein bürgerliches Lokal ein. Doch an diesem Sonntag im Oktober widerfuhr ihm ein Mißgeschick mit außerordentlichen Folgen. Während seine Frau Angelika mit geschlossenen Augen auf dem Beifahrersitz des Opel Astra vor sich hin döste, überschritt Ottfried, in Vorfreude auf das zu erwartende Essen in anderer Umgebung als seiner Küche, die erlaubte Geschwindigkeit um 13 Kilometer. Das belastete ihn im Augenblick nicht, denn es war ihm nicht bewußt geworden. Er schreckte erst auf, als hinter der Ortsdurchfahrt in einiger Entfernung ein Polizist auf die Straße trat und ihn mit einer Kelle auf den Seitenstreifen winkte. Das Verkehrsvergehen kostete ihn zwanzig Mark und da er seinen Führerschein nicht dabei hatte, wurde seine Autonummer notiert mit der Aufforderung, den Berechtigungsschein am nächsten Tag auf der Polizeiwache in K. vorzulegen. Otttrieds Vorfreude war nun leicht gedämpft und er beschloß, um seinen finanziell streng kalkulierten Lebensunterhalt nicht zu gefährden, für sich und seine Gattin, ohne diese einzuweihen, auf den Nachtisch zu verzichten. Noch wußte Ottfried Lükermann nicht, daß er, verursacht durch seine Vergeßlichkeit, in den nächsten Wochen eine Entscheidung treffen würde, welche Angelika in gewisser Weise entlastete, ihn aber eine außerordentliche Verkürzung seiner erhofften Lebensrestlaufzeit kostete – was jedoch für ähnlich Kalkulierende keinen erkennbaren statistischen Einfluß auf die durchschnittliche Lebenserwartung der offiziellen Sterbetabelle haben würde.

Nach der Rückkehr an diesem Abend unternahm Ottfried noch einen Gang mit Otto, welcher an der kulinarischen Erlebnisreise nicht teilgenommen hatte. Als er gerade die Rechnung von zwei Kartoffelsuppen, einer Kohlroulade sowie eines Fischtellers und eines Bieres für sich nachkalkulierte, kam er unweit seines Hauses an zwei Männern vorbei, welche, dicht an einen Mercedes gelehnt, eng umschlungen, anscheinend heftig miteinander knutschten. Das verstörte ihn so sehr, daß er schnell weiterging, die Durchrechnung der abendlichen Kosten unter Berücksichtigung der Geldstrafe durcheinander brachte und beschloß, das Ganze auf sich beruhen zu lassen, ein für einen ehemaligen Buchhalter ungewöhnliches Verfahren. Als er dann auf Otto wartete, den er zu dieser abendlichen Zeit häufig frei laufen ließ, kam ein Mann mittleren Alters mit schnellen Schritten auf ihn zu. Das Scheinwerferlicht eines Autos, welches in die Pieritzstraße einbog, erhellte für einen Moment dessen Gesicht, das der späte Spaziergänger bei einer Art Hustenanfall zur Seite wendete. Auch diesmal wurde Lükermanns Denkvorgang, wo er ihn schon gesehen hatte, durch einen jugendlichen Radfahrer gestört, der auf dem Fußweg fuhr und mit seinem schrillen Klingeln auch das seit längerem erwartete Geschäft seines Hundes störte. Lükermann konnte am späten Abend, nachdem er noch eine Stunde vor dem Fernseher verbracht hatte, nicht einschlafen. Immer wieder sah er die beiden umschlungenen Männer vor sich, deren Gesichter er aber nicht erkannt hatte. Einer von ihnen, der Größere, hatte eine Mütze aufgehabt, wie man sie häufig an der Küste trug. Und er glaubte sich nun zu erinnern, daß auch der eilige Fußgänger eine ähnliche

Mütze aufgehabt hatte. Er mußte vor sich hin lächeln, als er sich fragte, ob das vielleicht Helmut Schmidt gewesen war. Ohne derartig aufregende Überlegungen schlief Angelika ruhig neben ihm, da sie gleich nach Rückkehr vom Restaurantbesuch ins Bett gegangen war, um am kommenden Arbeitstag ausgeruht ihren Beitrag zum Familieneinkommen leisten zu können. Außerdem hätte Ottfried sie nicht in seine Gedankenwelt eingeweiht, da er diesen Teil des Tages, den Spaziergang mit Hund, ausschließlich mit Otto teilte.

Kapitel 6

Montag. Besprechung der Geschäftsführung 9 Uhr. Drei Minuten vor Beginn rief Ute Glade in Bertrams Sekretariat an und teilte mit, daß Dr. Berg noch nicht eingetroffen sei. Sie fragte Petra Pietz, ob sie wüßte, ob ihr Chef heute nicht teilnehmen würde oder kurzfristig eine Dienstreise angetreten habe, über die sie nicht informiert wurde. Sie habe schon in seiner Wohnung angerufen, er habe sich aber nicht gemeldet. Petra Pietz wußte von nichts, öffnete die Tür zu Bertrams Büro und informierte ihn über Bergs Verspätung. Er hatte auf diese Nachricht gewartet, aber auf das Wunder gehofft, daß der Controller pünktlich zur Sitzung käme. Dann hätte er sich sofort auf seinen Geisteszustand untersuchen lassen, was ihm im Augenblick als das wesentlich kleinere Übel erschien. Das gestrige Geschehen war ihm an diesem Morgen in aller Deutlichkeit bewußt geworden. Er hatte die Telefonnummer seines Anwalts herausgesucht und schon zum Telefonhörer gegriffen, dann aber nicht gewählt. Er sagte seiner Sekretärin so ruhig wie möglich:

„Ja, ist gut. Informieren Sie Mannfeldt und Dr. Richter, daß wir etwas später anfangen, da Dr. Berg noch nicht da ist. Also auf Abruf."

„Das ist noch nie vorgekommen. Er meldet sich auch nicht am Telefon, wie Frau Glade sagt. Sollen wir jemanden hinschicken? Vielleicht ist er verunglückt."

Bertram hatte das Gefühl, einen Schwächeanfall zu bekommen. Er antwortete ihr, wobei er in einer Akte blätterte und nur kurz hochschaute:

„Malen Sie nicht den Teufel an die Wand. Warten wir eine halbe Stunde. Vielleicht hat er nur verschlafen, er hatte ja ein langes Wochenende." Bertram versuchte das so locker wie möglich zu sagen und er konnte seine Sekretären dabei auch nicht ansehen. Jeden Augenblick erwartete er einen Anruf des Pförtners, daß ein Polizeiwagen vorgefahren sei. In diesem Augenblick kam Ute Glade in sein Sekretariat, schlängelte sich an Petra Pietz vorbei, die noch im Türrahmen zu Bertrams Büro stand und berichtete ihm leicht aufgeregt, und Petra Pietz konnte und sollte sicher alles mithören, daß Dr. Berg sie am Sonntag Nachmittag kurz in Ihrer Privatwohnung aufgesucht hätte, um sie wegen einer Arbeit, die sie für Bertram ausgeführt habe, zu befragen. Sie habe gar nicht so recht gewußt, was er wollte.

„Es ist irgendwie um Unterlagen von Ihnen für die Franzosen gegangen, die ich dann verschickt hätte. Habe ich aber nicht. Er war verärgert und wollte dann ins Büro fahren."

Bertram konnte diese Diskussion nicht mehr ertragen und erwiderte etwas ungehalten:

„Also, wenn er sich nicht in der nächsten Stunde meldet, soll Karl-Heinz Schneider bei ihm vorbeifahren, vielleicht ist ja das Haus abgebrannt. Pardon, ein Scherz." Bertram lächelte krampfhaft. „Es wird schon nichts Ernstes sein."

„Lassen Sie mich mitfahren", warf Ute ein. „Vielleicht hat er sich ja gestern über mich geärgert; dann kann ich das in Ordnung bringen."

Bertram überlegte einen Augenblick.

„O.k., dann fahre ich und Sie können mitfahren, um Ihre Sache in Ordnung zu bringen, braucht ja nicht vor dem Fahrer zu passieren. Also gut, er wohnt doch immer noch in Bremen? In einer Stunde, wenn sich bis dahin nichts getan hat."

Bertram bat seine Sekretärin, seinen beiden Kollegen Bescheid zu geben, daß die Besprechung zunächst auf den Nachmittag verschoben wird, weil Dr. Berg unbedingt an der Besprechung teilnehmen müsse. ›Was soll dieses Theater?‹ Für einen Augenblick war er sich wieder sicher, daß er mit Ute

Glade jetzt einfach zur Polizei fahren sollte, um den Ablauf des gestrigen Tages zu erklären. ›Vielleicht komme ich dabei ja noch einigermaßen raus.‹

Dr. Berg meldete sich nicht. Ute Glade stieg um zehn Uhr zu ihm in den Wagen. Sie behielt eine größere Tasche auf ihrem Schoß. Als er noch überlegte, wo sich die Polizeistation befand, sagte Ute Glade bestimmt: „Jetzt so schnell wie möglich zum Flughafen. Wir müssen etwas ändern."

„Was soll das? Was wollen wir am hellen Tage am Flughafen? Deine Aktion ist für heute Abend vorgesehen. Ute, bitte, laß uns jetzt zur Polizei fahren, wir können das noch retten."

„Heinrich, Du bist nicht bei Trost. Wir stecken jetzt da drin. Die EGA kann keinen Geschäftsführer behalten, der Leichen in Parkhäusern versteckt. Wir müssen da jetzt durch. Laß mich machen und fahr zum Flughafen. Wir haben nicht ewig Zeit. Ich habe mir alles überlegt. Es ist alles vereinbart."

Bertram wollte anhalten oder anfangen zu schreien. Er wollte aus diesem Albtraum aufwachen. Eine Hand legte sich ihm auf den Arm und Ute sagte ruhig:

„Fahr! Es wird alles gut."

Kurz vor dem Flughafen, lotste sie ihn in eine Seitenstraße, welche durch ein Gebiet mit großen Lagerhallen führte.

„Auf den Abstellplatz, da bei den Containern!"

Der Wagen hielt und Ute sprang mit ihrer Tasche aus dem Wagen und machte sich vorn am Auto zu schaffen. Bertram hört etwas schrappen, doch ehe er aussteigen und nachsehen konnte, was sie da machte, stieg Ute wieder ein.

„Was hast Du gemacht?"

„Erzähl ich Dir nachher. Fahr los zum Parkhaus für die Langzeitparker und laß mich vor der Einfahrt aussteigen. Dann fährst Du in die dritte Etage und suchst einen Parkplatz neben dem noch ein weiterer Platz frei ist. Dort wartest Du auf mich."

Bertram mußte im dritten Stock eine Runde drehen, bis er einen freien Platz fand. Er ahnte jetzt, was Ute vorhatte, fuhr nicht in die Parklücke sondern wartete ungeduldig quer vor zwei anderen Autos stehend. ›Was mache ich hier! Was mache ich!‹ Da kam Bergs Wagen und Ute fuhr ihn in die freie Lücke. Sie zog sich Gummihandschuhe aus und drückte sie Bertram in die Hand.

„Er steigt jetzt in Deinen Wagen um, weil man sein Auto hier sehr schnell finden wird. Bei Vermißtenmeldungen werden auch die Flughäfen informiert und die gehen sicher die Parkplätze ab. Ich gehe zum Fahrstuhl und passe auf, ob jemand von unten hoch kommt. Ein ankommendes Auto auf der Auffahrt wirst Du ja hören. Und hier in der Tasche ist eine Plastikfolie, die legst Du in Deinen Kofferraum und klappst sie an den Seiten hoch, damit er mit nichts in Berührung kommt. Und bring die Tasche wieder mit, wenn Du mich am Fahrstuhl aufnimmst." Sie hastete los, drehte sich noch einmal um und rief:

„Denk an die Handschuhe!"

Er legte die Tasche auf Bergs Autodach. Der erst Handschuh riß ein, beim zweiten klappt es. Er breitete die Folie im Kofferraum seines Wagens aus, klappte sie an den Wänden hoch. Mit ausgestrecktem Arm öffnete er vorsichtig den Kofferraumdeckel von Dr. Bergs Auto, als erwarte er, daß dieser ihn anspringen würde. Sein Kollege lag unverändert mit angezogenen Beinen auf der Seite. Das Gesicht war jedoch nach oben gedreht und schaute ihn an. Bertram zuckte zurück. ›Großer Gott! Hat er noch gelebt? Nein! Nein, das kann nicht sein. Dann hätte er sich bemerkbar gemacht. Also weiter, also weiter, sonst kommt Ute und fragt mich, ob ich eine Gedenkminute abhalte.‹ Er faßte den Leichnam an den Beinen und versuchte den Körper aus dem Kofferraum zu ziehen. Dr. Berg blickte ihn unverwandt an ›Der Kerl hat zugenommen.‹ Dann griff er Bergs rechten Arm und zog ihn zur Wagenkante, bis er einen Arm unter die Kniekehlen und den anderen unter Bergs Rücken schieben konnte. Er zog den Körper über die Kante, drehte sich um und wankte zu seinem Wagen. ›Nur ihn nicht über den Boden schleifen‹. Das konnte er bei Bergs linker Hand nicht vermeiden. ›Hoffentlich ist seine Uhr nicht verschrammt. Quatsch!‹ Da die Totenstarre eingetreten war, hatte Berg ihn bei seinem Abmühen zunächst neugierig angesehen, dann sank sein Kopf langsam nach hinten weg. Bertram wuchtete Berg in seinen Kofferraum, wobei er sich beim Vornüberbeugen den Kopf heftig an dem geöffneten Deckel stieß. Fast in Trance zog er die Plastikfolie über dem Körper zurecht und legte die Seiten so gut es ging zusammen. Als er den Deckel zumachte kam Ute Glade schon vom Fahrstuhl zurück.

„Vergiß die Tasche nicht!"

›Die Tasche? Welche Tasche? Ja, die Tasche. Wo ist sie?‹

Sie lag noch auf Bergs Autodach. Und da sah er den Schuh, der halb unter Bergs Wagen lag. ›Ist das einer von ihm? Nein, nicht noch einmal, nicht noch einmal in sein Gesicht sehen.‹ Er steckte den Schuh in die Tasche und reichte sie Ute.

„Du stehst beim falschen Wagen, oder willst Du mit ihm auf die Polizei warten?"

Sie nahm ihm die Tasche und die Handschuhe ab und zog den heilen wieder an, den zerrissenen schob sie in die Tasche.

„Fahr auf die andere Seite der Etage zur Ausfahrt. Ich verstelle noch Bergs Wagen. Wer weiß, was hier alles auf dem Boden liegen geblieben ist."

Ein wenig bewunderte er ihre Kaltblütigkeit und fragte sich, was sie beim Halten auf der Herfahrt vorn an seinem Wagen gemacht hatte. Er schaut nach und sah, daß da ein anderes Nummernschild vor seinem mit zwei dünnen Drähten festgemacht war. Ein anderes Städtezeichen, NI und das war, wenn er sich nicht täuschte, Nienburg, eine kleinen Stadt rund hundert Kilometer von K. entfernt. Er setzte sich in seinen Wagen. Er hatte kaum Kraft, den Zündschlüssel zu drehen. Seine Hände zitterten. Zu selten fuhr er eine Leiche durch ein

Parkhaus. Ute Glade hatte für Bergs Wagen einen neuen Parkplatz gefunden und stieg wieder zu ihm ins Auto.

„Warum das andere Nummernschild?" fragte er.

„Vielleicht werden wir geblitzt. Ich habe gelesen, daß man dazu übergeht, in den Parkhäusern für Langzeitparker die Autokennzeichen beim Rein- und Rausfahren zu fotografieren. Ich weiß nicht, ob das hier auch passiert, aber wir sollten sicher gehen."

„Und Du meinst, wir werden von vorn geblitzt und nicht von hinten?"

Keine Antwort.

„Und wo hast Du das Schild her?"

„Später, fahr jetzt und guck nicht neugierig aus dem Fenster", erwiderte sie und rutschte so weit wie möglich von ihrem Sitz nach unten, um nicht vom Fahrer eines einfahrenden Fahrzeugs gesehen zu werden. Drei endlose Etagen runter. Endlich die Ausfahrt. Bertram hatte Mühe, seinen Parkschein in den Entwerter zu schieben. Er wartete mit ausgestreckter Hand auf die Rückgabe. Nichts geschah, die Schranke öffnete sich nicht, der Parkschein wurde wieder rausgeschoben. Noch einmal. Dasselbe. Verdammt, sein Hals wurde naß von Schweiß, er hatte keine Parkgebühr bezahlt. Das Auto mußte zurückgefahren werden, um die Ausfahrt frei zu machen. Beim Blick in den Rückspiegel sah er, wie ein Auto zu ihm aufschloß. Der nachfolgende Wagen stand dicht hinter seinem Kofferraum und Bertram konnte seinen Mercedes nicht zurückfahren, um seitlich einzubiegen. Die Seitentür konnte er auch nicht öffnen, da der Wagen zu dicht an der Schrankensäule stand. Auf der anderen Seite über Ute Glade zu steigen, schien ihm der unpassende Moment zu sein. Die schaute ihn mit zum Himmel gedrehten Augen an. Der Fahrer hinter ihm gab Blinkzeichen. Bertram öffnete das Seitenfenster und gab ihm Handzeichen, zurück zu fahren. Nun schien dem zu dämmern, welche Probleme er hatte. Bertram flehte inständig, daß der nun nicht ausstieg, um ihm beim Einstecken der Karte zu helfen. Er schaltete schnell den Rückwärtsgang ein und der Hintermann setzte endlich zurück. Bertram konnte in die seitliche Abstellreihe einbiegen. Der andere Wagen fuhr an die Schrankensäule, hupte heftig, daß es Tote hätte erwecken können und verließ das Parkhaus. Ute Glade rappelte sich wieder hoch, sah ihn fragend mit ausgestreckter Hand an und er gab ihr den Parkschein. Sie stieg aus dem Auto und hastete los, drehte sich plötzlich wieder um und nestelte an ihrer Hose herum; zwei Autos fuhren in das Parkhaus. Dann ging sie mit schnellen Schritten zum Automaten. Bertram erstarrte, drehte sich schnell zur Seite. In einem der einfahrenden Wagen glaubte er einen seiner Vertriebsmitarbeiter zu erkennen. Dessen Blick war jedoch stur nach vorn gerichtet, nachdem seine Schranke sich geöffnet hatte. Ute Glade war schnell zurück und die Schranke öffnet sich für den Leichenwagen. Sie waren jetzt seit einer halben Stunde unterwegs und fuhren so schnell wie erlaubt zu Dr. Bergs Wohnung. Ute dirigierte Bertram den kürzesten Weg in die Lürmannstraße. Dort besaß Berg in einem der typischen Bremer Häuser eine Eigentumswohnung. Da es ein Arbeitstag war, hatten die meisten Anwohner ihre Autos nicht vor ihren Häusern geparkt und so fanden sie sofort einen freien Parkplatz und mußten nur wenige Schritte zu Bergs Haus gehen. Sie klingelten, es meldete sich niemand. Um der Sache, gegenüber wem auch immer, den nötigen Nachdruck zu verleihen, drückte Ute Glade noch einmal auf die Klingel. Bertram stellte sich vor, wie er sich fühlen würde, wenn Dr. Berg jetzt die Tür öffnete. Ab ins Irrenhaus! Ute ging die sechs- oder siebenstufige Eingangstreppe wieder hinunter und schaute zu den Fenstern zu Bergs Wohnung hinauf. Bertram dachte: ›Hoffentlich sehen uns einige Nachbarn.‹ Ute rief ihm zu, eine der beiden anderen Klingeln zu drücken. Er drückte auf beide und nach einiger Zeit wurde die Haustür von einer Dame geöffnet, so um die fünfundsiebzig Jahre alt, seht gepflegt, mit einer Illustrierten in der Hand. Sie schaute Bertram fragend an, schien aber schnell zu erkennen, daß er kein Zeitschriftenvertreter war; aus diesem Grund hatte sie wohl die Illustrierte mitgebracht, um ihn wieder abwimmeln zu können. Auf die Frage nach Dr. Berg, und ob dieser eventuell verreist sei, zuckte sie mit den Schultern und erklärte, daß Dr. Berg wohl immer sehr viel arbeiten müsse, sie habe ihn in den letzten Tagen kaum gesehen. Sie würde ihn ganz gut kennen, denn einmal im Monat, und das seit Jahren, lüde sie ihn zu einem Stück Kuchen und einer Tasse Kaffee ein. Und Dr. Berg, der ja nun schon seit Jahren Witwer sei, habe ihr im Vertrauen von einer jüngeren Frau erzählt.

„Vielleicht feiern wir hier ja noch eine Hochzeit im Haus", fügte sie lächelnd hinzu.

„Das würde mich aus tiefstem Herzen freuen", antwortete Bertram. Ob sie denn den Namen der Dame wüßte, von der er ihr etwas angedeutet habe. Da sei Dr. Berg sehr verschwiegen gewesen und sie wüßte auch nicht, ob die Dame in Bremen wohne. Sie sei wohl schon hier gewesen, sie habe aber nicht ihre Bekanntschaft gemacht.

Es tat ihr offensichtlich leid, daß sie keine weitere Auskunft geben konnte, sie könne ihn aber sofort informieren, wenn sie Dr. Berg wieder sehen würde.

Bertram bedankte sich und schrieb ihr seine Telefon-Nummer auf den Rand der Zeitschrift. Er sah, daß die Seite mit dem Fernsehprogramm aufgeschlagen war. Für den gestrigen Abend war ein Krimi angekreuzt mit dem Titel ,*Tote melden sich selten*'. ›Das hoffe ich‹ dachte Bertram, verabschiedete sich, nachdem er ihr erklärt hatte, daß Dr. Berg und er Kollegen in der gleichen Firma seien und dann stieg er mit Ute Glade wieder in sein Auto. Fünfzehn Minuten später fuhren sie auf den Hof der Polizeiwache in K. Bevor Bertram ausstieg, faßte Ute ihn am Arm und sagte eindringlich, indem sie jedes Wort betonte:

„Heinrich, wir sind nicht hier um zu melden, daß wir ihn getötet haben, wir sind hier um zu melden, daß Dr. Berg, der sonst immer sehr pünktlich ist, nicht zur Arbeit erschienen ist und in seiner Wohnung auch nicht angetroffen wurde. Wir machen uns Sorgen um ihn."

Die Aussage *wir ihn getötet haben*, realisierte Bertram erst, als sie die drei Stufen des Eingangs zum Revier hochgingen. Sie wendeten sich an einen am Schreibtisch sitzenden Polizisten und teilen ihm auf dessen fragenden Blick mit, daß sie eine Vermißtenmeldung aufgeben wollten. Der Beamte, der sich dann als Kommissar Beckmann vorstellte, schaute etwas überrascht, als er hörte, daß ein gewisser Dr. Berg nicht zur Arbeit erschienen sei und schon nach gut zwei Stunden als vermißt gemeldet wurde. Erst als ihm von Ute Glade, die sich als dessen Sekretärin vorstellte, erklärt wurde, daß Dr. Berg der kaufmännische Leiter der EGA Motoren-Werke sei, der sich bis jetzt niemals verspätet habe und bei irgend einem überraschenden Ereignis sofort das Werk angerufen hätte, nickte er und notierte sich etwas. Als sie weiter erklärte, daß seit Jahren jeden Montag Präsenzpflicht für eine Besprechung im Werk sei, bot der Beamte den beiden Stühle an, setzte sich an seine Schreibmaschine und notierte die Daten von Dr. Berg und den beiden besorgten Arbeitskollegen.

Einen gerade in den Raum eintretenden Herrn, der einen Hund an der Leine führte, verwies der Beamte an einen Kollegen, der eben Händewaschen gegangen sei und bat ihn, einen Moment Platz zu nehmen.

Beim Hinweis auf Dr. Bergs Wohnort Bremen ließ der aufnehmende Beamte die Hände sinken und wies darauf hin, daß dann die Meldung in Bremen abzugeben sei, denn das sei ja ein anderes Bundesland. Der nochmals gegebene Hinweis, daß es sich um einen der Geschäftsführer des größten Arbeitgebers in K. handelte, ließ den netten Kommissar einknicken und er sagte zu, die Hinweise zur Vermißtenmeldung an die Bremer Polizei weiterzugeben. Von dort würde dann alles weitere veranlaßt. Selbstverständlich würde man auch in K. die Krankenhäuser anrufen, ob ein bis jetzt nicht gemeldeter Unfall aufgenommen sei und die Streifen würden informiert, nach Dr. Bergs Auto Ausschau zu halten. Weitere Fragen nach einem ungewöhnlichen Verhalten Bergs und über Freunde und Verwandte des Vermißten wurden von Bertram und Glade so gut sie konnten beantwortet.

„Es gibt wenige private Kontakte, da wir uns schon den ganzen Tag in den Werken über den Weg laufen", beendete Bertram das Gespräch. Sie bedankten sich und gingen zum Auto zurück.

Auf der Rückfahrt ins Werk wechselten Glade und Bertram kein Wort. Jeder verarbeitete seine Anspannung mit sich allein. Bertram wurde sich der Situation, in welcher er sich befand, immer bewußter. Ute Glade schien seine Gedanken lesen zu können:

„In einem Tag ist alles geklärt und in einer Woche wirst Du es langsam vergessen. Und denk dran, schließ Deinen Wagen ab, besonders den Kofferraum."

Wieder im Werk bat Bertram seine Kollegen zu sich, informierte sie über den Besuch in Bremen und die Vermißtenmeldung bei der Polizei. Sie entschieden, die Zentrale in Köln erst am nächsten Tag zu informieren, falls Dr. Berg sich bis dann nicht gemeldet hatte. Dann wendeten sie sich den für die Besprechung vorgesehenen Tagesordnungs-Punkten zu. Bald hatten sie das Pensum erledigt, es gab wenig Diskussionen. Bertram winkte ab, als die beiden Kollegen in die Kantine gehen wollten. Er wollte noch einmal mit der Polizei in Bremen sprechen, wie er sagte. Da kam Ute Glade ins Besprechungszimmer und teilte allen mit, daß sie noch einmal bei der Nachbarin von Dr. Berg angerufen hatte, aber es gab nichts Neues. Bertram wunderte sich, daß sie bei dem kurzen Blick auf die drei Klingelknöpfe den Namen registriert hatte. Auch die Polizei hätte keine weiteren Erkenntnisse, ein Unfall war weder in Bremen noch in K. gemeldet. Sie reichte Bertram einen zusammengefalteten Zettel und ging wieder in ihr Sekretariat. Als die Tür geschlossen war, las Bertram: *21 Uhr Hundeecke.*

Aber es war nicht nur Bertram, der sich an diesem Tag nicht auf seine Arbeit konzentrieren konnte. Auch Polizeikommissar Beckmann kam nicht mehr zur Ruhe. Es war etwas geschehen, was er nicht einordnen konnte. Er wußte nicht, was der Grund war. Noch nicht.

Kapitel 7

Der ältere Herr, der während der Vermißtenmeldung der zwei Besucher in der Polizeiwache ruhig auf seinem Stuhl gesessen hatte und immer wieder seinen Hund zum Hinlegen auffordern mußte, trat an den Tresen.

„Ich heiße Lükermann, Ottfried Lükermann. Ich wohne in der Pieritzstraße. Ist jemand entführt worden?"

Kommissar Beckmann sah ihn einen Augenblick abschätzend an.

„Nein, wie kommen Sie darauf?"

„Ich wollte auch mal Polizist werden und habe das Gespräch eben mit angehört. Der Mann kam mir irgendwie bekannt vor. Habe ihn schon mal gesehen, in der Zeitung oder so."

„Es ist niemand entführt worden. Zwei Kollegen machen sich Sorgen, weil ein anderer Kollege nicht zur Arbeit erschienen ist. Arbeiten alle in derselben Firma. Das ist doch ein gutes soziales Verhalten, meinen Sie nicht auch? Und was führt Sie hierher?"

„In den Motorenwerken, wie ich gehört habe, kenne ich auch jemanden, Maximilian Weisshäupl, stammt ursprünglich aus Bayern, ist aber schon als Kind mit seinen Eltern nach K. gezogen. Wir sind zusammen zur Schule gegangen. Er arbeitet in der Personalabteilung. Manchmal gehen wir zusammen angeln."

Kommissar Beckmann sagte nichts. Er wunderte sich schon lange nicht mehr über die bunte Welt vor seinem Tresen. Ottfried Lükermann schien das Schweigen des Polizisten als eine Aufforderung anzusehen, ihm zu sagen, warum er in die Wache gekommen war. Nun erklärte er dem geduldig zuhörenden Beamten, daß er vor zwei Tagen an seinem Geburtstag seine Frau zum Abendessen eingeladen hatte und daß er vor der Abfahrt seine Jacke wechseln mußte, weil er sie beim Scheibenputzen seines Wagens mit Wasser vollgespritzt hat.

Beckmann schaute ihn unverwandt an.

„Ja, und dann habe ich den Führerschein in der alten, ich meine in der nassen Jacke gelassen und deshalb soll ich ihn hier vorlegen."

Beckmann schluckte trocken. Bevor er sich weitere Erklärungen anhören mußte, nahm er Lükermann, der den Führerschein schon beim Eintritt ins Revier in der Hand gehalten hatte, wortlos das Dokument ab. Während er Namen und einige weitere Angaben las, überlegte er, ob er sich für Andere, Aussenstehende, ähnlich entwickelt hatte. Er hoffte auf eine Ausnahme.

„Gut" eröffnete er wieder das Gespräch, „und wann sind Sie zuletzt mit Ihrem Wagen gefahren?"

„Das sagte ich ja, an meinem Geburtstag, gestern. Steht auf dem Führerschein", er machte eine Pause, schluckte und ergänzte: „ich meine das Geburtsdatum. Ist mit dem Schein etwas nicht in Ordnung?"

„Doch, doch, aber warten Sie bitte einen Augenblick."

Bleckmann setzte sich an seinen Bildschirm und gab die Daten ein. Nichts. Kein Verstoß. Gar nichts. Der Schein war in Ordnung, gegen Lükerman lag nichts vor. Er stand auf und legte das Dokument wieder in dessen ausgestreckte Hand.

„Vielen Dank für Ihren Besuch und immer an die Verkehrsregeln halten. Auch kleinere Vergehen sind nicht in Ordnung. O.K?"

Der verhinderte Detektiv konnte sich noch nicht trennen: „Wie läuft das jetzt ab? Geben Sie eine Fahndung raus? Ich habe den Herrn schon mal gesehen", und er fügte hinzu: „Nicht den Vermißten, sondern den, der eben hier war."

Beckmann war froh, daß das Telefon klingelte und bevor er den Hörer abnahm, wünschte er Lükermann noch einen schönen Tag. Der merkte nun, daß sein Verfahren eingestellt war, keine weitere Strafe drohte und er auch nicht als *under cover agent* für die Suche nach dem Vermißten angeheuert würde. Leicht enttäuscht wendete er sich zur Tür, schaute sich beim Weggehen aber noch einmal um, was er nicht hätte tun sollen, denn sein Hund zerrte ihn plötzlich zurück, weil zwei Polizisten die Wache betraten, von denen einer einen Schäferhund an der Leine führte. Bei Ottos Rückzug verwickelte sich die Hundeleine um Ottfrieds Standbein, so daß er ins Stolpern kam und mit dem Kopf an den Türrahmen schlug. Etwas durcheinander zerrte er den Hund hinter sich her, hörte nicht auf die Stimme Beckmanns, ob ihm etwas passiert sei und bemühte sich in einem Bogen um den Hundehalter die Ausgangstür zu erreichen. Dann wurde ihm leicht schwindelig und er mußte sich auf eine Treppenstufe setzen. Sein Schädel brummte und er faßte über die Stelle, die mit dem Türrahmen Bekanntschaft gemacht hatte. Da er an seinen Fingern kein Blut feststellte, beruhigte er sich langsam, streichelte seinem Hund über den Kopf, was er bei seiner Frau lange nicht getan hatte.

Aber Glück im Unglück: anscheinend hatte der Zusammenstoß mit dem Türrahmen eine Gehirnblockade aufgelöst, denn ihm fiel beim Aufstehen ein, wo er den Mann, der die Vermißtenmeldung aufgegeben hatte, kürzlich gesehen hatte. Das war in der Nähe seiner Wohnung. Damals trug der Mann eine Prinz-Heinrich-Mütze. Er hatte etwas gemurmelt, als der Fahrradfahrer ihn fast umgefahren hätte. Nun murmelte Ottfried vor sich hin:

„Ach sieh an, Helmut Schmidt!"

Da sich im letzten Jahr, nach dem Verlust der Kontakte im Berufsleben, ein Großteil der externen Welt von Ottfried Lükermann aus den Informationen der Bildzeitung, den lebhaften Geschichten des RTL-Fernsehens und den Weltansichten seiner Kriminalromane zusammensetzte, war der unfreiwillige Besuch auf der Polizeiwache für ihn die Eintrittskarte zurück ins reale Leben. Er sah einen Kriminalfall vor sich und entschied, sich persönlich in diesen Vorgang einzubringen.

Während Lükermann seinen Hund entschlossen an der Leine in Richtung Pieritzstraße zog, hatte sich Kommissar Beckmann am Automaten eine Tasse Kaffee zubereitet und schaute einen Augenblick aus dem Fenster. Der Wagen mit dem Nienburger Kennzeichen, den er zufällig vor ein paar Minuten auf den Hof hatte stehen sehen, war wieder verschwunden. Nienburg, Kleinod an der Mittelweser, wie es an einigen Stadteinfahrten zu lesen war, kannte er aus den Jahren seiner Ausbildung sehr gut. ›Vielleicht ein Zeichen? Dort habe ich mal angefangen. Waren schöne Zeiten. Wir waren jung und die Mädchen waren hübsch – wie hieß sie noch? Mußte immer mit dem Bus nach Hause fahren – aber einmal nicht. Hatte ich ihr nicht Geld für ein Taxi gegeben?‹ Er versuchte sich zu erinnern, aber der Name fiel ihm nicht ein. ›Lange her! Und jetzt das Auto aus der Weserstadt hier und demnächst höre ich auf mit dem ganzen Kram. Ein bißchen durch die Gegend fahren, angeln und sich um die Enkel kümmern. Das wird schön.‹ Beckmann schüttelte den Traum ab und wandte sich einer neuen Besucherin zu.

Zur gleichen Zeit legte Dr. Klaus Büschking seine Reisetasche in den Kofferraum seines Firmenwagens, der in der Einfahrt vor einer Garage in der Pieritzstraße stand und stellte fest, daß sein hinteres Nummernschild fehlte. Er überlegte einen Augenblick, ob er ohne das Schild losfahren sollte, denn ein unfreiwilliger Aufenthalt in K. war unangenehm, denn dieser Ort lag nicht auf dem Weg seiner monatlichen Geschäftstouren. Was tun? Er klingelte noch einmal an der Haustür von Annemarie, die einerseits erfreut war, den charmanten und spendablen Doktor zu sehen, andererseits aber etwas beunruhigt auf ihre Uhr schaute, denn sie hatte einen eingeteilten Tagesablauf und für die Mittagszeit war etwas anderes vorgesehen als ein weiteres tete à tete mit Klaus aus

Nienburg. Sie riet ihm, die Polizei anzurufen, am besten von seinem Handy, um sie nicht mit ins Spiel zu bringen, und von seinem Mißgeschick zu berichten. Er durfte sich noch die Nummer aus dem Telefonbuch suchen und verließ dann folgsam das Haus, um draußen zu telefonieren. Die Angelegenheit klärte sich dann auch schnell. Er fuhr auf das Anraten eines Polizisten jedoch nicht mit einem Taxi zur KfZ-Meldestelle, um sich ein vorläufiges Kennzeichen zu holen, sondern aus Zeitgründen direkt mit seinem Wagen dort hin. Er hatte Glück, nicht von einer Streife aufgehalten zu werden und nach einer guten Stunde befestigte ein Angestellter eine rote Nummer an seinem Wagen und wünschte ihm gute Fahrt.

Kapitel 8

Bertram durchlebte alle Einzelheiten des kommenden Abends immer und immer wieder. Er ahnte nicht, daß seine Phantasie nicht ausreichte um das, was Ute Glade ihm angekündigt hatte, aufzunehmen. Die Versuche, sich auf seine Arbeit zu konzentrieren, gelangen nicht. ›Das Ganze ist absurd!‹ Es wirbelte in seinem Kopf und als er es aussprach hörte er eine Stimme: „Sieht es so schlimm aus?" Seine Sekretärin stand vor seinem Schreibtisch. Er hatte ihr Kommen nicht gehört. Der Versuch eines Lächelns:
„Nein, nein, nicht schlechter als sonst auch, das heißt, gar nicht so schlimm. Es ist etwas anderes, was mich beschäftigt. Wir werden morgen mal in Ruhe darüber sprechen, was man sich in Köln ausgedacht hat. Ist etwas ...", er überlegte und sagte dann „... Überraschendes?" Petra Pietz sah ihn fragend an und zeigte dann mit dem Finger auf die Unterschriftsmappen. Als sie den Raum verließ, blickte sie sich noch einmal um. „Alles o.k.", rief Bertram ihr zu.
Petra Pietz stammte aus Wien. Ihre Eltern waren vor zehn Jahren nach Bremen gezogen, weil ihr Vater eine leitende technische Stellung in einem Automobilwerk übernehmen konnte. Nach dem Abitur wollte sie studieren, dann verstarb ihr Vater plötzlich und ihre Mutter zog wieder nach Wien. Petra begann ihr Studium an der pädagogischen Hochschule in Bremen, machte ihren Abschluß und stellte nach einem Jahr im Beruf fest, daß der Umgang mit Erstklässlern zwar nett und niedlich war, ihrem Lebensziel jedoch nicht entsprach. Da sie sich neben dem Pädagogikstudium mit mehre-

ren Fremdsprachen beschäftigt hatte und glaubte, ein gutes organisatorisches Talent zu haben, zog es sie in die Industrie und sie bewarb sich auf eine Anzeige, in welcher das Motorenwerk in K. eine Mitarbeiterin in der Personalabteilung suchte. Sie arbeitete sich sehr schnell ein und war nach kurzer Zeit eine kompetente Gesprächspartnerin für die Mitarbeiter im Betrieb. Sie wollte jedoch mehr über die Arbeit in einem großen Industrie-Werk erfahren, faßte Mut und fragte den Geschäftsführer, also Bertram, ob sie als Assistentin in seinem Sekretariat arbeiten könne. Assistenten gab es beim EGA-Konzern nur bei den Vorständen, somit wurde Petra als Zweitsekretärin aus der Personalabteilung in Bertrams Büro versetzt. Das kam bei einigen anderen Sekretärinnen nicht allzu gut an. Und als Bertrams langjährige Sekretärin in den Ruhestand ging und Petra diese Position übernahm – er hatte sich vorher mit seinen Kollegen abgestimmt – war das Verhältnis der Damen untereinander eine Zeitlang etwas kritisch. Bertramwollte niemanden von außen nehmen und Ute Glade, die eindeutig das erste Anrecht gehabt hätte, wollte er nicht zu dicht an sich heranziehen. Petra Pietz entwickelte sich im Laufe der Zusammenarbeit zu einer zuverlässigen Sekretärin, die immer häufiger die Aufgaben einer Assistentin übernahm.

Am Nachmittag begann es zu regnen. Das sollte Dr. Berg im Kofferraum von Bertrams Wagens sicher nicht sonderlich stören, aber Bertram überfiel plötzlich Panik, als er glaubte, daß er den Wagen nicht richtig geschlossen hatte. Er nahm einen Schirm aus dem Ständer im Sekretariat und sprang fast die Treppen hinunter. Der Wagen war abgeschlossen. Ein vorsichtiger Blick beruhigte ihn auch, daß unter der Karosserie nichts abtropfte, was anders als Regenwasser aussah. ›Ob er noch drin liegt? Es gibt manchmal Wunder. Wohl nicht in K.‹ Bertram öffnete den Kofferraum nicht und ging etwas beruhigt in sein Büro zurück. Am Mittag ließ er seine Sekretärin bei der Polizei in K. und in Bremen anrufen. Bisher nichts. Noch zögerte er, den Vorstand in Köln anzurufen um mitzuteilen, daß Dr. Berg augenblicklich unauffindbar sei. Er dachte, daß die Eile ihn verdächtig machen würde. Dann machte er sich jedoch klar, daß es sich um eine beunruhigende Personalangelegenheit handelte und er rief Behnke an. Zur Zeit nicht erreichbar, wie die Sekretärin mitteilte. Er erläuterte ihr den Sachverhalt und bat darum, in der zentralen Personalabteilung zu klären, ob es aus der früheren Zeit Dr. Bergs in der Zentrale irgendwelche Unterlagen oder Anhaltspunkte über weitere Verwandte von ihm gab.

Er rief seine Frau an und teilte ihr mit, daß die Fahrt nach Frankreich abgesagt worden sei, daß er sich aber nun am Abend um einen wichtigen Kunden kümmern müsse, da sein für diesen Kunden zuständiger Mitarbeiter krank geworden war. Es würde spät werden.

Ab und zu ließ einer seiner beiden Kollegen anfragen, ob sich Dr. Berg schon gemeldet habe. Man verabredete sich für den folgenden Tag nach Bertrams VW-Besuch, um die Lage zu besprechen.

Es fiel Bertram auf, daß er dazu überging, den Vorgang Dr. Berg ablauforganisatorisch wie einen Produktionsvorgang oder ein Geschäftsproblem zu behandeln. *Problem*: 1. Der Controller Dr. Berg wurde von seiner Sekretärin getötet. 2. Er selbst half bei der Beseitigung der Leiche. *Zielsetzung*: 1. Nichts durfte darauf hinweisen, daß Dr. Berg getötet wurde; er blieb einfach verschwunden. 2. Es durfte ebenfalls nichts darauf hinweisen, daß er wie auch Ute Glade an dem Verschwinden beteiligt waren. *Maßnahmen*: Den Alltag privat und geschäftlich ohne Auffälligkeiten weiter gestalten und pflichtgemäße Nachfragen bei der Polizei durchführen. Intern besprechen, wie die Rolle des Kaufmanns in einer Übergangszeit auszufüllen ist. ›Irgendwann‹, dachte Bertram ›werde er anfangen, den Vorgang zu protokollieren.‹

Kurz nach sechs Uhr sagte er seiner Sekretärin, daß nichts weiter für sie anläge und sie heute eher gehen könne. Sie solle ihn aber am nächsten Morgen, auch während seines VW-Gesprächs, sofort anrufen, wenn sich etwas mit Dr. Berg ergeben hätte. Petra Pietz stellt ihm noch eine Tasse Kaffee auf den Schreibtisch, wünschte ihm einen ruhigen Abend und verabschiedete sich. Kurz darauf kam Ute Glade in sein Büro. Anscheinend hatte sie mitbekommen, daß Petra Pietz schon weggefahren war. Ohne etwas zu sagen zog sie einen Stuhl vor seinen Schreibtisch, setzt sich und hielt ihre große Tasche aus dem Parkhaus auf ihrem Schoß und sah ihn mit zusammengekniffenen Lippen an. ›Es ist ihr zu viel und sie dreht durch. Jetzt sind wir am Ende.‹ Ute Glade nahm mit versteinerter Miene ein Papiertaschentuch zwischen ihre Finger, griff in die Tasche und zog einen Schuh heraus. Sie hielt ihn hoch und blickte ihn unverwandt an. Bertram verstand nicht sofort, sah sie fragend an und erwartete jede Sekunde Utes nervlichen Zusammenbruch, ›ohne großes Geschrei‹, hoffte er.

„Willst Du den für die Ablage von Kugelschreibern auf Deinen Schreibtisch stellen oder eine Erinnerungsecke einrichten?"

„Ach du Scheiße!" entfuhr es ihm. „Ja, der Schuh lag unter dem Auto im Parkhaus als ich Berg umgepackt habe."

„Heinrich, ich mache jetzt keine Scherze. Das ist nicht *ein* Schuh, sondern *sein* Schuh. Den hat er sich in Italien gekauft, als er vor einigen Monaten die Revision bei unserer Tochtergesellschaft durchgeführt hat. Er hat die Schuhe stolz gezeigt. So, wo ist nun der andere Schuh?"

„Welcher andere Schuh?"

„Welcher andere Schuh? Auch Berg hat trotz all seiner Sparsamkeit zwei Schuhe getragen, denke ich."

Bertram erfaßte die Situation. Als Ute den Wagen wegfuhr, hatte er keinen zweiten Schuh gesehen „Also," setzte er seinen Gedankengang fort „kann er den anderen nur anhaben. Im Kofferraum. Er muß diesen verloren haben, als ich ihn über die Kante gezogen habe. Vielleicht sollte ich eben nachsehen. Dann haben wir Gewißheit. Gut, wir legen diesen Schuh zu ihm in den Wagen. Man kann ihn dann ja *mitgeben*." Ihm fiel kein besserer Ausdruck ein.

„Ja, Gewissheit wäre gut. Und steck mir bitte in Zukunft keine Sachen zu, ohne mich zu informieren."

Sie schob den Schuh wieder in die Tasche, wollte sein Büro verlassen, erstarrte und drehte sich wieder um:

„Großer Gott! Wir haben noch etwas vergessen. Das Nummernschild! Hast Du das abgemacht?"

„Welches Nummernschild? Ja, nein, habe ich nicht abgemacht," er zögerte, „muß also noch dran sein." Bertram wurde jetzt klar, warum in den Kriminalfällen die Bösen immer gefaßt werden. Sie machen Fehler, die ihm im Fernsehsessel nicht passieren würden.

„Also, Ute, wenn das Nummernschild nicht abgefallen ist, was nicht das Problem wäre, ist es wohl noch dran und wenn es bis jetzt keinem aufgefallen ist, kann es zur Zeit auch niemand sehen, denn der Wagen steht mit dem Kühler gegen eine Wand. Ich werde es heute Abend abnehmen, es wird keinem auffallen, hoffe ich. Also bis neun. Es wird alles klappen." Ute atmete tief durch, sah ihn jetzt bittend an und ging. ›Auch sie macht mal einen Fehler. Gut und schlecht.‹

Kurz vor neun Uhr verließ Bertram sein Büro. Als er sich in seinen Wagen setzte, zog er vorsichtig die Luft durch die Nase ein, als fürchtete er einen Leichengeruch zu verspüren. Immerhin war Dr. Berg schon fast dreißig Stunden tot. ›Wie riechen Leichen?‹ Der Wagen sprang an, Bertram fuhr einen Meter zurück, zog den Hebel zum Öffnen der Motorhaube, stieg bewußt ruhig aus, hob die Kühler-Klappe hoch, bückte sich und kniff mit einer Zange, die er aus dem Büro mitgenommen hatte, zwei dünne Drähte durch, drückte die Haube wieder zu und stieg mit dem abgenommenen fremden Nummernschild wieder ein. Nach dem zweiten Schuh wollte er im Kofferraum nicht suchen und steuerte den Wagen vom Fabrikhof. Der Pförtner hatte das Gebäude verlassen und kam auf den Wagen zu. Bertram drehte die Scheibe runter.

„Ist etwas mit dem Wagen nicht in Ordnung?"

„Nein, nein. Da klapperten ein paar Eicheln, die unter die Motorhaube gerutscht waren. Schönen Abend." Er gab Gas und fuhr zum verabredeten Treffpunkt.

Die Straßenecke Pieritz- und Calvorstraße hatte aus einem besonderen Grund bei ihm den Namen *Hundeecke*. Um das Eckhaus an diesen beiden Straßen war der Vorgarten durch einen halbhohen Zaun mit Eisenstäben vom Fußweg abgegrenzt. Er hatte in seiner Studienzeit in Münster in einem Wohnhaus mit gleichem Zaun gewohnt. Und die Hunde hatten es sich zur Gewohnheit gemacht, an der Ecke das Bein zu heben. Und das gefiel Rudi, seinem Hauswirt, gar nicht, weil der Zaun seiner Meinung nach historisch wertvoll war und durch den Gebrauch anfing zu rosten. Er hatte Bertram überredet, ihm dabei an einem Sonntag zu helfen, ein Kabel zu legen. Und sie saßen dann auf der Terrasse und warteten auf ein Opfer. Der erste Hund schien genau durch das Gitter gezielt zu haben, aber ein Boxer machte, nachdem Rudi Saft auf die Leitung gegeben hatte, einen Satz, drehte sich um sich selbst und jagte davon. Rudi war sich sicher, daß sich dieses Ereignis bei den Hunden herumsprechen würde und das Kulturgut gerettet war.

Wenn er an dieser Straßenecke vorbeikam, wurde er immer an diesen makabren Studentenstreich erinnert. Heute wünschte er sich einen Knall und die fünfundzwanzig Jahre zurück.

Ute stieg zu Bertram ins Auto. Sie fuhren zunächst in Richtung Bremen, verliessen die Autobahn und es ging eine halbe Stunde über die Dörfer in Richtung Nienburg an der Weser. Keiner der beiden sprach ein Wort. Bertram war bemüht, keinen Fahrfehler zu machen. Jetzt ein Unfall und eine Aufnahme durch die Polizei würde fatal sein. Dr. Berg als Unfall-Opfer darzustellen wäre sicher nur ein paar Minuten glaubhaft. Sie näherten sich dem Ort Lemke. Ute stammte von einem Hof aus dieser Gegend. Sie leitete ihn von der Hauptstraße in eine asphaltierte Seitenstraße. Rund zweihundert Meter noch einzelne Häuser und Scheunen, dann nur noch eine Hecke, die nach und nach dünner wurde. Der Weg endete auf einem kleinen mit Schottersteinen befestigten Platz, anscheinend angelegt, um hier mit einem Wagen oder Trecker wenden zu können.

„Blink zweimal, dreh den Wagen und halte rechts an den Büschen."

Bertram folgte ihren Anweisungen ohne nachzudenken und schaltete den Motor und das Licht aus. Stille. Zwischen ihnen wurde nicht geredet. In einigen hundert Metern Entfernung konnte man die Lichter der Autos auf der Hauptstraße vorbeiziehen sehen. Flüchtige Wolken schirmten das klare Mondlicht immer wieder ab. Dann versank das Land in fahler Dunkelheit. Bertram bewegte sich nicht. Er horchte, ob Ute noch atmete. ›Aussteigen und einfach weggehen? Alles abstreiten! Mein Auto wurde gestohlen.‹ Mit diesen wirren Gedanken beschäftigt, zuckte er zusammen, als an die Scheibe geklopft wurde. Ute Glade öffnete die Tür, wollte aussteigen, wurde aber von einem Mann, der eine Schirmmütze tief ins Gesicht gezogen hatte, zurückgehalten. Er sprach kein Wort, machte aber Handbewegungen, die Ute richtig deutete und sich die Schuhe auszog und in den Wagen gereichte Gummistiefel anzog. Der Mann kam an die Fahrertür, öffnete sie und reichte auch Bertram wortlos Gummistiefel. Der Unbekannte stellte sich nicht vor, was bei dieser nächtlichen Begegnung von Bertram nicht als Unhöflichkeit aufgefaßt wurde. Man öffnete den Kofferraum. Bertram hatte kurz überlegt, einfach sitzen zu bleiben, die anderen den Rest machen zu lassen. Ute kam und deutete ihm an, auszusteigen und mit anzufassen. Im Licht des Kofferraums war der Fremde nicht zu erkennen. Bertram sah, daß er derbe Lederhandschuhe anhatte. Dann sah er die Schubkarre seitlich hinter dem Wagen. Dr. Berg lag unverändert in der Plastikfolie. Der unbekannte Helfer griff in die Folie und zog sie mit Inhalt halb über die Kofferraumkante. Er forderte Bertram durch eine Kopfbewegung auf, diesen Teil des Pakets zu übernehmen, griff noch einmal tiefer in die fahrende Grabkammer und zerrte das andere Ende des plastikverpackten ehemaligen Controllers der Motorenwerke in die frische Luft. Sie legten den Leichnam mit Folie längs in die Schubkarre. Der Fremde leuchtete mit einer Taschenleuchte noch einmal den Kofferraum ab und schloß den Deckel. Er faßte die Karre an beiden Griffen, mußte sie etwas höher halten, damit Bergs Füße nicht über den Boden schleiften. Hinter den Büschen bog er in eine Wiese ein. Bertram und Ute Glade folgten ihm. Sie hörten ein leichtes Keuchen. Der Boden war durch den Regen tiefer geworden. Ein Zaun mit einem geöffneten Gatter. Nach weiteren Minuten kamen sie auf einen mit Ziegeln gepflasterten Weg, der von der rechten Seite in einem Bogen herumkam. Bertram sah ein breites weiß-rot gestreiftes Band, welches den Weg absperrte. Ute hielt das Absperrband hoch, um sie durchzulassen. In einiger Entfernung war ein Gehöft oder ein großer Stall zu erkennen, auf den sie sich zubewegten. Die Wolken rissen auf und die drei Gestalten mit ihrer Leichenkarre warfen skurrile Schatten auf den Weg. Dem Totengräber fiel anscheinend etwas auf. Eine leise gesprochene Frage an Ute. Er setzte die Karre aber nicht ab und fuhr stur weiter. Ute riß Bertram aus seinem tranceartigen Gang:

„Er fragte nach den Schuhen."

Bertram machte einige eilige Schritte hin zur Schubkarre, sah Bergs Füße, aber keinen Schuh. Er blieb stehen und flüsterte zu Ute:

„Ich gehe noch einmal zurück und sehe auch in den Wagen nach dem Schuh."

Ute Glade faßte seinen Arm:

„Ich habe das vorhin schon beim Ausladen bemerkt und gleich im Kofferraum nachgesehen. Da war nichts mehr, wie", sie stockte und fuhr dann fort, „unser Helfer ja auch beim Ausleuchten festgestellt hat. Berg muß ihn vorher verloren haben. Entweder beim Umladen auf dem Flughafen wie den anderen oder beim Transport aus meiner Wohnung. Ich habe vorhin nichts gesagt, denn wir können die Aktion jetzt nicht mehr abbrechen. Komm weiter."

An oder aus den Gebäuden, die jetzt vor ihnen lagen, war kein Licht zu sehen. Bei ihrer Ankunft trat ein weiterer Mann, der anscheinend auf sie gewartet hatte, aus dem Schatten. Es war gespenstisch, denn auch von ihm wurde kein Wort gesprochen. Ein merkwürdiger Geruch machte sich breit und als sie um das Gebäude herumgingen, sahen sie große unförmige helle und dunkle Pakete auf der Erde liegen und dann knallte der Mond auf die Kadaver der Kühe. Bertram sah den Zeitungsartikel vor sich: BSE – Bovine Spongiforme Encephalopatie. Er hatte es in der Zeitung mehrfach gelesen und sich den Begriff gemerkt. Jetzt sah er plastisch vor Augen, was Ute ihm gesagt hatte, was er sich überhaupt nicht richtig klar gemacht hatte. Jetzt wußte er, daß das, was Ute ihm als ihre Problemlösung erklärt hatte, nun auch mit Dr. Berg geschehen würde.

Wieder Wolken. Es ging dann sehr schnell. Bertram sah im herumschwirrenden schmalen Schein einer Taschenleuchte, daß eine der toten Kühe mit Hilfe einiger Stützen halb auf den Rücken gedreht war und daß aus ihrem Bauch anscheinend Eingeweide und ein großer Klumpen Fleisch entnommen worden waren, was in Plastikhüllen neben dem Kadaver in zwei Karren lag. Durch einen Windstoß verstärkte sich der ekelerregende Geruch; Bertram wollte sich wegdrehen, um sich nicht übergeben zu müssen. Einer der beiden Männer war mit der Schubkarre, in welcher Berg lag, auf eine ausgebreitete Plane gefahren, legte die Karre schräg und Dr.Berg rutschte auf den Boden. Die beiden Männer fingen sofort an, ihn zu entkleiden, stopfen alles in einen Plastiksack und nahmen ihm anscheinend Uhr und Ring ab. Einer der beiden, die Bertram in der Dunkelheit nicht unterscheiden konnte, beugte sich über den Körper und flüsterte dann Ute etwas ins Ohr, worauf sie Bertram einige Meter hinter die Stallwand zog. Er sah sie fragend an, sie schüttelte den Kopf und gab keine Antwort. Bertram machte ein paar Schritte zurück und sah, wie der nackte Leichnam seines Kollegen in die aufgeschnittene Bauchöffnung der Kuh gestopft wurde. Er stolperte zurück, würgte und wollte schreien. Ute hielt ihm die Hand auf den Mund, ging zu den Männern, sprach mit ihnen und kam zu Bertram zurück. Sie sagte mit fester, aber veränderter Stimme:

„Wir gehen jetzt zum Wagen. Alles andere machen die beiden. Morgen werden die Kadaver abgeholt."

„Aber was machen die denn? Das ist doch furchtbar. Das kommt auch sofort heraus. Das können wir nicht zulassen." Bertram blieb stehen, war fassungslos über das Geschehen, an dem er sich beteiligt hatte. ›Was ist aus mir geworden? Wer bin ich?‹

„Heinrich, es ist jetzt etwas mühsam, ihn da wieder rauszuholen, sauber anzuziehen und ihn in Bremen im Flughafen in sein Auto zu setzen. Komm, wir gehen jetzt. Komm!"

Sie gingen sie zurück. Beim Wagen angekommen, wollte Bertram sich auf den Fahrersitz setzen. Ute hielt ihn zurück:

„Ich bin o.k. Ich kann fahren."

„Ich auch!" raunzte er zurück.

„Bevor Du einsteigst, zieh die Gummistiefel aus und tritt nicht mit Deinen Schuhen in den Schotter. Wir wollen keine Erkennungszeichen hierlassen."

Sie folgte seinem Beispiel. Beide Paar Stiefel wurden in einen Karton gelegt, den Ute auf ihrem Schoß behielt. Sie hatte wieder Gummihandschuhe an. Bertram startete den Motor und stoppte auf ein Abwinken von Ute neben einem Gestrüpp mit tiefhängenden Zweigen. Ute öffnet die Tür und schob den Karton unter den Busch.

„Wird abgeholt", bemerkte sie.

Bertram fuhr den Wagen ohne jegliches Gefühl über die Landstraßen und fragte sich immer wieder: ›Was ist aus mir geworden?‹

Als der Wagen wieder die Autobahn erreichte, fing Ute Glade an zu sprechen:

„Bevor Du fragst, ich werde Dir nicht sagen, wer die Männer sind. Sie sind absolut zuverlässig. Vielleicht denkst Du Dir was. Soviel: Der eine hat jahrelang Hausschlachtungen durchgeführt und er wird bei dem, was er macht, keine Fehler machen. Und er ist mir außerordentlich verbunden. Wie Du gesehen hast, liegt die Kuh mit den Beinen zu den übrigen Kadavern. Innereien wie der schwere Pansen sind entnommen, um Platz zu schaffen. Es sind übrigens nicht die Kühe meiner Familie. Sie gehören einem anderen Bauern. Dessen Frau hat einen Nervenzusammenbruch erlitten, als ihre Tiere gestern getötet werden mußten und ihr Mann bringt sie gerade zu Verwandten. Er wird erst morgen früh wieder auf dem Hof sein. Also, die Kuh wird jetzt zugenäht und mit Kot verschmiert. Niemand wird die Naht sehen. Morgen früh werden zunächst von einem anderen Hof einige Kadaver abgeholt und dann von diesem. Das geht so, daß sie mit einem Schaufelbagger auf einen großen Wagen gehoben werden. Berg wird also mitten drin liegen."

Ute schluckte und machte eine Pause. Bertram fuhr plötzlich schneller, als wollte er verschwinden, nichts mehr hören. Sie redete weiter:

„Dann geht der Transport zur Tierkörperverwertungsanlage nach Hannover. Da alle Kadaver tierärztlich zertifiziert sind und", Ute Glade machte wieder eine Pause, sah dieses Mal Bertram an und fuhr dann leiser fort: „er beim Verarbeitungsprozeß in Hannover dabei sein wird, gibt es keine weiteren Untersuchungen. Die Kadaver gehen sofort in die Mahlwerke oder sie werden verbrannt, wegen der BSE. Und jetzt denk nicht weiter daran."

Sie hatte ihre Augen krampfhaft geschlossen. Nach einiger Zeit fügte sie ihren Erklärungen noch etwas hinzu: „Die entnommenen Innereien werden heute Nacht oder morgen früh an Schweine verfüttert, die Kleidung wird verbrannt – das war meine größte Sorge – und noch etwas: Die beiden haben bemerkt, daß Berg zwei Goldzähne hatte. Die haben sie ihm entfernt. Sollte man im Tierfutter Goldreste finden, würde man Untersuchungen anstellen. Es gibt selten Kühe mit Goldzähnen. Die anderen Zähne werden zermahlen und fallen nicht auf."

Bertram wußte jetzt, warum Ute ihn hinter die Tierstallung geschoben hatte und er war ihr dafür dankbar.

Es war kurz vor Mitternacht, als Ute Glade Bertrams Wagen fünf Fußgänger-Minuten von ihrer Wohnung entfernt verließ. Sie hatte das fremde KfZ-Nummernschild in ihre Tasche gesteckt. Bertram wußte, daß sie noch zu dem in ihrer Nähe abgestellten fremden Wagen gehen würde, um das Schild wieder anzubringen

Er wußte nicht, daß Ute Glade das Auto-Kennzeichen mit in ihre Wohnung nahm, es gründlich reinigte, dann nur noch mit Gummihandschuhen anfaßte, das Haus wieder verließ, eine Hand Schmutz aus dem Rinnstein griff, die beschriftete Seite des Schildes leicht damit einrieb und es beim Vorbeigehen an der leeren Garagenauffahrt, wo der Wagen gestanden hatte, schnell vor den Kantstein mit der Schrift nach unten in die Gosse legte.

Nur hundert Meter von ihr entfernt war Ottfried Lükermann in seinem Bett eingeschlafen, nachdem er lange darüber nachgedacht hatte, wem der fast neue Schuh wohl gehörte, den Otto bei ihrem abendlichen Spaziergang angebracht hatte.

Kapitel 9

Jedes Mal, wenn er auf das Werksgelände des niedersächsischen Automobilkonzerns fuhr, beschlich ihn ein Gefühl der Beklemmung. Die geschäftliche Abhängigkeit von diesem Kunden war riesig groß. Bertram mußte den Abschluß für das kommende Jahr an diesem Tag mit nach Hause bringen. Und die Aufträge mußten wenigstens den gleichen Umfang wie im laufenden Jahr haben. Und die Preise konnte er aus Erlösgründen überhaupt nicht nachlassen. Es war jedes Jahr die gleiche Ausgangssituation. Im Prinzip fanden gar keine Verhandlung statt. Dem Lieferanten wurde schlicht vorgegeben, was er zu akzeptieren hatte, wenn er seine Produkte weiter liefern wollte. Die Vorgaben brachen dem *Partner,* wie der Einkäufer den Lieferanten freundlicherweise nannte, zwar nicht das Genick, liessen ihm aber auch keinen Spielraum, die Erlössituation, trotz all seiner Rationalisierungen, merklich zu verbessern. Und wenn es dann zu einer Vereinbarung gekommen war, wurden auch keine festen Mengen vergeben, auf die sich der Lieferant einstellen und auf deren Basis er kalkulieren konnte, sondern nur Quoten des Bedarfs. Also waren alle Liefermengen abhängig vom Geschäftsverlauf des Hauses VW.

Schon bei der Anmeldung in der Pförtnerei, in der immer ein Dutzend Lieferanten anzutreffen waren, die Auskunft über ihren Gesprächspartner im Einkauf abgaben und dann ihren Passierschein erhielten, wurde jedem Lieferanten klar, daß er einer unter vielen war, austauschbar, und den Ort niemals als Sieger verlassen würde.

Begrüßung seines Akquisiteurs Friedrich Regenschuh, genannt Frieder, der in der großen ungemütlichen Eingangshalle auf ihn gewartet hatte und die letzte Anmeldung bei einem der zwei Pförtner erledigte, die den Lieferanten in der entsprechenden Einkaufsabteilung anmeldeten. Weitere Zulieferer saßen auf ihren Stühlen und starrten vor sich hin wie beim Zahnarzt, andere gaben sich locker und lasen in einer Zeitung, kleinere Gruppen diskutierten und machten sich noch einmal Mut. Bertram ging mit seinem Kollegen die wesentlichen Punkte des Gesprächs und die Vorgehensweise durch. Zunächst Begrüßung durch Bertram und Begründung des Vorort-Gesprächs, da auf Grund erheblich gestiegener Materialpreise und auch der Lohnkosten notwendige leichte Preiserhöhung von im Schnitt rund 1,2 % absolut erforderlich waren. Dann individuelles Eingehen auf die einzelnen Motoren-Typen durch den Akquisiteur.

Sie wurden unterbrochen durch den Ruf vom Pförtnertisch: „Die Herren der EGA bitte vierter Stock, Zimmer 403."

Bertram fiel ein, daß Dr. Berg gern einmal an einer solchen Verhandlung teilnehmen wollte – es kam immer etwas dazwischen. Sie wollten eben den Fahrstuhl betreten, als sein Handy klingelt. Petra Pietz am Apparat:

„Hallo, Herr Bertram, man hat Dr. Bergs Auto gefunden. Es steht in Bremen im Parkhaus für Langzeitparker. Vielleicht mußte er ja eine längere Reise antreten und konnte uns auf die Schnelle nichts davon sagen. Ist aber doch sehr komisch, oder? Und eben hat Herr Behnke angerufen. Sie möchten bitte morgen Abend mit Ihrem Team um 16 h Uhr in der Zentrale in Köln sein. Mehr hat er nicht gesagt, Sie wüßten Bescheid. Ja, und wichtig: Hauptkommissar Beckmann möchte Sie morgen besuchen. Ich habe einen Termin für den Vormittag 11 h mit ihm vereinbart. Er weiß, daß sie gegen 13 h nach Köln fahren."

„Ja, o.k. Wir gehen jetzt in die Besprechung. Teilen sie bitte die Termine den beiden Kollegen mit, ich meine den drei, denn ich hoffe, daß Dr. Berg bis dahin wieder auftaucht."

Obwohl Bertram die Verhandlungen in einem tranceähnlichen Zustand führte und Frieder ihn mehrmals besorgt anblickte, kamen sie mit einem blauen Auge davon. Zwar wurde das notwendige Ergebnis nicht ganz erreicht, aber Bertram würde die Planung für das kommende Jahr nicht mehr zu ändern brauchen.

Nach der Rückkehr ins Werk setzten sich die drei Geschäftsführer am Nachmittag zusammen. Ratlosigkeit bezüglich der Situation Dr. Berg. Bertram sprach seine Kollegen noch einmal über den Besuch der Polizei am nächsten Tag an und informierte sie, daß er auch dem Vorstand die Situation mitgeteilt hatte. Ohne weitere Diskussion machte sich dann jeder an die Vorbereitung für die Reise nach Köln. Da sie keine näheren Informationen bekommen hatten, beschlossen sie, am Abend nach der Besprechung in Köln wieder nach K. zurückzukommen. Dann verteilten sie die Aufgaben und besprachen die Form der Darstellung ihrer Bereiche vor den Franzosen. Bertram wurde gebeten, vorsichtshalber zusätzlich den kaufmännischen Bereich Dr. Bergs zu übernehmen.

Am Nachmittag informierte Bertram alle Abteilungsleiter des Werkes über die Abwesenheit von Dr. Berg und bat, die Situation vertraulich zu behandeln. Damit waren innerhalb kurzer Zeit alle Mitarbeiter in beiden Werken informiert.

›Wie wird das sein, wenn man mich und Ute Glade hier mit Handschellen abholt?‹ Fast hätte Bertram seine Gedanken laut ausgesprochen. Wenn er nichts mit dem Verschwinden von Dr. Berg zu tun hätte, wäre er jetzt sicher noch einmal zu Mannfeldt oder Dr. Richter in deren Büros gegangen um die Situation weiter zu besprechen. ›Kann ich nicht machen. Wenn sie mich erwischen, heißt es *und dann ist er noch zu mir ins Büro gekommen und hat gefragt, was wir denn nun noch machen sollen.* Aber wenn ich nicht zu ihnen gehe, mache ich mich dann nicht auch verdächtig?‹

Ute Glade begegnete ihm vor seinem Büro auf dem Flur:

„Die Ware ist reibungslos abgeholt worden und befindet sich auf dem Weg zur Verarbeitung."

›Mein Gott, hat die Nerven.‹ Bertram schloß einen Augenblick die Augen, sah sie dann an und fragte laut: „Wird die Polizei sich automatisch melden, wenn sie etwas erfährt?"

„Davon gehe ich nicht aus", sagte Ute Glade. Bertram stutzte zunächst, sagte dann aber nichts mehr dazu.

„Gut. Wir müssen dann aber am Nachmittag gegen ein Uhr das Haus verlassen, um nach Köln zu fahren. Wenn was Besonderes im kaufmännischen Bereich anliegt, melden Sie sich bitte."

„Auf jeden Fall." Ute sah ihn an, nicke leicht und ging in ihr Sekretariat zurück.

Bertram setzte sich an seinen Schreibtisch und überlegte, was Kommissar Beckmann ihn fragen könnte. ›Muß ich mich mit Ute noch abstimmen? Sie, als Bergs Sekretärin, wird doch bestimmt auch befragt. Nein, besser nicht. Eine gleichlautende Antwort kann verdächtig klingen. Am besten spreche ich mit ihr vorher gar nicht mehr. Wen könnte Beckmann noch befragen? Mannfeldt, Dr. Richter? Sicher! Einige seiner Abteilungsleiter? Vielleicht. O.k., ich kann mich nicht darauf vorbereiten. Und jetzt nicht mehr darüber nachdenken.‹

Um nicht untätig vor sich hin zu grübeln, diktierte er den VW-Bericht auf sein Tonband und gab es seiner Sekretärin zum Schreiben. Wie nach jedem Vertragsabschluß fragt er sich, ob er hätte mehr erreichen können. Dann sagte er sich, daß sein Gegenüber sich das danach wahrscheinlich auch fragte und er legte den Vorgang innerlich ad acta. Er schlug sein Notizbuch auf und suchte eine Telefonnummer. Er zögerte einen Augenblick, nahm den Hörer ab und wählte. Dann legte er wieder auf. ›Fünfundzwanzig Jahre. Und jetzt aufhören? Dieses Scheiß-Ereignis!‹ Es wurde jemand umgebracht und er half bei der Beseitigung der Leiche. Er sah die Schlagzeilen seines Lebenslaufs: *Es begann in Köln und es endet in K.* Und dann wählte er die Nummer von Gabriel und bat ihn, ihm den Vertrag für die besprochene Aufgabe in den Neuen Bundesländer zuzusenden.

Kapitel 10

Kommissar Beckmann und ein Begleiter wurden um neun Uhr durch den Pförtner angemeldet. Petra Pietz holte die beiden Herren ab und wenige Minuten später wurden sie von ihr in Bertrams Büro geführt.

„Ich bin seit über zwanzig Jahren in dem für diesen Stadtteil zuständigen Kommissariat, aber im Motorenwerk war ich noch nie."

Bertram wußte, daß das jetzt keine Verhandlung mit einem Kunden war und sagte sich noch einmal, sich locker aber überlegt zu Beckmanns Fragen zu äußern:

„Da sehen Sie mal, was für ein ordentlicher Verein wir sind. Wir können nachher gern einen kleinen Rundgang durchs Werk machen."

Die Männer begrüßten sich, Beckmann stellte seinen Kollegen als Kommissar Fischbeck vor. Da es nur zwei Besucher-Sessel in seinem Büro gab, schlug er vor, nach nebenan in sein Besprechungszimmer zu gehen. Petra Pietz brachte zwei Tassen Kaffee und einmal Tee. Das hatte sie anscheinend schon beim Eintreffen der beiden Polizisten in ihrem Sekretariat geklärt. Da Kommissar Beckmann nichts sagte und zunächst einen Blick aus dem Fenster warf, als würde es ihm bei der Lösung seines Falles helfen, wollte Beckmann nicht den Eindruck entstehen lassen, als wartete er gebannt auf dessen Fragen. Er gab dem zweiten Besucher einige Informationen über das Werk und die Einbindung in den Konzern. Als er begann, die Organisation der Geschäftsführung zu erklären, holte Beckmann ein kleines Heft aus seiner Jacke und schrieb etwas hinein. Dann sagte Bertram nichts mehr. Er erwartete nun Fragen wie: *Ist Ihnen in den letzten Tagen etwas Besonderes an Dr. Berg aufgefallen* oder *hatte sich sein Verhalten verändert?* Sie kamen nicht. Und so fragte Bertram mit zögerlicher Stimme:

„Sie haben ihn gefunden?"

Keine Reaktion. Bertram setzte nach: „Ich meine unseren Kollegen Dr. Berg."

Beckmann schlug sein Heft zu und steckte es in die Innentasche seiner Jacke und ohne auf seine Frage einzugehen: „Herr Bertram, wie war Ihr persönliches Verhältnis zu Dr. Berg?"

Das kam unerwartet. Leicht verärgert, daß er auf seine Frage keine Antwort bekommen hatte, also kein Gefühl dafür bekam, was sein Gegenüber wußte, schwieg er einen Augenblick und wiederholte dann die Frage:

„Persönliches Verhältnis? Nun, Dr. Berg gehört seit rund vier Jahren zu unserer Bereichsleitung. Persönlich haben wir untereinander, und damit beziehe ich sicher auch meine beiden anderen Kollegen mit ein, wenig Kontakte. Wir haben an einem Tag in der Woche einen jour fix für unsere Bereichsbesprechung, montags, und treffen uns natürlich mehrmals in der Woche zu zweit, dritt oder auch viert, um aktuelle Dinge zu besprechen und abzustimmen. Ja, und wir sehen uns dann meistens beim Mittagessen. Da wird manchmal, nein, eigentlich ganz selten, Persönliches besprochen. Manchmal über Fußball. Mein Kollege Mannfeldt geht häufiger zu einem Werder-Spiel. Nein, meistens geht es ums Geschäft. Und da haben wir naturgemäß dann und wann unterschiedliche Meinungen, wenn Sie das mit persönlichem Verhältnis meinen. Aber das wird dann ausdiskutiert. Nein, wir sind Kollegen, haben eine gemeinsame Aufgabe, stehen selbstverständlich geschäftlich einer für den anderen ein, aber persönliche Freunde, die auch ein Teil ihrer Freizeit miteinander verbringen, sind wir nicht unbedingt. Außerdem wohnt Dr. Berg in Bremen, so daß wir uns auch an Wochenenden kaum über den Weg laufen."

„Ja, vielen Dank, aber lassen Sie mich etwas konkreter fragen: Wie ist die Chemie zwischen Ihnen?"

›Was will er? Was vermutet er?‹ „Die Chemie?" Bertram stellt die Frage gedehnt, so als wäre er überrascht und müßte über die Antwort nachdenken. Er antwortete dann aber ganz locker: „Wir haben immer gut zusammen gearbeitet seit er hier bei uns ist. Allerdings", Bertram machte eine kurze Pause und entschloß sich, auf das abweisende Verhalten Bergs am letzten Freitag hinzuweisen „hatte ich in den letzten Tagen den Eindruck, daß er mit irgendetwas nicht ganz einverstanden war. Und ich fühlte mich auch nicht so recht wohl bei den letzten Gesprächen mit ihm. Ich bat ihn deshalb am Freitag um ein Gespräch für den Abend."

„Haben Sie ihm gesagt, warum Sie ihn sprechen wollten?"

„Nein, denn als ich ihm den Vorschlag machte, hat er sofort darum gebeten, daß Gespräch auf den kommenden Montag zu verschieben, also Vorgestern. Er war in Eile, hatte wohl am Wochenende was vor und hat sich deshalb recht früh am Nachmittag verabschiedet. Er hat dann aber, wie ich gehört habe, am Samstag noch mit Frau Glade, seiner Sekretärin, gesprochen. Sie kennen sie, wir haben zusammen die Vermißtenmeldung bei Ihnen aufgegeben. Er hat sie zu Hause wegen irgendeiner Sache aufgesucht."

„Hat seine Sekretärin, Frau Glade, Ihnen gesagt, daß Dr. Berg sie besucht hat?"

„Ja", Bertram zögerte, „ich habe aber nicht genau verstanden, was er von ihr wollte."

„Wann hat sie Ihnen von dem Besuch erzählt?"

„Wann hat sie mir das erzählt?" Bertram überlegte kurz. „Ja, das war am Montag, als Dr. Berg nicht zu unserer Besprechung erschienen ist." Beckmann notierte sich etwas in das dünne Heft, das er wieder aus seiner Jacke geholt hatte.

„Hat sie Sie informiert, bevor die Besprechung anfing oder erst später, als er nicht erschienen ist?"

Bertram wurde es warm; er versuchte, sich zu konzentrieren: „Natürlich vorher, als er bis neun Uhr nicht ins Büro kam."

„Noch eine andere Frage, Herr Bertram: War Herr Dr. Berg ein Rivale von Ihnen oder haben Sie ihn so gesehen? Also, war er scharf auf Ihre Position in der Firma?"

›Was stellt der für Fragen? Verdächtigt er mich? Aber das nur nicht fragen.‹ „Nein, ein solches Gefühl habe ich nicht gehabt. Ich meine, in den letzten Tagen – und vorher natürlich auch nicht. Es muß etwas anderes gewesen sein, was ihn beschäftigte und ich wollte das klären."

„Ist Dr. Berg schon einmal auf diese mysteriöse Weise für einige Zeit unauffindbar gewesen?"

„Nicht daß ich wüßte, also zu unserer Zeit, in den vier Jahren, nein. Davor kannte ich ihn kaum. Das heißt, wir sind uns sicher in der Kölner Zentrale schon einmal über den Weg gelaufen."

„Ja, dann zunächst einmal besten Dank. Wir hoffen, daß sich alles bald aufklärt. Dr. Berg ist nicht verheiratet, wie ich erfahren habe. Von irgendwelchen Verwandten liegen auch keine Vermißtenmeldungen vor. Wissen Sie, ob er Verwandte hat? Ist er Witwer oder geschieden?"

„Er hat über seine persönlichen Dinge wenig gesprochen. Ich hatte in einem Gespräch einmal den Eindruck, daß er geschieden ist. Er ist aber ausgewichen und hat das Thema gewechselt."

„Übrigens, meine Bremer Kollegen haben den Wagen von Dr. Berg geöffnet. Er wird jetzt untersucht. Man hat in Bremen auch mit Hilfe der Fluggesellschaften festgestellt, daß er zwar in den letzten Jahren an Wochenenden manchmal nach Paris geflogen ist und im vorigen Monat einmal nach Italien, nach Venedig. In den letzten Tagen ist er jedoch nicht geflogen – zumindest nicht unter seinem Namen."

„Die Venedig-Reise ist mir bekannt, da haben wir in der Nähe eine Tochtergesellschaft. Von Paris weiß ich nichts, muß privat sein."

„Gut, dann danke für's erste. Wir werden noch mit seiner Sekretärin, Frau Glade, sprechen. Würden Sie uns bitte den Weg zeigen."

„Frau Pietz wird Sie hinbringen. Ich gehe davon aus, daß Sie mich auf dem Laufenden halten, Herr Kommisar."

Beckmann nickte ihm zu, sah noch einmal aufmerksam in Bertrams Gesicht und folgte dann der Sekretärin. Sein Kollege verabschiedete sich mit Handschlag und sagte zum ersten Mal etwas: „Auf Wiedersehen!" An der Bürotür drehte sich Beckmann noch einmal um:

„Nein, wir haben Dr. Berg noch nicht gefunden."

Ute Glade war damit beschäftigt, Papier in ihren Drukker einzulegen, als Petra Pietz Beckmann und seinen Begleiter in ihr Sekretariat führte. Sie bedankten sich bei ihr und Beckmann stellte Ute Glade seinen Kollegen vor: „Wir kennen uns ja schon von der Wache her." Im Hinausgehen zog Petra hinter den beiden Polizisten Schultern und Augenbrauen hoch, als Zeichen für Ute, daß sie nicht so recht wußte, was der Besuch bei ihr sollte.

Beckmann betrachtete Ute Glade aufmerksam. Seine Stimme war überraschend leise, so daß sein Kollege ihn verwundert von der Seite ansah.

„Sie können sich vorstellen, weshalb wir hier sind. Können wir hier ungestört reden, Frau Glade? Oder gehen wir in das Zimmer Ihres Chefs, der sich ja im Augenblick für uns etwas versteckt hält?"

„Ich denke, Sie waren schon bei unserem Chef, Herrn Bertram, oder?"

„Ja, ja, er weiß, daß wir jetzt mit Ihnen sprechen. Wir wollen Sie auch nicht lange aufhalten. Sie müssen sicher im Augenblick hier alles allein erledigen. Lassen Sie uns doch besser nach nebenan gehen, da stört uns niemand. Können Sie Ihren Apparat umstellen?" Er deutete auf das Telefon.

„Ja, sicher." Ute Glade schaltete die Anlage auf Petra Pietz und öffnete die Tür zu Dr. Bergs Zimmer. Auch hier die üblichen zwei Besucher-Sessel. Ute rollte den Schreibtischstuhl hinter dem Schreibtisch hervor und da die beiden Herren sie lächelnd anschauten, setzte sie sich.

„Frau Glade, Sie haben Ihren Chef vor ein paar Tagen im

Polizeirevier als vermißt gemeldet. Es fiel mir auf, daß Sie weniger um Dr. Berg als um Ihren Chef, der Sie begleitete oder den Sie begleiteten, besorgt waren. Wer von Ihnen hat die Initiative zu diesen Gang zur Polizei ergriffen?"

Ute Glade wirkte völlig cool, aber innerlich überschlugen sich ihre Überlegungen. ›Ist das eine Fangfrage? Wie muß ich jetzt antworten?‹

„Wir haben Ihnen auf der Wache gesagt, daß wir in Bremen vor seiner Wohnung waren, ihn aber nicht angetroffen haben und dann haben wir uns auf der Rückfahrt überlegt, daß wir gleich zur Polizei fahren, bevor wir, ich meine, bevor Herr Bertram die Zentrale in Köln informiert. Und um Herrn Bertram mache ich mir nicht mehr Sorgen als um Dr. Berg. Wie kommen Sie darauf?"

„Wie ist Ihr Verhältnis zu Dr. Berg?" ›Was soll das jetzt? Soll ich ihm sagen daß er einmal wollte, daß wir zusammen ziehen, oder ist das jetzt überhaupt nicht wichtig?‹

„Wir arbeiten seit vier Jahren hier in der Firma zusammen; er ist mein Chef und es gibt da keine Probleme."

„Frau Glade, es geht hier um das unmotivierte Verschwinden eines geistig völlig klaren Menschen, was ja vielleicht ein schlimmes Ende gefunden haben könnte. Ich frage Sie deshalb danach, weil es mich verwundert, daß Herr Dr. Berg, der ja nicht verheiratet ist, Sie, die Sie wohl auch nicht verheiratet sind, am Samstag der letzten Woche privat ausschließlich wegen einer geschäftlichen Angelegenheit besucht haben soll. Daraus schließe ich, oder besser, könnte ich mir vorstellen, daß zwischen Ihnen mehr sein könnte als eine schlichte Chef/Sekretärin-Beziehung. Und daraus wiederum leite ich ab, daß Ihnen eventuell die Gründe für sein Verschwinden bekannt sein könnten."Und er zog das letzte *könnten* in die Länge.

Ute Glade blickte Beckmann kühl an. Aber ihr Kopf war für einen Augenblick leer. Sie nahm ihre ganze Kraft zusammen, um nicht theatralisch oder hektisch aufzubrausen.

„Herr Kommissar, Herr Dr. Berg wollte etwas von mir wissen, was in Zusammenhang mit der möglichen Kooperation mit einer französischen Firma steht, woran die Geschäftsleitung zur Zeit intensiv arbeitet. Das ganze Team, also leider wohl ohne Dr. Berg, fährt in dieser Angelegenheit heute Nachmittag wieder nach Köln. Mehr kann ich Ihnen dazu nicht sagen."

„O.k., aber er mußte ja etwas Merkwürdiges von Ihnen wissen wollen, wenn man das nicht telefonisch oder am nächsten Wochentag in der Firma hätte klären können. Also, mehr können Sie mir dazu nicht sagen?"

Ute schaltete sofort und wollte einen bestimmten Verdacht gleich ausräumen:

„Ja, doch, vielleicht! Er war erregt, da er glaubte, daß ich für Herrn Bertram etwas erarbeitetet habe, von dem er nichts wußte. Aber das stimmt nicht. Das habe ich ihm gesagt."

„Und das konnte er Herrn Bertram am Montag nicht fragen?"

„Er wollte noch ins Büro und ist wohl deswegen hauptsächlich aus Bremen hergekommen."

Beckmann blieb einen Augenblick in seinem Sessel sitzen ohne etwas zu sagen. Er sah Ute Glade unverwandt an:

„Frau Glade, Ihnen ist die Situation sicher klar. Deshalb noch einmal die ganz persönliche Frage: Haben Sie ein engeres Verhältnis mit Ihrem Chef und wissen Sie deshalb mehr?"

›Jetzt ja nicht exaltiert nein sagen und wie kommen sie denn darauf. Vielleicht finden die ja irgendetwas raus.‹ Und sie sagte sehr bestimmt: „Nein, habe ich nicht und ich weiß auch nicht, wo Dr. Berg zur Zeit ist. Er hatte wohl einmal Ambitionen, aber ich hatte keine. Er hat mich ein-, zweimal mit seinem Wagen nach Hause gefahren, als mein Wagen in der Werkstatt war. Und einmal haben wir zufällig im selben Flugzeug gesessen, von Bremen nach Paris. Das war es dann aber auch."

Beckmann nickte kurz vor sich hin, stand auf und verabschiedete sich.

„Vielen Dank Frau Glade. Denken Sie noch einmal drüber nach, vielleicht fällt Ihnen ja noch etwas ein, was uns allen hilft. Es gibt ja die merkwürdigsten Zufälle."

Der Pförtner meldete nach kurzer Zeit an Bertrams Sekretariat, daß die Polizei den Hof wieder verlassen hatte, rief aber zwei Minuten später wieder an, daß der Polizeiwagen zurückgekommen sei und sich einer der beiden Polizisten die Wagen der drei Bereichsleiter ansehe.

Bertram schoß es siedend heiß durch den Kopf, daß noch das Nienburger Nummernschild vorn an seinem Wagen angebracht sein könnte, beruhigte sich dann jedoch, da er sich klar erinnerte, daß er es abgemacht hatte. ›Und wo ist es? Am besten auf dem Beifahrersitz, das wär's.‹ Bertram war fast erleichtert, da dieser Albtraum dann zu Ende wäre. ›Nein, habe ich Ute gegeben und die hat es am Montagabend wieder zurückgebracht. Scheiße! Hat sie das?‹

In dem Augenblick, als der Pförtner meldete, daß die Polizei nun wieder abgefahren ist, kam Ute Glade in Bertrams Sekretariat, klopft an seine offenstehende Tür und teilt ihm mit, so daß auch Petra Pietz alles mithören konnte, daß Kommissar Bleckmann bei ihr war und einige Fragen gestellt hatte. Sie habe diese Fragen, soweit es ihr möglich war, beantwortet.

Bertram gab ihr mit der Hand ein Zeichen, hereinzukommen; Ute Glade zögerte den Bruchteil einer Sekunde, reagierte aber nicht und ging in ihr Büro zurück.

Auf der Rückfahrt zu seinem Revier versuchte Beckmann einen Grund dafür zu finden, warum ihm Frau Glade nichts Genaueres über den gemeinsamen Flug nach Paris gesagt hatte. Obwohl sie im Flieger nicht nebeneinander gesessen hatten, wie er aus den Informationen des Flughafens wußte, kam seiner Meinung nach eine bevorstehende Reise ins Ausland im Büro zur Sprache. Wenn nicht von Seiten Dr. Bergs, dann doch bestimmt von Ute Glades Seite. Und dann nach Paris! ›Oder habe ich da zu exotische Vorstellungen? Vielleicht ja doch reiner Zufall?‹ Er sprach seinen Kollegen an:

„Nun, was ist Ihre Meinung? Was haben Sie beobachtet?"

Polizeipsychologe Dr. Herbert Fischbeck schwieg noch einen Moment, wiegte den Kopf ein wenig hin und her und sagte dann, mehr zu sich selbst:

„Tja, Ute Glade? Eine ziemlich attraktive Frau. Clever. Hat sich in keinster Weise, wenn sie denn darin verstrickt ist, verraten. Wenn sie aber nichts damit zu tun hat, waren ihre Antworten doch sehr überlegt, fast zu sehr durchdacht. Das heißt, sie war innerlich vorbereitet. Vielleicht ja alles zu clever. Hat ja Dinge gesagt, wie die Annäherung von Herrn Dr. Berg, die man in einem ersten unvorbereiteten Gespräch nicht aussagt. Also hat sie vorausschauend den ganzen Vorgang überlegt, was noch alles ans Tageslicht kommen könnte. Wir müssen ihre und Bergs Wohnung untersuchen. Wäre sicher interessant, mit der Frau noch einmal zu tun zu haben. Tja, und zu Bertram: Es gab keine exakte Übereinstimmung seiner Antworten mit denen von Glade. Es sieht so aus, als sei nichts abgestimmt gewesen. Einen Mord traue ich ihm nicht zu. Überhaupt, warum und wozu sollten die beiden oder einer allein Dr. Berg umbringen. Das ist zum jetzigen Stand der Untersuchung doch völlig aus der Luft gegriffen. Das Verhältnis Dr. Bergs zu Frau Glade ist für mich aber enger wie sie vorgibt. Wir müssen über sie Auskünfte einholen, bevor Sie sich die Wohnung vornehmen."

›Enger *als*, nicht *wie*, Herr Doktor‹ dachte Beckmann. „Wir warten mal ab, was von Interpol kommt."

„Nebenbei", fuhr Dr. Fischbeck fort, „fiel mir auf, daß Sie einen Augenblick stutzten, als wir in Frau Glades Büro kamen. Sie haben sie auch während des Gesprächs manchmal angesehen, wie ich es bei Ihnen bei sonstigen Gegenüberstellungen noch nicht bemerkt habe. Vermuten Sie da etwas Bestimmtes?"

Beckmann schwieg und wäre fast bei Rot über eine Kreuzung gefahren.

„Nein, nichts, nichts."

Und bei der Rückfahrt ins Revier dachte er daran, daß er schon beim ersten Treffen auf der Polizeistation, als Bertram und Glade das Verschwinden von Dr. Berg gemeldet hatten, etwas in Ute Glades Gesicht gesehen hatte, was ihn beunruhigte.

„Nein, nein, nichts Besonderes", wiederholte er noch einmal.

Kapitel 11

Die Fahrt nach Köln verlief ohne große Diskussionen. Bertrams Kollegen hatten es auf den Rücksitzen jetzt bequemer als bei den sonstigen Fahrten. Dr. Berg war durch eine heruntergeklappte Mittellehne ersetzt worden. Sie beschäftigten sich aber weniger mit ihrem abwesenden Kollegen als mit einer möglichen Kooperation mit den Franzosen. Bertrams Gedanken kreisten um das Gespräch mit Kriminalkommissar Beckmann am Morgen. Immer wieder blitzten grauenhafte Bilder von Dr. Bergs Beisetzung dazwischen. Ein Reim aus seiner Kindheit wurde lebendig: *Ricke racke, ricke racke, geht die Mühle mit Geknacke.* Er konzentrierte sich auf seine Folien, die er aus seiner Aktenmappe, die vor seinen Sitz stand, hervorkramte. Für die heutige Präsentation waren die wesentlichen Eckdaten des Unternehmens leicht verbessert und auf den mit ihrem Kölner Vorstand abgestimmten Stand gebracht worden. Bertram ging davon aus, daß das Zusammengehen mit den Franzosen nicht von den Zahlen abhing, sondern daß eine Entscheidung schon im Vorfeld gefallen war und daß erhebliche Veränderungen in letzter Minute eintreten müßten, um den Deal noch zu cancelen. Er hatte vor der Abfahrt mit Behnke telefoniert und sie hatten sich darauf verständigt, daß sie die Abwesenheit von Dr. Berg mit plötzlicher Krankheit begründen würden.

In Behnkes Sekretariat bat eine leicht nervöse Anita Dullweiler Dr. Richter und Mannfeldt schon ins Besprechungszimmer vorzugehen und sich mit den Franzosen bekanntzumachen. Bertram wurde gebeten, noch einen Augenblick zu warten.

„Warten Sie bitte auf mich vor dem Besprechungszimmer. Wir gehen da gemeinsam rein" wies Bertram seine beiden Kollegen an. Er wollte von Anfang an Einigkeit demonstrieren. Nach kurzer Zeit öffnete sich die Bürotür und Behnke selber bat ihn, hereinzukommen. Sollte wohl eine Aufwertung seiner Person den Franzosen gegenüber bedeuten. Wer hätte das gedacht. Drei Männer standen bei seinem Eintreten auf, die ihm, nachdem Behnke ihn vorgestellt hatte, als Monsieur Albert Chavanne, Vorstand im französischen Konzern, also das Pendant zu Behnke, Monsieur Frederic Hering, Chef der Motoren-Werke und Monsieur Albert Couteur, Controller des Motorenbereichs, vorgestellt wurden. Behnke informierte Bertram, daß man vereinbart habe, daß er, Bertram, und Monsieur Hering, da er ja als Elsässer perfekt deutsch spräche, die jeweiligen Hochrechnungen zum Jahresende und das Budget für das nächste Jahr vorstellen würden. Danach sollten die jeweiligen Ressortleiter ihre Bereiche präsentieren. Bertram nickte, gab aber keinen Kommentar dazu ab. Er war angespannt und leicht angefressen. Natürlich hatte der Motorenbereich nicht die großen Ergebnisse für den Konzern gebracht, aber über die letzten Jahre in Summe auch keine Verluste. Und nun: weg damit! Auf die Frage Behnkes, ob er noch Fragen dazu habe, sagte er schlicht. „Nein." Ergänzte dann, er könne das Ganze auch auf Französisch oder Englisch vorstellen, falls das dem besseren Verständnis der Zahlen für alle dienlich sei. Behnke sah ihn leicht erstaunt an, bemerkte Bertrams Ärger, erwiderte aber nichts. Sie gingen zusammen zum Besprechungszimmer. Mannfeldt und Dr. Richter hatten in der Nähe auf einigen Besucherstühlen gewartet und Bertram stellte seine Kollegen den drei Franzosen vor. Im Besprechungszimmer warteten der französische Vertriebschef, der Entwicklungs- und der Produktionsleiter. Jean-Claude Boutonnier ließ erkennen, daß er Bertram seit langem aus vielen Preisschlachten kannte und begrüßte ihn mit einem fröhlichen *bonjour mon capitain* worauf dieser ihm lächelnd mit einem *bonjour mon general* antwortete. Behnke sah dem Ganzen mit hochgezogenen Augenbrauen zu. Nachdem die Visitenkarten ausgetauscht waren, legte Monsieur Hering nach Vorschlag von Behnke als erster seine Folien auf den Projektor und stellte Umsatz und Ergebnis der letzten drei, des laufenden und des nächsten Jahres vor. Niemand gab eine Bemerkung dazu ab. Bertram sah, wie Mannfeldt und Dr. Richter mehrfach die Blicke tauschten und seine Aufmerksamkeit suchten. Die Ergebnis-Entwicklung der letzten Jahre kroch an oder unter der Null-Linie entlang, lag in diesem Jahr jedoch gut im positiven Bereich und zeigte im Budget für das kommende Jahr eine weitere Steigerung. Die Umsatzentwicklung konnte diesem Anstieg nicht folgen, so daß es überraschend zu einer erheblichen Produktivitäts- oder Preissteigerung in diesem Jahr gekommen sein mußte, die sich in gesteigerter Form im nächsten Jahr weiter fortsetzte.

Ohne seine Zahlen zur Diskussion stehen zu lassen, raffte Monsieur Hering seine Folien zusammen und fragte, ohne den Blick in die Runde zu werfen, ob es dazu Fragen gäbe. Bertram blickte zu Boutonnier hinüber, der aber intensiv mit seinen Unterlagen beschäftigt war und wandte sich an Monsieur Hering:

„Danke für Ihren Überblick. Die Entwicklung ist nicht nur erstaunlich, sie ist beneidenswert. Ohne auf unsere Zahlen vorgreifen zu wollen, lassen Sie mich kurz über ein Kundengespräch berichten. Unser größter externer Kunde ist der VW-Konzern. Ich habe gestern den Abschluß gemacht und bin in etwa mit dem gleichen Umsatz und Erlös für das kommende Jahr wie in diesem Jahr herausgekommen. Das ist eine wesentliche Basis für unsere Planung. Eine Preiserhöhung war überhaupt nicht möglich. Bezüglich Ihrer Planung bin ich über die außergewöhnliche Ergebnissteigerung bei kaum gestiegenem Umsatz überrascht, aber dazu kann uns Monsieur Boutonnier ja noch etwas sagen, welche Preis-Wunder er da vollbracht hat. Was ich jedoch grundsätzlich nicht verstehe ist Folgendes: Die ganze deutsche Wirtschaft hat im Schnitt eine Rendite von rund 1,5 %; ich weiß, daß die französische Wirtschaft in Summe ähnlich liegt. Sie weisen in diesem Jahr eine mehr als doppelt so hohe Rendite aus und eine weitere Steigerung von 1 % im nächsten Jahr. Eine Perle im Kreis der europäischen Unternehmen. Warum wollen Sie dieses zukunftsträchtige Unternehmen aus dem Konzern ausgliedern und in eine Kooperation einbringen?"

Monsieur Hering sah ihn auf einmal mit zusammen gekniffenem Mund an, schaute kurz zu seinem Vorstand Monsieur Chavanne, der ihn mit hoch erhobenem Kopf starr anschaute, zögerte noch einen Augenblick und antwortete dann:

„Monsieur Bertram, lassen Sie es mich so sagen: Es gibt die reale Welt und die Welt der Politik. Es gibt manchmal Überraschungen von Seiten, mit denen man gar nicht gerechnet hat. Sicher verstehen Sie das und vielleicht passiert Ihnen das ja auch manchmal."

„Arschloch", murmelte Bertram leise vor sich hin. Für ihn war damit klar, daß die Kooperation beschlossene Sache war, unabhängig von irgendwelchen Erlösentwicklungen. Boutonnier zuckte kaum merklich mit den Schultern, als Bertram zu ihm hinübersah. Behnke äußerte sich nicht dazu und bat Bertram um seine Präsentation.

Bertram beendete seinen Vortrag mit dem Hinweis, daß er und sein Team wie üblich das Budget vorsichtig angesetzt hätten, damit sie, wie in den vergangenen Jahren, ihre Planung dann nicht nur realisieren, sondern übertreffen könnten. Es wirkte glaubwürdig. Er setzte sich dann, ohne auf weitere Fragen zu warten. Und die kamen auch nicht. ›Warum diese Bemerkung von Hering? Hatte er mit seiner Bemerkung *die Welt der Politik* andeuten wollen, daß er von dem Vier-Millionen-Geschenk weiß? Er muß das Dreifache bekommen haben. Sind ihm unsere alten und veränderten Folien zugefaxt worden? Ute muß doch nun endlich den Fax-Bericht haben.‹ Bertram hörte kaum zu, als die jeweiligen Ressortchefs ihre Bereiche vorstellten. Er zog einen kleinen Zettel aus seiner Mappe und tippte unter dem Tisch eine Nummer in ein

Handy, daß er von Marie-Louise geliehen hatte, um sich nicht als Absender erkennen zu geben. Es war die Nummer, die Ute Glade ihm aufgeschrieben hatte. Die Nummer, welche seinerzeit ein Unbekannter von seinem Büro aus angewählt hatte. Er drückte auf Senden und wartete gespannt. Und dann klingelte ein Telefon im Raum. Und es war Hering, der in seine Tasche griff, aufstand und mit einer Entschuldigung und einem Handy in der Hand den Raum verließ. Bertram ließ es einen Augenblick klingeln, hörte auch eine Stimme und drückte unbemerkt die Stoptaste. Das Handy verschwand in seiner Tasche. ›Was hatte Dr. Berg, wenn er es gewesen war, mit Hering zu tun? Wie und wieso hatte er von meinem Apparat aus telefoniert?‹

Monsieur Hering kam nach kurzer Zeit in das Besprechungszimmer zurück, entschuldigte sich noch einmal und setzte sich auf seinen Platz. Bertram glaubte, daß er fragend zu ihm herübersah. Er sah teilnahmslos zurück und war sich sicher, daß Hering nicht wußte, woher der Anruf gekommen war, es sei denn, er hatte ein Telefonverhältnis mit seiner Frau.

Nach den Vorträgen gab es noch einige wenige Fragen und es war augenscheinlich, daß niemand an einer tieferen Diskussion interessiert war. Auch den Franzosen schien es wohl klar zu sein, daß der Deal gelaufen war. Man verabschiedete sich und verabredete sich zum Abendessen in dem Hotel, in welchem die Franzosen schon eingecheckt hatten. Behnke bat Bertram zu sich ins Büro und teilte ihm mit, daß die Kooperation mit den Franzosen vom Zentralvorstand bestätigt worden war und daß sich beide Parteien entschieden hatten, in der bestehenden Organisation zunächst wie bisher weiter zu arbeiten. Über den beiden Geschäftsführungen soll jedoch eine Holding gebildet werden, deren Leitung in Köln sitzen und dessen Leiter ein Externer sein würde. Diese gemeinsame Geschäftsführung sollte sich dann aus den geeigneten Mitgliedern der beiden Teams rekrutieren, die dann diese Aufgabe in Personalunion mit ihrer bisherigen Funktion durchführen würden. Behnke bat Bertram, dies in einem vertraulichen Gespräch seinen drei Kollegen mitzuteilen. Bertram nahm die Mitteilung kommentarlos entgegen.

Da es keine weiteren Informationen über den Verbleib von Controller Dr. Berg gegeben hatte und Behnke darauf hinwies, daß vielleicht ein Unglück vorläge, schlug er Bertram vor, daß Brocke für die Übergangszeit die Funktion übernehmen sollte. Vielleicht zunächst nur drei Tage in der Woche, sollte sich aber ein Unglück Bergs realisieren, dann voll in dieser Funktion. Auch diesen Vorschlag nahm Bertram kommentarlos zur Kenntnis. ›Ausgerechnet Brocke!‹

Nach dem Abendessen bat Monsieur Hering Bertram, beste Genesungswünsche an Dr. Berg zu übermitteln, den er einmal auf einer Veranstaltung des Zentralverbandes der französischen Elektroindustrie kennengelernt hatte. Bertram fragte sich, was Dr. Berg bei der französischen Elektroindustrie zu suchen hatte. Verwirrt und verärgert drückte er seine Hoffnung aus, daß Hering Dr. Berg sicher in Kürze wieder sehen würde. Und er hatte nicht den geringsten Skrupel bei dieser Aussage. Boutonnier suchte das Gespräch mit ihm und sie verabredeten sich, in Kürze Kontakt aufzunehmen.

Da die Franzosen, die standesgemäß mit einem Flugzeug des Konzerns gekommen waren, in Köln übernachteten, hatten sie es nicht sehr eilig, den Abend zu beenden. Es gab noch etwas Small Talk, aber die Deutschen drängten, die Heimfahrt anzutreten, da ihnen ja noch ein langer Weg bevorstand und sie am nächsten Morgen wieder am Schreibtisch zu sitzen hätten.

Die Rückfahrt verlief zunächst etwas gesprächiger als die Hinfahrt. Und Mannfeldts Bemerkung, daß die Franzosen, wohl mit Ausnahme von Monsieur Chavanne, auch nicht sehr an der Kooperation interessiert waren, verbesserte die Stimmung ein wenig. Langsam trat Funkstille ein. Bertram dachte an einen seit einer Reihe von Jahren zurückliegenden Kundenvorgang in Frankreich. Er und sein Akquisiteur vor Ort hatten den Einkaufschef des großen französischen Heizungsherstellers und Motorenkunden zum Abendessen in Paris eingeladen und nach dem Dessert teilte ihnen der Franzose dann seelenruhig mit, daß seine Firma am nächsten Tag in den Vergleich und später eventuell in den Konkurs gehen würde. Bertram war fassungslos. Eine ungeheuerliche Frechheit, sich von ihnen in Ruhe zum Abendessen einladen zu lassen und danach erst diese Hiobsbotschaft mitzuteilen. Die offenen Forderungen der Motorenwerke lagen bei rund einer halben Million Mark. Bertrams Ansprache an den Einkaufsdirektor war überaus deutlich. Darauf sagte dieser etwas, was Bertram nicht gleich verstand und es sich von seinem französischen Vertriebsmann übersetzen lassen mußte. Der war peinlich berührt und sagte dann leicht gepreßt: Er hat gesagt: *typisch deutsch: fleißig, aber dümmlich*. Diese Einschätzung des Franzosen und Charakterisierung der Deutschen hatte Bertram nie vergessen. ›Und jetzt soll es mit denen eine Zusammenarbeit geben, wobei die Deutschen sicher den fleißigen Teil übernehmen sollen. Zum Kotzen!‹

Kurz vor Mitternacht und wenige Minuten vor ihrer Ankunft auf dem Fabrikhof sagte Bertram zu seinen beiden Kollegen, daß er am nächsten Tag erst gegen Mittag ins Büro kommen würde und bat sie zu einem Gespräch am frühen Nachmittag.

Kapitel 12

Der Vertrag kam per Einschreiben und war von Gabriel unterschrieben. Kein beeindruckendes Briefpapier der Treuhand, dem zu der Zeit größten Unternehmen der Welt. Drei schlichte Blätter ohne offiziellen Briefkopf. Es wurden die besprochenen Positionen wie Funktion, Gehalt und Dauer des Vertrages bestätigt. Eine Visitenkarte Gabriels war angeheftet mit einem Gruß und dem Vermerk: *Bringen Sie die unterschriebene Copie des Vertrags zur gegebenen Zeit mit nach Dresden.*

Im Haus war es ruhig. Die Familie hatte zusammen gefrühstückt. Dann waren Marie-Louise, Tochter Hanna und Philipp, sein jüngerer Sohn, in ihre Schulen gegangen und der ältere, Jochen, in sein zweites Banken-Lehrjahr. Bertram saß mit einer Tasse Tee an seinem Schreibtisch und las den Text noch einmal durch. Wie Gabriel ihm gesagt hatte, würde es drei Vorstandsfunktionen geben: Der Controller, der aus dem Westen kam, der Techniker aus dem ehemaligen DDR-Kombinat und er selbst sollte für Marketing und Vertrieb zuständig sein. Seine Fragen an Gabriel, wer denn bis jetzt diese Positionen besetzt hatte, wurden ihm als eine Art Zwischenlösung nach Freisetzung oder Altersausscheiden mehrerer Funktionäre erklärt. Namen wurden nicht genannt. Als Bertram vor einem Jahr einen der obersten dieser Funktionäre oder Generaldirektoren auf einem Verbandstag im Westen kennenlernte, hatte er noch keinerlei Überlegungen, in die Neuen Bundesländer zu gehen. Der Mann redete von über drei Milliarden Umsatz seines Motoren-Bereichs. Gewaltig!

Hatte er die Motoren überwiegend im Osten verkauft? War die Sowjetunion wirtschaftlich nicht vor kurzem zusammengebrochen? Oder waren das Zahlen aus vielleicht ehemals guten Zeiten? Alles nicht sehr überzeugend. Unter normalen Bedingungen hätte Bertram sich nicht in ein solches Abenteuer gestürzt. Jetzt aber ließ der Vorgang Dr. Berg keine rationale Entscheidung zu. Gabriel, der in Personalunion eine bedeutende Funktion in der Treuhand ausübte, kannte er seit vielen Jahren als seriösen Geschäftsführer eines großen westdeutschen Unternehmens. Mehr hatte er nicht in der Hand.

Er ging an einen Schrank, zog den Ordner *Verträge* heraus und blätterte die Lasche *Beruf* auf. Zu unterst sein erster Arbeitsvertrag aus dem Jahre 1967, einen Monat nach dem Examen hatte er ihn unterschrieben: Einstellung als Sachbearbeiter in der EGA-Zentrale in Köln. Und dann die Position, die er suchte: Kündigung beidseitig 6 Wochen zum Quartal. Er ging alle nachfolgenden Vertragsänderungen und -ergänzungen der letzten fünfundzwanzig Jahre durch. Fast alles hatte sich im Lauf dieser Zeit verändert, nur auf die Kündigungszeit war nie wieder eingegangen worden. Danach konnte er bis Mitte November seine Kündigung zum Jahresende einreichen. Da war auch noch ein Rest-Urlaub von rund zwei Wochen zu berücksichtigen, den er nach dem Jahresabschluß im März des nächsten Jahres nehmen wollte.

Er hatte mit seiner Familie vereinbart, am Abend ein berufliches Thema zu besprechen und seine Kinder gebeten, anwesend zu sein. Noch war keine Zusage gemacht, noch hatte er den Vertrag nicht unterschrieben und noch hatte er seine Kündigung nicht nach Köln geschickt. 25 Jahre EGA, seine einzige bisherige Firma. Sein zweites Zuhause. Seine zweite Familie. Der Beginn als Sachbearbeiter in der wirtschaftspolitischen Abteilung. Acht oder neun Kollegen aus den verschiedensten Bundesländern. Vorbereitung auch der Vorstandssitzungen für ihren Vorstandschef des Bereiches Marketing. *Wie entwickelten sich die Märkte für die Produkte der verschiedenen Bereiche des Konzerns, von der Waschmaschine bis zum Atomkraftwerk?* Als ob die Provinzfürsten in ihren Werken das selber nicht besser gewußt hätten. In plastischer Erinnerung die Einführung eines neuartigen Foliensystems für die einmal im Jahr stattfindenden Konzern-Planbesprechungen. Folien, auf welchen den Bereichsleitern genau vorgeschrieben wurde, in welchem Maßstab, mit welchen Farbstiften – die wurden mit den Folien den Bereichen zugeschickt – Umsatz, Ergebnis, Investitionen und dergleichen für Vergangenheit und Zukunftsplanung einzuzeichnen waren. Ein einheitliches System, damit auch der begriffsstutzigste Vorstand einen Vergleich zwischen der Branchenentwicklung und dem betreffenden Bereich sofort erkennen konnten. Und dann kam der berüchtigte *Brademann-Effekt*. Einer der Bereichsleiter, Ernst Brademann, zuständig für einige hundert Millionen Umsatz Sondertechnik, hatte die vom Marketing-Bereich zugeschickten Utensilien überhaupt nicht ernst genommen und seine Planungen auf Pergament-Papier dargestellt. Ergebnis: ein graues Viereck auf der Leinwand. Viel Heiterkeit beim vollständig anwesenden Vorstand. Der Brademann-Effekt war viele Jahre ein Synonym für alles, was organisatorisch schief lief. Dann die Assistentenzeit bei einem Vorstand in Berlin und nach drei Jahren die Entscheidung seines Chefs, er solle nun endlich arbeiten. Es blieben seinerzeit drei Tage, sich für die Vertriebs-Organisation in den USA, eine leitende Vertriebsstelle in der deutschen Inlands-Vertriebsorganisation in Kassel oder die Position des Vertriebschefs für zwei Fabriken in K. und Berlin zu entscheiden. Er hat sich in Abstimmung mit seiner Frau für Norddeutschland entschieden. Ein halbes Informations-Jahr in verschiedenen Werken und Vertriebsstellen im In- und Ausland und dann der Umzug von Köln nach K. Das war über zwanzig Jahre her. Und nun ein abruptes Ende durch die Katastrophe Dr. Berg. ›Und ich habe das nicht getan!‹ Bertram ballte die Fäuste und schloß die Augen. ›Wie unglaublich dämlich von mir!‹

Da er sich erst zum Nachmittag in der Firma angemeldet hatte und der Schreibtisch mit seinen darauf liegenden

Verträgen ihn nicht zur Ruhe kommen ließen, stand er auf, um frische Luft zu schnappen und seine Entscheidung vor dem Familienabend doch noch einmal zu durchdenken. Das Haus lag am Stadtrand und nach zwei Straßenecken begannen schon Weiden und abgeerntete Felder. Um diese Tageszeit war hier kaum jemand zu sehen.

›Wie erkläre ich es den Kindern? Wir werden ja auf keinen Fall hier wegziehen. Sie werden ihren Freundeskreis nicht verlieren. Marie-Louise geht weiter in ihre Schule und behält ebenfalls ihr Umfeld. Ich werde Wochenendfahrer. Der Vertrag läuft über fünf Jahre. Dann bin ich sechsundfünfzig. Dann bekomme ich in einer anderen Firma keine Stellung mehr. Der Vertrag muß also verlängert werden. Nochmal fünf Jahre würden reichen. Aber zehn Jahre Wochenendfahrer? Oder umziehen nach Dresden? Alles hier aufgeben? Und was passiert, wenn das Treuhand-Unternehmen den Bach runtergeht? Doch besser hier bleiben? Oder doch eine Funktion in der Holding?‹ Die Fragen überschlugen sich wieder, drehten sich im Kreis und als er einmal in die Umgebung blickte, sah er auf einer Weide in einiger Entfernung eine Kuh liegen. Er zuckt zusammen, erkannte dann eine vom Wind verwehte Folie. ›Ich muß hier weg! Wenn es aufgedeckt wird, dann besser in Dresden. Wenn es nicht entdeckt wird, vergesse ich das auch besser in einer neuen Umgebung. Das ist der beste Weg. Und außerdem muß ich mir, um nicht durchzudrehen, immer wieder klarmachen: Ich habe den Mord nicht begangen. Auch keine Beihilfe! Ich bin unschuldig! Ich war nur dämlich! Mehr als dämlich!‹

Nach einigen Minuten lief Bertram auf einen Mann auf. Er hatte sich etwas beruhigt, löst sich langsam aus seiner Verkrampfung und blickte sich wieder in der näheren Umgebung um, die er in den letzten Minuten seines Spaziergangs kaum wahrgenommen hatte. Und dann sah er einen Hund vor sich stehen, der ältere Herr winkte beruhigend:

„Der Hund tut nichts. Keine Angst!"

„Das hoffe ich, ich habe ihm nichts getan."

Der Hundehalter betrachtete ihn neugierig und versuchte mit Bertram ins Gespräch zu kommen:

„Am Vormittag gehe ich hier manchmal spazieren, da kann der Hund sich auslaufen. Er heißt Otto. Am Abend gehe ich immer in der Nähe meines Hauses spazieren. Immer nach der Tagesschau im Fernsehen. Da sind dann wenig Leute draußen und ich kann den Hund auch meistens frei laufen lassen. Die spannenden Filme kommen ja erst später. Das ist hier dann zu einsam. Ich wohne in der Pieritzstraße. Kennen sie die?"

Der Mann sah ihn einen Augenblick an, streichelte dann seinen Hund und fragte, leicht von unten Bertram ins Gesicht schauend:

„Sie waren doch vor einigen Tagen auf der Polizeistation und haben Jemanden als Verlust gemeldet. Ich habe das gehört, weil ich auch da war und meinen Führerschein vorzeigen mußte, den ich am Tage vorher vergessen hatte. Ist der Mann wieder aufgetaucht? Das war doch ein Kollege von Ihnen. Ich habe von einem Bekannten von mir, der auch im Motorenwerk arbeitet, gestern gehört, daß er noch verschwunden ist. Mein Bekannter arbeitet in der Personalabteilung. Er hat mir das vertraulich gesagt."

Bertram blickte den Hundehalter mit leicht verzogenem Gesicht an. ›Es hat sich also auch schon außerhalb des Werkes herumgesprochen. Klar, ist nicht zu vermeiden. Stand auch in der Zeitung. Warum fragt er mich nach der Pieritzstrasse? Hat das was zu bedeuten? Was soll ich dem Kerl hier dazu sagen? Einfach abwimmeln? Oder sagen, alles Gerüchte, er ist wieder da?‹

„Sie sind ja gut informiert. Ja, aber wir hoffen, daß das alles ein Mißverständnis ist und sich schnell auflöst. So, noch einen schönen Tag."

Bertram blickte noch kurz auf den Hund, der ihn irgendwie angrinste und ging eilig zurück in Richtung seines Hauses. ›Warum geht der hier spazieren, obwohl er eine ganze Ecke entfernt in der Pieritzstraße wohnt? Ob er Ute kennt oder sie ihn? War da nicht auch ein Hund hinter mir, als ich an dem Abend Berg gehalten habe, als Ute den Autoschlüssel geholt hat?‹

Es durchschoß Bertram heiß. Er fiel fast in einen Dauerlauf, als müßte er einen Verfolger abschütteln. Zu Hause ging er noch einmal unter die Dusche und fuhr dann sehr beunruhigt in die Firma.

Zu Dr. Berg gab es keine neuen Nachrichten, was ihn ein wenig ruhiger werden ließ. Am Nachmittag informierte er seine Kollegen über die Entscheidung des Zentralvorstands bezüglich der Kooperation mit den Franzosen. Der Name Brocke rief bei Mannfeldt Empörung hervor:

„Der hat uns doch nie geholfen. Ein trojanisches Pferd! Wir können hier nichts mehr machen, ohne daß das gleich nach Köln geht."

„Glaube ich nicht", meldete sich Dr. Richter. „Erstens wird er ja nur für kurze Zeit bei uns tätig sein und zweitens, wenn er länger bleiben sollte, ist er integriert und für seinen Job verantwortlich und dann wird er feststellen, daß es auf der anderen Seite des Tisches ganz anders aussieht. Mit schlauen Sprüchen kommt er dann nicht mehr weiter."

Am Nachmittag bat Bertram seine Sekretärin, für eine halbe Stunde nichts durchzustellen. Er saß Minuten in sich zusammengesunken am Schreibtisch, griff dann abrupt zum Hörer und rief Behnke an:

„Ich möchte Ihnen mitteilen, daß ich Ihnen meine Kündigung zuschicken werde. Ich wollte Ihnen das gestern persönlich sagen, es paßte aber wegen der Franzosen nicht ganz so gut, und nun deswegen extra noch einmal nach Köln zu kommen, muß wohl nicht sein."

Kurzes Schweigen.

„Haben Sie sich das gut überlegt?"

„Es ist kein Schnellschuß. Ich habe das Angebot seit fast neun Monaten. Und ich habe mir wirklich Gedanken über den Wechsel gemacht. Ich denke, es ist jetzt eine gute Zeit, mal was anderes zu machen."

„Darf ich fragen, was Sie machen wollen?"
›Muß ich ihm das jetzt sagen? Ja, warum nicht? Dann ändere ich das auch endlich nicht mehr.‹
„Ich gehe in die Neuen Bundesländer. Ich werde auch im Motorenbereich tätig sein, ein Treuhand-Betrieb. Hat aber nichts mit unseren bisherigen Spezialmotoren zu tun. Es sind Industriemotoren bis in den Hochspannungsbereich."
„Haben Sie sich mal Werke in der ehemaligen DDR angesehen? Die sind ziemlich marode und werden sich kaum halten können. Sie sollten darüber in den nächsten Monaten noch einmal nachdenken."
„So viel Überlegungszeit habe ich nicht mehr, die Kündigung gilt zu diesem Jahresende."
„Wieso Jahresende? Sie haben doch eine jährliche Kündigung?"
„Nein, sechs Wochen zum Quartal. Hat sich seit meiner Einstellung vor 25 Jahren nicht geändert. Ich will auch nicht die von Ihnen vorgestellte neue Organisation sabotieren, so daß man mich mit einer Abfindung rausschmeißen müßte. Nein, eine ganz normale Kündigung", und nach einer Pause, „nach fünfundzwanzig Jahren."
„Denken Sie noch einmal drüber nach und kommen Sie nach Köln. Auf Wiederhören."
Bertram hielt den Hörer einen Augenblick in der Hand, als wolle er die Verbindung noch nicht abreißen lassen. ›Ich habe lange darüber nachgedacht. Ich habe mich entschieden. Und die andere Scheiße, weswegen ich hier weggehen will, kennt er ja nicht.‹ Er legte den Hörer auf.
Die Familiendiskussion am Abend verlief einfacher als erwartet. Jochen eröffnete zwar das Gespräch mit dem Hinweis: „Ihr wollt uns jetzt wohl mitteilen, daß Ihr Euch scheiden lassen wollt", was ihm einen Knuff seiner Schwester einbrachte. Aber es gab dann keinen großen Aufschrei. Zu oft hatten ihn seine Kinder auch in den vergangenen Jahren tagelang nicht gesehen. Seine Frau ließ ihm, wie schon bei ihrem Küstenausflug besprochen, freie Hand. Sein ältester Sohn

würde das Haus in einem Jahr, nach Abschluß der Banklehre, ins Studium verlassen und der Jüngere erhoffte sich nun die Anschaffung eines Trabis. Am meisten war Tochter Hanna bekümmert. Sie hatte in ihrem Vater doch häufig einen Verteidiger gegen die anderen gehabt und er ließ ihr manches durchgehen, welches ihre Mutter nicht akzeptiert hätte. Sie versprach, ihn in seiner neuen Studentenbude zu besuchen und ihm zu jedem Wochenende einen Kuchen zu backen. Käsekuchen! Leichte Empörung kam beim Jüngsten hoch, als Bertram ihnen sagte, daß er nach dem Mercedes nun auf einen Audi 100 umsteigen wird – nach der Aussage von Gabriel: *Wir können nicht mit einem Mercedes vorfahren und dann die Fabriken schließen.* Schließlich hatte Bertram von allen vieren die Zustimmung. Er wußte, daß er sich noch nicht im Klaren darüber war, was eine Wochenend-Ehe bedeutete. Was es hieß, ständig auf der Straße zu liegen, im Sommer und im Winter. Aber er wußte auch, daß es nicht anders ging. Und ein paar Mal war er kurz davor, völlig reinen Tisch zu machen.

Am nächsten Morgen rief Behnke kurz nach acht im Büro an:
„Keine Meinungsänderung? Geht es nicht in der neuen Organisation?"
„Keine Meinungsänderung! Das Ganze ist ja kein Drama. Das Jahr ist gelaufen. Wir werden im nächsten Jahr einigermaßen hinkommen. Na, ja."
„Gut, morgen wird Brocke für ein paar Tage nach K. kommen. Übergeben Sie ihm den kaufmännischen Bereich. Oder haben Sie etwas von Dr. Berg gehört?"
„Nein, nichts. Völlig rätselhaft. Ich habe von der Polizei gehört, daß auch Interpol eingeschaltet ist."
„Ja, mysteriös. Sie haben ja noch einige Wochen Urlaub, wie mir Frau Dullweiler gesagt hat. Arbeiten Sie Brocke ein und konzentrieren Sie sich dann auf Ihre neue Aufgabe. Ich denke, wir hören noch von einander. Alles Gute!"

›Ja, so ist das. So habe ich das von ihm auch gelernt: Reisende soll man nicht aufhalten. Nur kein Wort des Bedauerns oder Dank für die Mitarbeit. Damit sind die Weichen für die nächsten Jahre gestellt, sollte sich Dr. Berg nicht melden. Und ich gehe davon aus, daß wir nichts hören werden. Hoffentlich!‹

Am Nachmittag informierte er seine Kollegen, daß er kündigen wird und Behnke schon informiert hatte. Bertram wußte nicht, ob die beiden es ehrlich bedauerten, denn sie waren natürlich im Augenblick mit sich selbst beschäftigt.

Die Einarbeitung Brockes war problemlos. Nach drei Tagen sagte der ihm, daß er mit Behnke gesprochen habe, und daß er, Bertram, wenn er jetzt seinen Urlaub nehmen wolle, das tun und sich dann auch für die restlichen Tage des Jahres freistellen lassen könne. Er müsse sich sicher auch auf seine neue Aufgabe vorbereiten, was bestimmt nicht leicht sei. Welch vernünftige Worte von Brocke. Keine Aussage von ihm, wer sein Nachfolger werden würde und natürlich fragte er auch nicht. Bertram nahm das Angebot an, brachte Brocke am Abend in sein Hotel, fuhr dann noch einmal in die Pieritzstraße, um einiges abschließend klarzustellen.

Kapitel 13

Die Verkäuferin drehte den Schuh in den Händen und wandte sich wieder dem älteren Herrn zu, der einen Hund kurz an der Leine hielt:
„Nein, diesen Schuh führen wir nicht. Ist ein italienisches Fabrikat. Kein Billigschuh. Aber ich zeige Ihnen gern ähnliche, auch italienische, Modelle. Wenn Sie mir dann bitte in die erste Etage folgen wollen."
„Nein, nein, vielen Dank. Ich komme in einer anderen Angelegenheit. Ich habe diesen Schuh gefunden und wollte fragen, ob vielleicht jemand, der den Schuh verloren hat, nach einem Ersatzschuh gefragt hat. Aber wenn sie dieses Modell gar nicht führen, erübrigt sich Weiteres. Nochmals vielen Dank."
Der Herr steckte den Schuh wieder in eine Plastiktüte, zog seinen Hund herum und verließ das Geschäft. Er hatte alle Schuhgeschäfte in K. aufgesucht, aber keinen Hinweis auf einen Käufer nur eines Schuhs erhalten. Dadurch fühlte er sich in seiner Theorie bestätigt, daß mit dem Eigentümer des Schuhs etwas Ungewöhnliches passiert sein mußte – man verliert keinen teuren Schuh und läßt das Ganze auf sich beruhen. Aus diesem Grund hatte er sich für den späten Nachmittag mit seinem Bekannten Maximilian Weisshäupl in einem Café verabredet. Er hatte ihm gesagt, daß er einige Rentenfragen habe und er, Weisshäupl, arbeite ja in der Personalabteilung des Motorenwerkes und könne ihm vielleicht weiter helfen. Außerdem wolle er etwas Besonderes mit ihm besprechen.

Das Café befand sich in der Nähe des Motorenwerks und Weisshäupl traf dort kurz nach halb fünf Uhr ein. Lükermann hatte schon an einem Ecktisch Platz genommen:

„Ich trinke einen Tee", sagte Ottfried, öffnete vorsichtig seine Joppe und zeigte seinem Freund verschmitzt grinsend den Hals und Stöpsel einer kleinen flachen Flasche, die anscheinend mit Rum gefüllt war. Weisshäupl schloß sich an und bei der ersten Gelegenheit schüttete Ottfried sich und seinem Freund etwas Rum in den Tee. Damit glaubte er nun genug an Gegenleistung erbracht zu haben, weil er Maximilian um einen Teil seines Feierabends gebracht hatte. Nach einigen belanglosen Fragen über das Thema der Krankenversicherung in der Rente beugte er sich vor und dämpfte seine Stimme:

„Ich habe in der Zeitung gelesen, daß euer kaufmännischer Chef verschwunden ist. Der war doch auch für die Personalabteilung, in der Du arbeitest, zuständig, oder?"

„Ja, aber das ist ja kein Geheimnis mehr. Stand schon in der Zeitung. Du brauchst nicht zu flüstern."

„Gut, gut, es geht ja erst los. Ich hatte vor ein paar Tagen auf der Polizei zu tun. Also, es war nichts Schlimmes für mich. Da waren ein Mann und eine Frau, die meldeten, daß Herr Dr. Berg verschwunden ist und das war ihr Kollege. Also, wie Du siehst, ich war von Anfang an dabei, bevor die Zeitung überhaupt etwas davon wußte. Und jetzt kommt das Beste. Du mußt mir aber versprechen, das Du alles für Dich behältst und nur mir berichtest."

„Was soll ich Dir berichten?" fragte Maximilian amüsiert.

„Diesen Mann, der auf der Polizeiwache war, den habe ich vor ein paar Tagen spät am Abend in der Nähe meiner Wohnung gesehen. Ich habe ihn an den Bildern in der Zeitung, als über das Verschwinden von Dr. Berg berichtet wurde, erkannt. Das war Euer oberster Chef! Wie heißt er gleich? Ja, Bertram!"

Edmund sah ihn fragend an.

„Ja, und dann habe ich einen Schuh gefunden. Das heißt, Otto hat ihn gefunden. Da in der Nähe, wo ich den Mann gesehen habe, den Mann von der Polizeiwache, also Bertram"

Ottfried Lükermann hielt inne und versuchte die Wirkung seiner Worte auf Maximilians Gesicht abzulesen. Der zögerte einen Augenblick, schaute seinen Schulfreund an und fragte ihn mit leicht spöttischer Stimme:

„Sag mal Ottfried, wieviel Rum mit Tee hast Du heute schon getrunken. Du sagst, daß Du zufällig auf der Polizeiwache gehört hast, daß unser Chef als vermißt gemeldet wird. Du hast den Mann, der das gemeldet hat, jetzt in der Nähe Deiner Wohnung gesehen und Dein Hund findet einen Schuh. Was soll das?"

Ottfried war durch den spöttischen Ton seines Freundes empört. Er faßte sich aber wieder, sah sich um und fuhr fort:

„Der Mann, Bertram, der auf der Polizeiwache war und den ich in der Nähe meiner Wohnung gesehen habe, also da, wo Otto, mein Hund, den Schuh gefunden hat, der wohnt gar nicht in meiner Nähe. Der wohnt draußen am Stadtrand, Richtung Delmenhorst. Das habe ich mir aus dem Telefonbuch herausgesucht und da habe ich ihn gesehen, weil er dort in der Nähe seines Hauses am Morgen spazieren gegangen ist. Also, was macht er abends in der Gegend, wo ich wohne? Dein Chef ist verschwunden und ich finde einen Schuh? Das ist doch irgendwie merkwürdig. Vielleicht wohnt ja Dr. Berg auch in der Gegend – in der ja Euer oberster Chef eigentlich nichts zu suchen hat."

Weichhäupel stutzte leicht und sagte dann, wobei er nun seine Stimme auch leicht dämpfte:

„Also, unser Chef Bertram wohnt am Stadtrand Richtung Delmenhorst, das ist richtig. Ich weiß jetzt nicht in welcher Straße, aber das kann man ja nachsehen im Telefonbuch. Und Dr. Berg wohnt in Bremen und nicht in Deiner Gegend. So, Edmund, nun male mal nichts an die Wand. Daß da alles nicht mit rechten Dingen zugeht, das glaube ich auch. Das heißt, ich denke, daß Dr. Berg vielleicht verunglückt ist. Also, ich hoffe das natürlich nicht. Aber so einfach wegbleiben, kann ich mir bei ihm nicht vorstellen. Er ist immer sehr korrekt, obwohl er wenig Humor hat."

Ottfried trank nervös einen Schluck Tee, beugte sich wieder dicht zu Weisshäupl über den Tisch, sah sich noch einmal in dem Kaffee um und fragte Maximilian im Flüsterton:

„Also, weißt Du, ob Euer Chef Bertram homosexuell ist?"

Weisshäupl setzte sich starr zurück und starrte Lükermann an:

„Sag mal, bist Du betrunken oder habe ich Dich eben falsch verstanden?"

„Nun hör doch mal zu!" Ottfried blickte Maximilian unsicher an und fuhr fort:

„An dem Abend habe ich zwei Männer gesehen, die wirklich eng umschlungen an einem Auto standen und es kam mir nachher vor, als wäre der eine Bertram gewesen. Also gut, vergiß es! Aber all die Faktoren kommen mir doch merkwürdig vor."

Weisshäupl wurde nachdenklich und bestellte noch einen Tee. Als er ihnen serviert wurde, sagte die junge Dame:

„Meine Herren, wir haben auch einen guten Weinbrandt, der sich gut für den Tee eignet." Mit einem verschmitzten Lächeln verließ sie die beiden Detektive.

Weisshäupl bekam einen roten Kopf. Es war ihm unangenehm und er hatte es auf einmal eilig, das Café zu verlassen. Die beiden verabschiedeten sich und Lükermann bat ihn, doch einmal in seinen Firmenunterlagen nachzusehen, wer denn aus der Firma noch in der Pieritzstraße oder da herum wohnte.

„Vielleicht hat Dr. Berg da ja jemanden besucht und ist anschließend verschwunden."

Er bat Weisshäupl dann noch einmal, die Angelegenheit sehr vertraulich zu behandeln. Für Ottfried Lükermann verdichtete sich ein Bild, das seinen brachliegenden kriminalistischen Spürsinn anregte und er fühlte sich in seinem Entschluß, den Dingen nachzugehen, bestätigt.

Weisshäupl hatte den ganzen Vorgang am nächsten Tag beinahe vergessen, beschloß aber doch, in die Personalunterlagen der Angestellten zu sehen, ob jemand aus der Firma in der Pieritzstraße wohnte, in der Lükermanns Reihenhaus stand. Er wurde in seinem Tun jedoch unterbrochen, denn in diesem Augenblick betrat Ute Glade, Dr. Bergs Sekretärin, mit einem fremden Herrn sein Büro, in welchem er seit vielen Jahren mit einem jungen Kollegen die Personalakten der Angestellten und der ausgeschiedenen Mitarbeiter verwaltete.

Kapitel 14

Kommen Sie am Montag nach Dresden in den Dresdner Hof. Wir haben dort eine Besprechung mit dem alten Vorstand und einigen Treuhändern. Seien Sie um 10 Uhr da. Sie lernen dann auch Ihre Kollegen kennen. Ich freue mich.
Der Anruf von Gabriel war am Freitagmorgen auf Band gesprochen worden, nachdem Bertram dessen Sekretariat am Vortag mitgeteilt hatte, daß er ab sofort zur Verfügung stünde. Bertram entschied sich, nicht zurückzufragen und sich ohne weitere Überlegungen in die neue Aufgabe zu stürzen.

Früh auf dem Bremer Flughafen traf er einige bekannte Geschäftsleute, die entweder eine Dienstreise vorhatten oder wieder für eine Woche an ihren Arbeitsort flogen. Die üblichen Begrüßungen: *Geht's wieder los, Motoren verkaufen?* Es fiel ihm schwer, nun mit dem Hinweis zu antworten: *Ja, aber neuerdings nach Dresden und für eine Treuhand-Firma.* Er hörte dann: *Nach Dresden? In die DDR? Na dann viel Spaß* oder *Ist das Ihr Ernst? Na, da bin ja mal gespannt, wie lange Sie das machen.* Aber auch ein paar Mutmacher: *Neue Herausforderung. Meine Hochachtung. Alles Gute.*

Die meisten der Reisenden nahmen sich wie üblich eine Zeitung aus dem Ständer und suchten sich einen Platz zum Lesen. Im Großen und Ganzen fiel es in der Menge der Fluggäste nicht auf, daß hier einer die Seiten gewechselt hatte. Auch Bertram schlug die Sportseite auf, um noch einmal nachzulesen, ob Werder nun wirklich wieder verloren hatte, oder ob über Nacht doch noch ein Wunder geschehen war. Andere vertieften sich in den Wirtschaftsteil und wiederum andere dösten einfach vor sich hin. Dieses Szenario kannte Bertram seit vielen Jahren. Er gehörte nun zu der Gruppe der Wochenend-Flieger.

Es war ein kleines, dünnes Flugzeug nach Dresden. Man mußte sich in gebückter Haltung zu seinem Platz bemühen und später dann, wenn man den Getränkekorb auf dem Gang zugeschoben bekam, der Aufforderung des Flugkapitäns, sich Kaffee einzuschenken, folgen, da er die Maschine mit voller Kanne am Start nicht hochbekäme.

Zwischenlandung in Leipzig, zwei Gäste stiegen aus. Vom Dresdner Flughafen dann mit dem Taxi Richtung Innenstadt. Die Straße führte zunächst an einer kilometerlangen grauen, zwei Meter hohen Mauer entlang. Auf seinen fragenden Blick an den Fahrer sagte dieser nur: „Unsere russischen Freunde. Ziehen jetzt ab. Der ganze Boden ist mit Öl von den Panzern versaut. Haben die einfach ablaufen lassen."

Hinter der Tür eines Vortragsraumes im ersten Stock des Dresdner Hofs fand die Sitzung der EMD-AG statt. Bertram hatte nicht die Ruhe, auf einem der Stühle in der Vorhalle zu warten und wanderte an der Fensterreihe mit dem Blick auf einen großen freien Platz entlang. *Neumarkt* hat der Taxifahrer bemerkt und dann auf einen großen Schutthaufen mit einem stehenden Mauerrest hingewiesen und *Frauenkirche* ergänzt; er hatte ihn sicher sofort als Wessi identifiziert. Es war kurz vor 10 Uhr. Am Freitag hatte er seinen letzten Arbeitstag in K. Kurze Verabschiedung von den Kollegen und engeren Mitarbeitern. Niemand konnte seinen Schritt nach *drüben* verstehen. Petra Pietz hatte ihm mit Tränen in den Augen noch seine Flugkarte nach Dresden bestellt. „Da sind Sie noch nie hingeflogen." Abgabe des Auto- und Generalschlüssels.

Bertram wurde bei seinen Überlegungen unterbrochen, da die Tür des Besprechungsraums geöffnet wurde und einige Herren heraus kamen und sich in einer Nische Zigaretten anzündeten. Ein jüngerer Mann blickte sich suchend um und steuerte auf ihn zu.

„Herr Bertram?"

„Ja."

„Troster, mein Name, wir machen jetzt eine kleine Pause. Herr Gabriel bittet Sie, sich bei Wiederbeginn hinten in den Vortragsraum zu setzen. Er wird Sie dann nach der Sitzung mit den anderen Herren bekannt machen. Wir sehen uns." Er eilte geschäftstüchtig davon. ›Ein Assistent? Sagte er Troster oder Toaster?‹

Bertram setzte sich in die letzte Reihe und versuchte nach Wiederbeginn der Sitzung den Ausführungen eines Herrn zu folgen, der Zahlen an einen Flip-Chart schrieb und dazu Erklärungen abgab. Da der Referent akustisch für ihn kaum zu verstehen war, überlegte er, weiter nach vorn zu gehen, denn bis zu den bisherigen Teilnehmern waren mehrere Reihen nicht besetzt. Er blieb jedoch sitzen und versuchte, die Zahlen nach seinen bisherigen Kenntnissen zu interpretieren. Es gelang nicht. Er verstand die Zahlen nicht oder sie mußten etwas ganz anderes darstellen als er erwartet hatte. In seinen letzten Gesprächen mit Gabriel wurde von einem Umsatz in Höhe von rund zweieinhalb Milliarden Mark gesprochen. An der Tafel stand ein Wert von weniger als der Hälfte, auf dem die übrigen Werte aufbauten. Es dauerte noch einige Minuten bis ihm klar wurde, daß es sich nicht um den Umsatz, sondern um das Ergebnis handelte. Er hatte das Minuszeichen vor der Zahl nicht erkennen können. Und der Umsatz war niedriger als das Ergebnis. Die Realität traf ihn wie ein Schlag. Sein Mund wurde trocken. Hatte er bisher geträumt? Ein Verlust höher als der Umsatz. Er wollte aufstehen, den Saal verlassen, Behnke anrufen und ihm sagen, daß das alles ein Irrtum war. Eine kurze Zeit konnte er nicht mehr klar denken. ›Wo bin ich hier gelandet?‹ Vorne erhoben sich einige der Teilnehmer, die Veranstaltung schien zu Ende zu sein. ›Ich sollte mich jetzt verdrücken, nach Hause fliegen, alles in Ordnung bringen und irgendwo neu anfangen.‹ Er stand langsam auf, zögerte – und ging nach vorn zu den anderen. Gabriel begrüßte ihn und stellte ihm seine beiden Kollegen vor: Klaus Jakobus aus dem Hause Siemens, zuständig für den kaufmännischen Bereich und Gerhard Heinze, zuständig für die Technik, das hieß Entwicklung und Produktion. Er kam aus dem alten Elektrokombinat. Freudig sprach der ihn an:

„Schön, daß Sie da sind. Wir kennen uns ja. Vor vier Jahren, unser Gespräch auf der Leipziger Messe. Wir haben an Sie, oder besser an Ihren Industriemotorenbereich, Motoren geliefert, als Sie einen Engpaß hatten. Da hatten wir die Beratung mit Ihrem Harald Lachmann. Sie sind kurz dazugekommen. Hätte nicht gedacht, daß wir mal im gleichen Kombinat arbeiten – Firma, meine ich natürlich. Die Umstellung fällt noch etwas schwer."

„Geht mir auch so", erwiderte Bertram und gab Heinze die Hand.

Während Bertram versuchte, sich an das von Heinze genannte Gespräch zu erinnern, zog Gabriel die drei Vorstände etwas zur Seite und teilte ihnen mit, daß der Vertrag des bisherigen Controller-Vorstands, der rund ein Jahr mit Heinze zusammen gearbeitet hatte, aufgelöst worden ist, bzw. daß der Mann, ein Wessie der ersten Stunde, auf eigenen Wunsch freigestellt wurde. Der Vertrag mit dem Vertriebsvorstand war ebenfalls aufgelöst worden. Über die Gründe äußerte er sich nicht. Somit sei der neue Vorstand mit ihm, Bertram, jetzt komplett. Bertram fragte etwas naiv, ob er sich denn nicht irgendeinem Aufsichtsrat vorstellen müsse und wurde von Gabriel lächelnd aufgeklärt, daß er, Gabriel, auch der AR sei, und er sich bei ihm nicht mehr vorzustellen brauche:

„Wir leben in einer Situation, die es bisher noch nicht gegeben hat und Sie, meine Herren, sollen mit Hilfe der Treuhand dieses Unternehmen stabilisieren, erfolgreich im Markt führen und dann natürlich privatisieren. Wir werden uns dann nach dem Mittagessen im Großmaschinenwerk etwas ausführlicher darüber unterhalten. Wir treffen uns vorher um zwölf hier im Restaurant. Ich muß mich jetzt noch um ein paar andere Herren kümmern."

Gabriel hob die Hand zum Abschied und verließ die drei Vorstände. Bertram wandte sich an Jakobus und Heinze:

„Vielleicht habe ich das nicht so richtig mitbekommen, als ich da hinten in der letzten Reihe saß, aber wurde hier zuletzt von einem Verlust von über einer Milliarde DM gesprochen?"

„Ja, so ist das wohl", sagte Jakobus, „aber lassen Sie uns doch zu Gebhardt gehen, da drüben, der ehemalige Kaufmann, er weiß am besten, wie der letzte Stand ist. Er hat sicher auch noch ein paar gute Informationen, bevor er nach Hause fährt und bei seiner alten Firma in München wieder anfängt." Bertram fühlte sich leicht paralysiert. ›Ist das hier ein Durchgangsbahnhof? Wechseln die alle paar Monate den Vorstand?‹ Ein wenig beruhigend war der Gedanke, daß er ja den Vertrag mit der Treuhand hatte, für fünf Jahre, und nicht mit diesem Unternehmen. Die drei gingen auf den Herrn zu, der den Vortrag am Flip-Chart gehalten hatte und jetzt einige Papiere in seiner Aktentasche verstaute. Als er die Männer kommen sah, behielt er einige Blätter in der Hand und fragte Jakobus:

„Wollen Sie die Unterlagen gleich haben oder machen wir das nachher im Werk?"

Jakobus machte Bertram bekannt und schlug vor, in das Café im Untergeschoß des Hotels zu gehen, da bis zum Mittagessen ja noch etwas Zeit war.

„Also", begann Gebhardt, als sich die vier an einen Tisch gesetzt und Kaffee bestellt hatten und er sah Jakobus an, „um das gleich noch einmal vorweg zu sagen, Sie nehmen mir hier nicht den Job weg. Ich habe freiwillig aufgehört und ich will Ihnen auch sagen, warum. Es hat nichts mit meiner Tätigkeit als Kaufmann in diesem Unternehmen zu tun. Das ist schon eine interessante Aufgabe, wie man sie sicher nie wieder bekommt, obwohl ich natürlich auch nicht weiß, wie das Ganze hier enden wird. Es hat auch nichts mit der Treuhand zu tun, die haben anscheinend noch genug Geld, den Laden hier noch einige Zeit zu finanzieren. Es sind persönliche Gründe. Ich gebe Ihnen gern jetzt noch ein paar Informationen und Sie können mich später auch immer anrufen. Also, wenn Sie einverstanden sind, fangen wir zunächst mal mit der kaufmännischen Situation an, das wird Sie, Herr Jakobus, am meisten interessieren. Ich fahre am Nachmittag wieder nach München, endgültig, und Sie sind ja erst ein paar Tage dabei, fangen ja jetzt auch erst richtig an."

„Natürlich, alle Informationen sind für mich und für unseren neuen Kollegen", er wies auf Bertram, „sehr wichtig. Herr Heinze kennt das Unternehmen ja schon sehr lange", erwiderte Jakobus.

„Erstens", begann Gebhardt ohne weitere Floskel, „sie können natürlich jederzeit Kontakt mit der Treuhand haben. Da sitzen auf der Arbeitsebene eine Reihe von Leuten, die guten Willens sind, auch Tag und Nacht arbeiten, aber keine Ahnung vom Geschäft und schon gar nicht von unserem haben. Sie müssen also Gabriel dann und wann einschalten, nicht, daß er Ihnen als Ratgeber ständig zur Verfügung steht, er hat noch mit einer Reihe von anderen Unternehmen zu tun, und die meisten davon müssen abgewickelt werden – und, nicht zu vergessen, er arbeitet noch in seiner alten Firma im Westen, ist dort nicht völlig freigestellt. Er wird also diesen Job bald an einen Hauptamtlichen der Treuhand übergeben, denke ich. Also, Sie sind auf seine Hilfe angewiesen, besonders wenn's ums Geld geht – und es geht eigentlich immer nur ums Geld. Beim reinen Motorengeschäft kann Ihnen sowieso niemand helfen und das ist ja auch ganz natürlich. Wir, oder besser, Sie drei, sind der Vorstand der AG. Sie allein führen das Geschäft. Die Treuhand ist für eine Übergangszeit der Geldgeber. Bis jetzt hat das immer für die Gehälter und Löhne geklappt, denn selbst verdient haben wir das Geld, was wir brauchen, nicht. Als ich hier vor einem Jahr anfing, hatten wir etwa 33.000 Mitarbeiter. So ganz genau sind unsere Zahlen nicht, denn die haben sich ständig verändert. Jetzt sind es 24.782, wie sie aus den letzten Monatszahlen per Oktober ersehen können. Das war so vor vierzehn Tagen. Heute sind es bestimmt einige weniger. Sie brauchen also viel Geld für Löhne und Gehälter. Von Investitionen für Maschinen wollen wir gar nicht sprechen, zur Zeit kein Thema, denn die Anlagen sind bei weitem nicht ausgelastet. Und dafür hat die Treuhand, berechtigt, auch kein Ohr. Das liegt natürlich am Einbruch des Umsatzes, und damit komme ich zu Ihrer Aufgabe, Herr Bertram. Ihr Vorgänger ist heute anscheinend nicht mehr da, hat sich wohl mit Gabriel überworfen. Haben Sie ihn überhaupt kennen gelernt?" Bertram schüttelte den Kopf. „O.k., so ist das hier. Hier ändert sich alles schnell. War ein ganz guter Mann. Habe ihn aber kaum gesehen, da er seinen Sitz in Berlin genommen hatte, während ich ja hier in Dresden mein Büro habe – besser, hatte. In Berlin finden Sie aber Herrn Gagestein, Holländer, seinen Vertreter für das Inlandsgeschäft, Ausland hat Treschke in Personalunion gemacht. Also, der Umsatz in die alte BRD läuft nicht ganz so, aber fast auf dem Niveau wie vor der Wende; durch die Unruhen gibt es natürlich einige Rückgänge. Ähnlich die Umsätze in das westliche Ausland, also West-Europa, und ganz normal, wenn auch nicht so bedeutend, nach Südamerika. Sie werden sich das ja sicher recht schnell in der Berliner Vertriebsorganisation ansehen. Völlig zusammengebrochen ist der Umsatz in den Osten, also besonders in die Sowjetunion, oder was davon übrig geblieben ist, und hier in das Gebiet der alten DDR. Und das war vor der Wende in Summe weit über die Hälfte des Gesamtumsatzes."

Gebhardt winkte dem Kellner und bat um eine weitere Tasse Kaffee. Er war erregt, schien sich die ganze Wiedervereinigung in einer halben Stunde von der Seele reden zu wollen. Wartete nicht auf Fragen seiner Zuhörer. Trank hastig einen Schluck und dozierte weiter:

„So, das ist aber nur die eine Seite des Problems. Die zweite ist viel dramatischer, oder wenn Sie wollen, interessanter, da geht es nämlich um die Preise. Sie wissen ja, daß der DDR-Staat Devisen brauchte. Und danach haben die hier natürlich die Geschäfte auf Anweisung der Politik betrieben: Also Devisen, koste es was es wolle. Ich sage es frei heraus: wir wissen nach einem Jahr noch gar nicht, was unsere Motoren eigentlich kosten. Ist ja auch von der Auslastung der Werke abhängig. Wir wissen, daß unser Preisniveau in einem Großteil der Verträge, die noch laufen, erheblich unter den Kosten liegen, die wir allein heute für das Material bezahlen müssen. Was glauben Sie, woher unsere Umsätze im Westen kommen, gegen so renommierte Unternehmen wie Siemens, EGA, ABB, AEG und so weiter. So, den Rest können Sie sich auch ohne Rechenschieber ausrechnen. Also, wenn ich das in den letzten Stunden meiner Tätigkeit für die EMD noch sagen darf, denn um siebzehn Uhr ist Dienstschluß für mich: unsere bzw. jetzt Ihre Aufgabe: Vernünftige Umsatzprognosen für die nächsten zwei bis drei Jahre, Kalkulation der Preise; Anhebung der Preise für neue und möglichst auch den laufenden Umsatz um rund 30–50 %, dann sind Sie auf Wettbewerbsniveau, allerdings immer noch mit einem Ost-Produkt – eine sicher spannende Aufgabe. Dann Freisetzung von ungefähr 60–70 % der Mitarbeiter in den noch bestehenden Werken, denn auf Dauer wird man die großen Werke nur so erhalten können. Das sind unschöne Aufgaben, um nicht zu sagen: Das ist Drecksarbeit. Ich kenne das von den kleinen Werken und Betriebsstätten, die wir schon geschlossen haben. Und denken Sie nur nicht, daß Sie in den Werken freundlich empfangen werden, weil Sie hier ja in kurzer Zeit blühende Landschaften schaffen werden. Das ist Gequatsche von Politikern. Wäre ja auch zu schön. Sie sind hier, um zu versuchen, die Werke, nein, einen Teil, einen kleinen Teil einiger Werke am Leben zu erhalten. Und das wird bedeuten, wie schon gesagt, Personal freisetzen, freisetzen, freisetzen. O.k. es gibt Beschäftigungs-Gesellschaften, die das Personal zunächst übernehmen. Wie lange, weiß ich nicht. Das heißt, und damit will ich meine kleine Einführung beenden, Sie sind nicht die großen Retter, Sie sind Besatzungsmacht!"

Gebhardt trank seine Tasse in einem Zug leer. Und ehe jemand etwas fragen konnte, fuhr er fort:

„Und nun zu mir, denn wir müssen wohl gleich zum Essen gehen: Vor drei Monaten lief mir ein Vorderrad von meinem Wagen ab; Gott lob, noch auf dem Fabrikhof; kann ja Zufall sein. Vor zwei Wochen hat man mir in meiner Pension abends ins Fenster geschossen; bestimmt kein weiterer Zufall. Ich kann bei meiner alten Firma in München wieder anfangen. Verdiene weniger als hier, aber kann's vielleicht dann noch ausgeben. Ich will Sie nicht erschrecken, aber es ist so passiert."

Gebhardt schwieg. Sein Beitrag zur Wiedervereinigung war anscheinend für ihn erledigt.

Bertram sah Heinze an. Der nickte und sagte:

„Ja, seit die Sowjetunion am Ende ist, da war es auch um die DDR geschehen. Und wo merken wir das besser als in unseren Werken. Wir waren ein Vorzeige-Unternehmen. Die Werke, die für die NVA gearbeitet haben, haben wir ja schon alle geschlossen." Heinze sah plötzlich niedergeschlagen aus, so daß Bertram glaubte, ihn aufmuntern zu müssen:

„Wir werden's versuchen."

Fast hätte er noch gesagt *es gibt Schlimmeres*, aber das verkniff er sich. Es wurde ihm bewußt, daß er auf einem Haufen Schrott gelandet war. Und hätte sich Dr. Berg nicht in sein Leben eingemischt, säße er am Abend im Flieger nach Bremen.

Das Großmaschinenwerk lag am Rande Dresdens. Hatte vor dem Kriege zur EGA gehört. Werkleiter Karl Enke führte sie durchs Werk. In allen Werkstätten, in denen gearbeitet wurde, es waren nicht allzu viele, wurden sie verstohlen beäugt. Heinze war natürlich bekannt. Er sprach den einen und anderen Mitarbeiter an. Der Ton war zwischen allen ein vertrautes *Du*; so auch mit den Sekretärinnen, wie Bertram festgestellte. ›Es geht auch so‹, dachte er, ›im Westen würde man bei diesem privaten Du am Arbeitsplatz zwischen Chef und Sekretärin sofort ein Gemauschel vermuten. Da gab es ja einige, die sich privat duzten, aber im Geschäft wieder siezten.‹

In einer Halle standen reihenweise dicke Brummer von Motoren.

„Motoren für große Pumpen; für KSB in Frankenthal. Wollen sie nicht mehr abnehmen" erläuterte Enke.

„Wieso, nicht abnehmen?" Bertram sah ihn fragend an.

„Hätten sie nicht bestellt."

Bertram glaubte, nicht richtig zu verstehen.

„Hätten sie nicht bestellt? Kann ja sein. Haben sie aber für die doch gebaut, oder?"

Enke holte Luft:

„Ist gleich nach der Wende passiert. Früher haben wir ja nur über Berlin verkauft. Nun sind unsere Leute auch direkt zu einigen Abnehmern gefahren. So auch zu KSB, ist ja einer der größten Pumpenhersteller der Welt überhaupt. Tolle Firma. Es ging um Brunnen in Afrika. Motoren für die KSB-Pumpen. Die haben gesagt, wenn das Muster o.k. ist, dann brauchen sie 42 Stück. Nun ja, das Muster hatten wir nach vier Monaten fertig. Eine gute Leistung. Es gab noch einige kleine Änderungen, aber technisch war alles o.k. Entsprach 100% den vorgegebenen Spezifikationen. Ja, und dann haben wir die 42 Maschinen gebaut. Der Preis pro Stück liegt bei rund 42.000,- DM, nach unserer jetzigen Kalkulation. Aber die wollen sie nicht mehr haben. Hatten Probleme in Afrika."

„Ja, und der Vertrag? Muß KSB doch abnehmen! Verstehe ich nicht."

„Es gibt keinen Vertrag. Wir hatten uns auf das Wort verlassen. War früher bei uns so üblich. Wenn Berlin was bestellte, haben wir gebaut und das wurde uns dann gutgeschrieben."

Bertram sah Enke entgeistert an.

„Kein Vertrag, aber Sie haben dann einfach gebaut?"

„Ja, ist so. Jetzt sind wir schlauer."

›Wo bin ich hier? Sind die alle verrückt?‹

„Hat man denn entsprechend mit KSB gesprochen? Es muß doch zumindest Notizen geben?"

„Sie werden ja morgen nach Berlin fahren, fragen Sie die mal."

›Das glaubt mir kein Mensch wenn ich nach Hause komme.‹ Und bei diesem Gedanken hatte er sofort wieder das dort Geschehene vor sich. Es war nicht mehr das alte Zuhause wie früher, wenn er von langen Geschäftsreisen zurück kam. ›Nicht dran denken!‹
Gabriel stand ihnen nach der Werksführung noch eine halbe Stunde zu Verfügung und sie verabredeten, alle vier Wochen ein Vorstandsgespräch mit ihm zu führen. Die drei Vorstände verabreden sich ebenfalls zu einem festen Termin, am Freitag abwechselnd in einem der drei Haupt-Werke.

Am Abend machte Bertram, für den im Dresdner Hof ein Zimmer reserviert war, einen kurzen Spaziergang um sein Hotel. Er blieb vor dem großen Schutthaufen der ehemaligen Frauenkirche stehen und dachte, daß es auch das Abbild seiner neuen Firma sein könnte.

Am nächsten Morgen nahm er den ersten Zug nach Berlin und gab dem Taxifahrer die Adresse, bei er sich überhaupt nichts gedacht hatte. Völlig überrascht stieg er aus dem Taxi, blickt noch einmal auf den Zettel mit der Adresse *Tauentzinstraße* und ließ sich von dem fragend blickenden Taxifahrer bestätigen, daß sie angekommen seien. Vor sich hatte Bertram die Buden und Karussels eines Weihnachtsmarktes –am frühen Morgen natürlich alles geschlossen – und links die Kaiser-Wilhelm-Gedächtnis-Kirche. Zur Rechten ein mehrstöckiges breites Gebäude mit langen Fensterreihen, das von zwei Straßen flankiert wurde. Auf dieses Gebäude wies der Taxifahrer den Ahnungslosen aus dem Osten hin, winkt ihm zu und fuhr ab. Er ist in Westberlin. Damit hatte er nicht gerechnet. ›Ich könnte jetzt in mein altes EGA-Werk gehen und um Asyl bitten. Käme sicher in den Konzernbericht.‹

Kapitel 15

„Um fünf im Café. Ich habe was."
Es war Maximilian Weisshäupl, der Ottfried Lükermann aufgeregt anrief. Dieses Mal bestellte Weisshäupl den Tee. Und wieder ließ sich die Bedienung nicht anmerken, daß sie genau wußte, was hinter ihrem Rücken geschah.
„Hör zu", begann der EGA-Mitarbeiter und dieses Mal war er es, der sich verschwörerisch nach vorne beugte und leise sprach: „Unser Chef, Bertram, hat das Unternehmen ja verlassen, um eine Aufgabe in den Neuen Bundesländern zu übernehmen. Das konntest Du in der Zeitung lesen. Wir machen jetzt ja auch eine Kooperation mit einem ausländischen Unternehmen, ein Franzose. Wird ganz vertraulich verhandelt. Ich habe einen neuen Chef bekommen, der kommt aber aus Köln und nicht aus Frankreich. Hat sich bei uns in der Abteilung vorgestellt. Und er hat erklärt, daß man von unserem alten Chef, also Dr. Berg, noch nichts gehört hat, daß Interpol und die Kriminalpolizei eingeschaltet sind. So, und als er uns das erklärt hat, da hat ihn Frau Glade durch die Abteilungen geführt. Das ist die Sekretärin von Dr. Berg gewesen und jetzt von Brocke. So, und nun ist Folgendes passiert: Ich sollte für den neuen Chef eine Aufstellung über alle Personen im kaufmännischen Bereich machen, wie Name, Alter, Funktion und wie lange sie schon in der Firma sind. Und ich bin ja für viele Bereiche zuständig, nicht nur die Personalabteilung, auch Buchhaltung, EDV, Einkauf und die Vertriebsorganisation, ja, unter anderen. Und da ist mir Folgendes aufgefallen: In Deiner Nähe, und du wohnst ja in der Pieritzstraße, rate mal, wer da noch wohnt?"

„Nun, mach das nicht so spannend oder brauchst Du noch einen Schuß in den Tee?"

„Du wirst es nicht für möglich halten, das heißt, ich wußte das eigentlich, bin aber nicht drauf gekommen, daß da ein Zusammenhang besteht."

„Also, was nun?" Lükermann wurde ungeduldig.

„Da wohnt Frau Glade. Und Du hast mir doch gesagt, daß Du Bertram da schon öfter gesehen hast."

„Ja, aber wer ist das und was soll das?‹"

Lükermann sah ihn irritiert an.

„Das ist die Sekretärin von Dr. Berg – oder war es. Du hast sie doch auf der Polizeiwache gesehen." Weisshäupl blickte Lükermann mit triumphierendem Gesicht an. Einen Augenblick sagte keiner von den beiden etwas. Lükermann brach als erster das Schweigen:

„Du meinst, Euer Chef Bertram hat sich mit Frau Glade, der Sekretärin vom verschwundenen Dr. Berg, getroffen. Aber die sehen sich doch täglich in der Firma und können da alles besprechen."

„Sag mal, bist Du so naiv? Abends getroffen! Nicht in der Firma. Bei ihr getroffen!"

Weisshäupl trank zur Beruhigung einen Schluck Tee und deutete auf die Innentasche von Lükermanns Jacke, und nachdem dieser sich umgesehen hatte, schüttete er schnell einen Schuss Rum in dessen Tasse, ohne sich auch etwas zu nehmen.

„Ich meine damit," fuhr Weisshäupl fort, „daß die beiden vielleicht ein Verhältnis haben, von dem keiner etwas wissen soll."

„Ja, aber das interessiert mich überhaupt nicht, ob die ein Verhältnis haben. Mich interessiert der gefundene Schuh."

Lükermann wurde unruhig, doch plötzlich richtete er sich auf und ohne es zu wollen winkte er der Bedienung, und als diese kam, wußte er zunächst gar nicht, was er wollte. Dann sprang er über seinen Schatten und bestellte noch zwei Tassen Tee.

„Einen Weinbrandt wollen Sie wohl nicht dazu?" Die Serviererin grinste die Hobbykriminalisten an. Die schwiegen.

„Also, zwei Tee", sagte sie und stapfte davon.

Weisshäupl wurde noch leiser:

„Wenn ich Folgendes vermute, was sagst Du dazu: Die beiden haben ein Verhältnis. Ihr Chef, Dr. Berg, erfährt davon und will sie rausschmeißen, ich meine Frau Glade, seine Sekretärin, denn Bertram, seinen Chef, kann er ja wohl schlecht entlassen. Da bringen die beiden, also Bertram und Frau Glade, ihn um und vergraben ihn im Vorgarten und dabei hat er seinen Schuh verloren. Ist doch wie im Fernsehen, oder?"

Der Tee kam, beide schwiegen einen Augenblick.

„Findest Du nicht, daß das etwas weit hergeholt ist. Deshalb bringt man doch keinen um." Lükermann rührte in seinem Tee, schüttelte seinen Kopf und fragte weiter:

„Und was wollen wir jetzt tun? Sollten wir zur Polizei gehen? Oder willst du Frau Glade fragen, ob sie Dr. Berg umgebracht hat?"

„Nein, Quatsch, das nicht, aber Du hast doch den Schuh. Bring ihn mir mal mit. Ich habe eine Idee. Das wird spannend."

Er hob seine Tasse und prostete Lükermann zu.

Kapitel 16

Ein Weihnachtsmarkt am frühen Morgen. Kein Lichterglanz, keine Karussellmusik, kein Geruch von gebrannten Mandeln und Glühwein, keine fröhlich hüpfenden und plappernden Kinder. Die Stände an den Vorderseiten zugeklappt, die Karussells verhängt. Die Wege übersät mit den kleinen Enttäuschungen der aufgerissenen Lose. Zwei, drei streunende Hunde und Scharen von Tauben, die nach Essensresten suchten. Keine Zauberwelt.

Bertram ging auf das vom Taxifahrer hingewiesene Gebäude zu und versuchte, sich in einer Passage unter dem Gebäude zu orientieren. Neben einer Fahrstuhlanlage eine Übersicht der dort untergebrachten Firmen. Er suchte nach dem Hinweis der EGA und hätte fast das EMD-Emblem übersehen. ›Verdammt, wach auf!‹ Der Fahrstuhl brachte ihn in den dritten Stock. Zur Linken eine Glastür mit dem Logo seiner neuen Firma. Er drückte auf eine Klingel. Schritte und ein Schatten hinter dem Milchglas. Es wurde geöffnet und eine junge Frau frage ihn freundlich nach seinen Wünschen. Bertram nannte seinen Namen und bat, Herrn Gagestein zu sprechen. Die Mitarbeiterin macht eine einladende Geste mit der Hand und er betrat ein Großraumbüro mit einer durchgehenden Fensterfront auf der gegenüberliegenden Seite. Der Blick ging auf die Kaiser-Wilhelm-Gedächtniskirche und den Weihnachtsmarkt, neben dem er vor ein paar Minuten aus dem Taxi gestiegen war. Gebannt blieb er einen Augenblick stehen, achtete nicht auf die an ihren Schreibtischen arbeitenden Menschen. Die Mitarbeiterin lächelte ihn von der Seite an:

„So geht es allen, die hier zum ersten Mal reinkommen. Schön, nicht?"

Auf der rechten Seite des Büros zwei Türen und zu der hinteren leitete ihn die Mitarbeiterin. Sie klopfte an und öffnete nach einem lauten *kom binnen* die Tür. Ein schlanker Vierziger, der hinter einem Schreibtisch saß, mit der gleichen Aussicht wie im großen Büro, erhob sich:

„Sie sind sicher Herr Bertram. Willkommen in Berlin in der Vertriebsorganisation der EMD. Was sagen Sie zu unserer Aussicht?"

„Phantastisch. Kann man hier überhaupt arbeiten?"

„Warten Sie erst einmal den Abend ab, wenn der Markt beleuchtet ist, dann gehen Sie gar nicht mehr nach Hause. Bitte setzen Sie sich. Sie sind mir gestern angekündigt worden und ich freue mich, daß Sie so schnell gekommen sind. Ze willen een koffie?"

„Ja gern. Ich höre, Sie sind Holländer. Mein Nachbarland. Ich komme aus Norddeutschland – eine knappe Stunde bis Groningen. War oft dort. Kenne mich da besser aus als in der Organisation der EMD."

In diesem Raum gab es keinen Besprechungstisch und so bat Gagestein ihn, vor dem Schreibtisch Platz zu nehmen: „Dann haben Sie auch den schönen Blick nach draußen."

„Ja, danke. Herr Gagestein, ich habe keinerlei Informationen über die Vertriebs-Organisation. Ich habe auch meinen Vorgänger nicht kennengelernt. Es hat keinerlei Übergabegespräch gegeben. Es ging so nach der Methode: *fahren Sie nach Berlin und fangen Sie an. Da sitzt jemand, der kann Ihnen alles erzählen.* Ich habe gerade noch meine beiden Kollegen kennengelernt. Ist ja beeindruckend für ein Unternehmen, das eine Milliarde Umsatz macht. Waren Sie schon immer hier?"

Gagestein wollte sich eine Zigarette anstecken, fragte Bertram mit einem Blick um Erlaubnis, machte einen tiefen Zug und erzählte:

„Den Techniker-Vorstand, also Herrn Heinze, kenne ich auch nicht, und wir arbeiten ja nun seit einem halben Jahr in derselben Firma. Solange bin ich hier. Nein, Ihr Vorgänger, mit dem ich durch seine ehemalige Firma langjährige Kontakte in Holland hatte, hat mich geholt. Hier sollte ja die Post abgehen. Ich war Vertriebsleiter und Einkaufschef in einer kleinen Maschinenfabrik in Antwerpen. Und als er dann zu dieser Firma ging, hat er mich als Vertriebsleiter für den Innendienst hier nach Berlin geholt. Er selbst war meistens unterwegs, viel im Ausland. Warum er von der Treuhand entlassen worden ist, weiß ich nicht. Er hat mich gestern aus Dresden angerufen und gesagt, daß sein Vertrag aufgelöst ist und daß ein neuer Vertriebsvorstand eingesetzt worden ist. Sie sehen, hier geht alles sehr schnell." Er trank einen Schluck Kaffee. „Nun gut, war interessant hier, ich werde wohl wieder nach Holland zurückgehen. Ich werde morgen anfangen, mir wieder etwas in den ruhigen Niederlanden zu suchen, Deutschland ist mir im Augenblick zu aufregend."

›Donnerwetter, der Kerl spricht gleich Klartext.‹ Bertram ließ sich nichts anmerken und Arthur Gagestein fuhr fort:

„Ich werde Ihnen das aber rechtzeitig sagen und Ihnen einen Nachfolger für mich nennen. Es gibt dafür hier einen guten Mann. Solange ich hier bin," Gagestein machte eine kleine Pause, „haben Sie keine Probleme mit mir."

Und dann kam die Krönung:

„Sie können gern meinen Raum nehmen, die schöne Aussicht, ich setze mich dann nach nebenan."

Bertram wußte einen Augenblick nicht, was er sagen sollte. Einerseits mußte er der Mannschaft demonstrieren, wer hier der Chef war, andererseits wäre er sich schäbig vorgekommen, Gagestein das Zimmer wegzunehmen.

„Nein, Herr Gagestein, das ist ihr Raum. Und solange Sie bei uns sind, soll das auch so bleiben. Sie werden mich über das Geschäft informieren und wir werden uns darüber unterhalten, wie die zukünftige Organisation aussehen muß, die sich ja den neuen Marktanforderungen anzupassen ist. Und Sie bringen ja eine Menge Erfahrung mit. Vielleicht überlegen Sie sich ja alles noch einmal mit dem Rückgang nach Holland."

Bertram wollte aber dieses Thema im Augenblick nicht weiter besprechen.

„Sagen Sie, wir sind ja hier in West-Berlin, seit wann gibt es dieses Vertriebs-Büro hier? Es muß doch eins im Ostteil der Stadt gegeben haben und was kostet das hier?"

„Das ist nach der Wende noch von dem ehemaligen Generaldirektor angemietet worden. Die wollten die Welt erobern, mußten repräsentieren und das ging wohl nicht von der alten Handelsorganisation im Osten aus. Damals, in der ersten Zeit, also vor einem Jahr, wurde ein Umsatz von über drei Milliarden Mark geplant. Ja, und die Kosten für das Büro hier: 40.000 Mark im Monat. Schön, nicht?"

„Die sind oder waren doch verrückt. Die Firma macht mehr Verlust als Umsatz und man wußte doch, daß der osteuropäische Markt völlig zusammengebrochen ist."

„Ja, stimmt beides."

Gagestein stand auf.

„Kommen Sie, ich führe Sie erst mal durch das Büro, stelle Ihnen die Leute vor und dann können wir hier weiter reden. Wir haben nebenan einen Raum, da können Sie alle Unterlagen, die Sie brauchen und die wir haben, studieren."

Vor der langen Fensterfront im Großraumbüro zog sich in der ganzen Breite ein Podest hin; vielleicht, daß man besser aus dem Fenster schauen konnte. Dahin führte Gagestein ihn und wandte sich den Mitarbeitern zu:

„Einen Augenblick, dames en heren! Bitte ein paar Minuten zuhören. Ich stelle Ihnen Herrn Bertram vor, den neuen Vertriebsvorstand der EMD. Seit gestern ist er für den gesamten Vertrieb zuständig, also auch für uns. Der bisherige Vorstand, Herr Treschke, hat die AG verlassen. Vielleicht ist es sinnvoll", und er wandte sich Bertram zu, „wenn Sie sich vorstellen und später gehen wir zu den einzelnen Mitarbeiter und ich mache Sie bekannt." Bertram war aufgefallen, daß während der Ansprache von Gagestein einige Mitarbeiter weiter arbeiteten, einer war sogar an einen Schrank gegangen und hatte sich einen Ordner geholt. Das hatte Gagestein nicht irritiert, vielleicht der liberale Stil des Holländers ›oder geht das Desinteresse gegen mich, den Wessi?‹

An den beiden folgenden Tagen arbeitete sich der Wessi in die Zahlen ein, saß mit einzelnen Gruppen der Vertriebsmannschaft zusammen, ließ sich über deren Arbeitsgebiete informieren und man erarbeitete zusammen die Aufgaben für die nächsten Monate. Es war eine Gruppe von gut ausgebildeten und über die einzelnen Märkte informierten Mitarbeiter mit guten Sprachkenntnissen. Es fehlte jedoch völlig die Integration des Vertriebs in die einzelnen Werke, das hieß die kurzfristige Abstimmung von technischen Notwendigkeiten, die flexible Unterstützung der Technik bei einzelnen Kundenproblemen. Diese Zusammenarbeit hatte man bei den großen Serien, welche in die Sowjetunion, nach Südamerika und auch die europäischen Länder gingen, nicht benötigt. Keine kleinen Spezialantriebe, sondern große Serien und eben zu niedrigsten Preisen.

Schnell wurde Bertram auch der Unterschied in der Vertriebs-Organisation seiner alten EGA und der noch nach DDR-Muster geführten EMD klar. Die konzerneigenen Auslandsvertretungen seiner alten Firma wurden von einem Deutschen geleitet. Sie hatten das gesamte Programm des Konzerns vom Bügeleisen bis zum kompletten Kraftwerk in ihrem jeweiligen Markt zu vertreten und dabei standen Motoren nicht immer oben auf der Prioritätenliste. Mit Ausnahme des Standorts Moskau arbeitete die EMD mit Fremdvertretungen, die sich ausschließlich auf Motoren konzentrierten und daran, wie es aussah, hervorragend verdienten. Benötigte Modifikationen an den Motoren wurden vor Ort in den Werkstätten der Vertretungen vorgenommen. Das Geld floß nicht in die Firmenkasse. Das Problem der neuen Zeit lag nun darin, daß es nicht mehr die Hauptaufgabe des Exports war, Devisen hereinzuholen, sondern Gewinne zu erzielen. Das war aber nur dann möglich, wenn die Preise der Motoren mehr einbrachten als zumindest Material und Arbeitskraft kosteten. Die EMD hatte sich nun den neuen Anforderungen zu stellen und ein von den einzelnen Werken losgelöster Zentralvertrieb konnte diesen Aufgaben nicht gerecht werden. Der Vertrieb mußte folglich spezialisiert in die einzelnen Fabriken integriert werden. Dieses traumhafte Büro war aufzulösen. Das wurde den meisten Mitarbeitern sehr schnell klar.

Am Abend konnte sich Bertram kaum von dem phantastischen Bild des strahlenden Weihnachtsmarktes mit der im Hintergrund angestrahlten Kaiser-Wilhelm-Kirche trennen. ›Wir sitzen mit unserem Büro wie in der Gondel eines Riesenrades, welche am höchsten Punkt stehengeblieben ist. Hoffentlich krachen wir nicht plötzlich runter.‹

Das Thema der KSB-Maschinen war ein besonderes Thema. Zweiundvierzig nagelneue große Maschinen standen in Dresden. Schrott! Wen interessierte das? KSB am allerwenigsten. Alle Unterlagen waren vorhanden, nur kein unterschriebener Kaufvertrag. Bertram wollte so schnell wie möglich KSB aufsuchen, um zu retten, was eventuell noch zu retten war, vielleicht zu einem Kompromiß kommen.

Er erhielt den Dienstwagen seines Vorgängers, der in einem öffentlichen Parkhaus unter diesem Bürogebäude untergebracht war, einen schlichten, grauen, etwas älteren Audi 100, was eine erhebliche Umstellung gegenüber seinen bisherigen Dienstfahrzeugen bedeutete. Bertram hatte noch die Worte seines Sohnes Philipp im Ohr: *Ein Audi kommt uns nicht vors Haus, dann denken die Leute, Du bist rausgeflogen.* Er verließ Berlin am Mittwochabend auf der häufig im Fernsehen und auf Bildern gesehenen Stalinallee und fuhr auf die Autobahn nach Dresden.

Kapitel 17

Kommissar Beckmann war dabei, als Vorbereitung für seinen in den nächsten Tagen beginnenden Urlaub, seinen Schreibtisch aufzuräumen. Das hieß, er schichtete Papierstapel um und warf einige Zeitschriften in den Papierkorb. Wie schon seit Jahren nahm er die letzte Woche vor dem Weihnachtsfest frei und kam nur zur Weihnachtsfeier ins Revier. Seine Kollegen wunderten sich schon lange nicht mehr über diese Urlaubsplanung. Für Beckmann gab es jedoch nichts Schöneres, als in dieser Zeit über die Weihnachtsmärkte der näheren Umgebung zu bummeln. Das hatte er schon früher mit seiner Frau gemacht, als sie noch lebte. Jetzt nahm er manchmal einen oder zwei Enkel mit und freute sich mit an deren Vergnügen auf einem Karussel oder beim Schlecken von Zuckerwatte. Und wenn es lange kalt genug war, so daß die beiden Seen am Rande der Stadt zufroren, dann ging er angeln – Eisangeln. In eine Decke eingehüllt konnte er gut ein bis zwei Stunden an dem ins Eis geschlagenen Loch sitzen, seine Pfeife rauchen, ab und zu einen kleinen Schluck aus dem Flachmann nehmen und genauso zufrieden sein, wenn er nichts aus der schwarzen Tiefe gezogen hatte, als wenn die Leine zuckte und er einen kleinen Fisch für die abendliche Bratpfanne fing. Leider froren die Seen im Norden Deutschlands selten im Dezember zu, was jedoch seinen beginnenden Rheuma-Problemen entgegen kam.

Doch in diesem Jahr war die Vorfreude auf seinen Urlaub durch eine nicht gekannte innere Unruhe gestört, ja, fast völlig verschwunden. Das Tagesgeschäft war Routine und auch der Vorgang Dr. Berg beschäftigte ihn gedanklich zwar mehr als alle anderen Arbeiten, war aber nicht die Ursache dieses Zustandes. Es war etwas anderes, nicht Faßbares, was ihn nicht schlafen ließ.

Bei dieser Umordnung auf dem Schreibtisch fiel ihm ein Formular in die Hände, das er bisher übersehen hatte. Darauf war notiert, daß ein Dr. Büschking sein Kfz.-Kennzeichen NI-KB-880 verloren hatte und sich über die Kfz.-Stelle ein neues besorgen wollte. Beckmann wunderte sich, daß darüber eine Notiz verfaßt worden war. Dann sah er die Unterschrift des jungen Kollegen, der frisch von der Polizeischule in Oldenburg gekommen war und gerade seit drei Wochen hier seinen ersten Dienst tat. Will nichts falsch machen, dachte Beckmann und wollte das Formular schon auf den Stapel mit den abzulegenden Papieren legen, als er sich erinnerte, daß er vor kurzem einen Wagen mit einem Nienburger Kennzeichen vor dem Revier auf dem Parkplatz hatte stehen sehen. Er konnte sich aber nicht erinnern, mit einem Nienburger gesprochen zu haben. In der Notiz des Kollegen war auch nur von einem Telefonat die Rede. ›Muß ihn fragen, ob er dann noch einmal hier im Büro mit dem gesprochen hat. Komisch, daß man sein Kfz-Kennzeichen verliert, wie geht das denn?‹ Da der junge Kollege nicht im Büro, sondern auf dem Schießstand war, holte er sich den Ordner mit den Tageseintragungen und -berichten aus dem Schrank und schlug die Seite mit dem Datum der Telefon-Notiz auf. Er fand unter einer ganzen Reihe von Eintragungen keine weiteren Hinweise auf ein persönliches Gespräch. Seine Notiz über die Meldung des verlustig gegangenen Dr. Berg vom Motorenwerk fiel ihm ins Auge. Er überflog seinen kurzen Bericht noch einmal. Zu diesem Vorgang war er zwischenzeitlich von seinen Bremer Kollegen informiert worden, daß die Wohnung Dr. Bergs geöffnet worden war; er hatte aber den Untersuchungsbericht noch nicht erhalten. Ihm war ebenfalls telefonisch mitgeteilt worden, daß die Untersuchung von Dr. Bergs Wagen nichts Wesentliches erbracht hatte; zahlreiche Fingerabdrücke waren sichergestellt worden. ›Ich sollte noch mal nach Bremen fahren, um mich mit den Kollegen auszutauschen. Ist doch merkwürdig, daß ein normaler Mensch in einer guten Position so einfach verschwindet. Lese ich zwar auch häufig in den Statistiken, ist mir aber noch nicht untergekommen.‹ Beckmann beschloß, am nächsten Tag ebenfalls noch einmal in das Motorenwerk zu fahren, um mit Bertram und Frau Glade zu sprechen. ›Am besten, Fischbeck kommt mit. Was hat denn der Doktor nach unserem Besuch eigentlich ausgebrütet? Hat sich noch nicht wieder gemeldet.‹ Er war dann überrascht, daß er bei seiner telefonischen Anmeldung im Motorenwerk von Frau Pietz erfuhr, daß Heinrich Bertram die EGA verlassen hatte und jetzt in den Neuen Bundesländern arbeitete. Da am nächsten Tag eine Betriebsversammlung im Werk stattfinden würde, bat sie ihn, entweder sehr früh oder erst am Nachmittag zu kommen. Er äußerte die Bitte, daß Frau Pietz ein Gespräch mit den ehemaligen Kollegen von Dr. Berg, den Herren Mannfeldt und Dr. Richter, organisieren möge, mit Frau Glade wollte er dann allein sprechen.

›Dr. Berg weg, Kfz-Zeichen verloren und nun auch Bertram weg. Ist ja überraschend, alles merkwürdige Ereignisse. Vielleicht ist der Doktor Berg ja auch in die Neuen Bundesländer verschwunden, ohne sich abzumelden,‹ murmelte Beckmann zu sich selbst und beendete dann sein Selbstgespräch, denn er mußte sich einem neuen Besucher vor dem Tresen zuwenden. Er war nicht ganz bei der Sache, als er dessen Fahrraddiebstahl aufnahm und sinnierte, ob Dr. Berg vielleicht mit dem Fahrrad verschwunden war. Er schüttelte seinen Kopf und sagte laut: „Quatsch!" Der Mann vor dem Tresen sah ihn leicht empört an. Beckmann entschuldigte sich, dachte aber, daß er seinen Urlaub verschieben sollte, um sich noch einmal in den Fall Dr. Berg intensiver einzuschalten. ›Ist ja kein Problem, habe mich ja nirgendwo angemeldet, und mit den Kleinen komme ich schon klar.‹

Sein junger Kollege kam vom Schießstand und Beckmann konnte ihn kaum bei der aufgeregten Berichterstattung über seine Schießerfolge unterbrechen. Als er sich beruhigt hatte, fragte Beckmann ihn, ob er mit dem Nienburger noch ein persönliches Gespräch geführt habe. Nein, hatte er nicht und seiner Meinung nach wäre er auch nicht mehr im Büro gewesen. Beckmann bat ihn, ihm über die Kfz-Stelle oder das Einwohnermeldeamt in Nienburg, die Telefonnummer von Dr. Büschking herauszufinden und wenig später hatte er eine Frau mit frischer Stimme am Apparat:

„Büschking."

„Kommissar Beckmann, Polizei K.. Ist bitte Dr. Büschking zu sprechen?"

„Ist meinem Mann etwas passiert?"

„Nein, nicht daß ich wüßte. Es geht um eine ganz einfache Angelegenheit. Er hatte scheinbar sein Auto-Kennzeichen in K. verloren und in diesem Zusammenhang haben sich noch einige Fragen ergeben."

„Er ist für seine Firma auf Dienstreise, ist in Richtung Dänemark unterwegs, aber ich kann Ihnen seine Handy-Nummer geben."

Beckmann notierte die Nummer. Bevor er auflegte, fragte ihn seine Gesprächspartnerin:

„Sagten Sie, er hat das Schild in K. verloren?"

„Ja, das stimmt, hat er letzte Woche gemeldet."

„Komisch" hörte er die Frau noch vor sich hin sagen.

›Komisch‹, dachte auch Beckmann. ›Habe ich eben *hat scheinbar* sein Nummernschild verloren statt *anscheinend verloren* gesagt? Hat er doch gemeldet! Oder hat sich mein alter Instinkt gemeldet?‹

Wenig später hatte Beckmann Dr. Büschking am Handy und fragte ihn, ob er in der letzten Woche auf dem Polizeirevier in K. war.

„Nein, ich habe aber bei der Polizei angerufen, weil ich nicht so genau wußte, was ich machen sollte. Mein Nummernschild war verschwunden. Ich habe dann beim Kfz.-Amt eine rote Nummer bekommen. Habe mir in Nienburg aber schon wieder ein ordentliches Schild besorgt. Ist etwas nicht in Ordnung?"

„Sie sind ganz sicher, daß Sie mit Ihrem Wagen nicht auf dem Hof der Polizeistation waren?"

„Ja, ganz sicher. Also, in K.? Bestimmt nicht. Oder sind Polizei und Kfz-Meldestelle in einem Gebäude?"

„Nein, nein, dann vielen Dank. Ach, noch etwas, wann und wo haben Sie festgestellt, daß Sie das Nummernschild verloren haben?"

„Das war am selben Tag, als ich mich bei der Polizei gemeldet habe „7. Dezember", notierte sich Beckmann und fragte noch einmal: „und wo bitte?"

Dr. Büschking schwieg.

„Ich frage, wo Sie das gemerkt haben", wiederholte Beckmann.

„Ja", antwortete Beckmann gedehnt, „es war in der Pieritzstraße, da habe ich gehalten und da ist es mir aufgefallen."

„Aha, in der Pieritzstraße, wissen Sie noch genau, wo?"

„Ja, ich habe jemanden", er zögerte wiederum, „aufgesucht. Ja, da habe ich es bemerkt. Hausnummer 42, wenn ich mich jetzt nicht irre."

„Pieritzstraße 42, o.k., vielen Dank." Beckmann legte auf. ›Pieritzstraße, habe ich doch kürzlich mehrfach gehabt, was war das denn?‹ Und dann fiel ihm ein, daß einer der beiden Besucher, die das Verschwinden des Herrn Dr. Berg gemeldet hatten, also Bertram oder Frau Glade, die Straße als Privatanschrift angegeben hatten. Und hatte dieser Hundehalter, der seinen Führerschein vorlegte, nicht auch diesen Straßennahmen genannt?‹. „Alles recht merkwürdig" murmelte er wieder vor sich hin, nahm einen Schreibblock und unterstrich Pieritzstraße.

›Muß ich mal hinfahren.‹ Dann ergänzte er auf seinem Merkzettel hinter dem Namen Dr. Büschking: *Ehefrau anscheinend überrascht über Besuch in K.*

Dr. Klaus Büschking, der sich auf einer seiner Kundentouren im Bremer Raum aufhielt, war beunruhigt, das hieß, er war seit dem Gespräch mit dem Kommissar nervös geworden. Er hatte ihm nicht mitgeteilt, daß ihn seine Bekannte,

Annemarie, gestern auf dem Handy angerufen hatte, daß sie das Nummernschild überraschenderweise vor ihrem Haus im Rinnstein wiedergefunden hatte. ›Scheiße! Hoffentlich kommt da nichts hoch. Ich muß mir etwas ausdenken, was ich in K. gewollt habe. Sonst gibt das noch Ärger. Habe ich bisher keinen Kunden. Was gibt es dort für Industrien?‹

Ein Anruf bei der IHK in K. und er hatte sich mehrere Firmen auf einem Zettel notiert. Ein Motorenwerk des EGA-Konzerns schien ihm ein möglicher Abnehmer für seine elektronischen Steuerungen zu sein, die er zur Zeit ausschließlich bei Herstellern von Werkzeugmaschinen unterbrachte. ›Warum bin ich nicht früher darauf gekommen? Anscheinend war ich in K. mit anderen Dingen beschäftigt. Zu blöd!‹ sagte er zu sich selbst. Aber jetzt hatte er ein Argument seiner Frau gegenüber für seinen Aufenthalt in dieser Stadt, falls sie ihn fragen sollte. Er mußte kurzfristig dort einen Besuch durchführen.

Das Gespräch, das Beckmann am nächsten Tag im Motorenwerk führte, brachte ihn keinen Schritt weiter. Die Bereichsleiter Dr. Richter und Mannfeldt schienen ihm in den Fall Dr. Berg nicht verwickelt zu sein. ›Das sind Techniker und keine Schauspieler wie Einkäufer und Vertriebsleute. Bei denen sind zwei und zwei immer vier und nicht drei oder fünf. Also, wenn jemand aus dem Haus, dann Bertram, der ja auch für den Vertrieb zuständig ist, oder besser war.‹ Sehr viel mehr beschäftigte ihn Ute Glade. › Schöne und clevere Frau. Wohnt auch in der Pieritzstraße. Kenne ich sie von früher vor dem Fall Dr. Berg? Ist sie ein Grund für meine Unruhe?‹

Als er das Werksgelände wieder verlassen wollte, stand auf dem Besucherparkplatz ein Mercedes und der hatte zu Beckmanns Verwunderung ein Nienburger Kennzeichen. „Die verfolgen mich!" entfuhr es ihm. Er hielt seinen Wagen an, fuhr zurück, parkte an der Seitenmauer eines Gebäudes von wo er den Wagen sehen konnte und wartete. Nach wenigen Minuten kam ein Mann mittleren Alters aus einem Nebengebäude und ging auf den Wagen zu. Beckmann stieg aus. Als der Wagen auf die Ausfahrt zufahren wollte, stellte sich ihm Beckmann in den Weg. Dr. Büschking war völlig überrascht, als er durch das heruntergelassene Fenster von einem Polizisten gefragt wurde, ob er zufällig Dr. Büschking sei. Diese plötzliche Identifikation war ihm unheimlich. Mit leicht zittriger Stimme erzählte er dem Kommissar, nachdem dieser sich als sein Gesprächspartner des Vortages zu erkennen gegeben hatte, daß sich das in der Pieritzstraße verlorene Autokennzeichen dort wieder angefunden habe und er es sich nach diesem Kundenbesuch bei seiner Bekannten abholen wolle. Im Beisein von Beckmann rief Dr. Büschking bei Annemarie an, die er jedoch am Telefon Frau Schneider nannte und erklärte ihr, daß er eventuell in Kürze mit der Polizei bei ihr vorbeikäme, um das Schild abzuholen. Er blickte dabei Kommissar Beckmann an und der nickte. Auf die beunruhigte Frage: „Was soll das denn bedeuten?" gab er Annemarie keine Antwort und schaltete sein Handy wieder aus. Er gab die Frage nicht an Kommissar Beckmann weiter. Er hoffte inständig, daß der Polizist ihn nicht nach seinem Verhältnis zu Frau Schneider fragen würde. Für Beckmann, der noch das überraschte *wieso in K.* von Frau Büschking im Ohr hatte und sich seinen Teil dazu dachte, stand das moralische Moment im Augenblick nicht im Vordergrund. Trotzdem stellte er sich an sein Auto, zog seinen Merkzettel hervor, legte ihn auf das Autodach und notierte hinter dem Namen Dr. Büschking: *Verbindung zwischen ihm und Frau Glade?* Dann schrieb er den Namen Dr. BERG in großen Buchstaben dazu und kreise ihn ein. Er beschloß, das verlorene und wiedergefundene Nummernschild einer genauen Untersuchung unterziehen zu lassen, um vielleicht einen weiteren Legostein zur Klärung des noch völlig ungeklärten Falles Dr. Berg zu erhalten. ›Ein Autokennzeichen verliert man nicht, es sei denn, es wird einem geklaut.‹

Kapitel 18

Dezember 1990.
Der Wecker klingelte um halb sieben. Arbeitsbeginn der Verwaltung um sieben Uhr, eine Stunde früher, als Bertram es aus dem Westen kannte. Durch das leicht geöffnete Fenster des Vietnamesen-Wohnheims hörte er ein Autogeräusch. Beim Zurückschlagen der Bettdecke stutzte er, da er noch komplett angezogen war. Er sprang auf und ging zum Fenster. Auf dem Hof stand vor seinem ein zweites Auto mit laufendem Motor, wohl ein Wartburg, typisches Geräusch und man roch den Wagen bis in den vierten Stock. Die Scheinwerfer waren auf seinen Audi gerichtet, zwei Männer stiegen gerade aus. Bertram knipst die Deckenleuchte seines Zimmers an, beugt sich vorsichtig über die Heizung und rief nach unten:
„Sind Sie vom Motorenwerk?"
Einer der Männer schaltete den Motor des Wartburgs aus. Bertram fragte noch einmal und als die Männer bejahten:
„Ich gehe noch schnell unter die Dusche und komme dann runter."
„War alles in Ordnung, Herr Bertram?"
„Ja, alles bestens. Zehn Minuten!" ›Die bekommen ja einen neuen Eindruck von den Wessies: Ziehen sich erst an und gehen dann unter die Dusche.‹ Bertram griff sein Waschzeug, tastete noch einmal nach der Pistole und lief fast zum Duschraum. Er beschloß, nichts von seinem nächtlichen Besuch zu erzählen.
Auf dem Hof angekommen sah er, daß die Scheiben seines Autor vom Schnee gesäubert waren. Er begrüßte die bei-

den Männer, bedankte sich und fragte, ob hier außer ihm noch andere Gäste wohnten.

„Nein, Sie sind hier der Einzige. Nach den Vietnamesen hat hier niemand mehr gewohnt. Und die sind schon eine Weile weg. Wir wollten sehen, ob alles in Ordnung ist. Man hat uns gesagt, daß Sie gestern Abend erst spät angekommen sind."

„Ja, nach Mitternacht. Hat recht lange gedauert, von Dresden hierher zu kommen. Schauen Sie doch gelegentlich mal nach, ob hier im Haus alles in Ordnung ist, besonders im zweiten Stock. Ich habe da vielleicht was gehört, wenn ich nicht geträumt habe. So, wie komme ich jetzt ins Werk?"

Es war kurz vor sieben und der Weg zur Fabrik war kurz. Aus organisatorischen Gründen hatte man das Wohnheim nur einen knappen Kilometer vom Werk entfernt gebaut. Zweimal kamen Bertram junge Frauen entgegen, die ein kleines Kind an der Hand führten, wohl auf dem Weg in die Kinderkrippe. ›Mein Gott, die Kleinen, so früh und in der Kälte und Dunkelheit.‹ Wie er gehört hatte, ein Wunsch der Mütter, um früh am Nachmittag mit der Arbeit fertig zu sein, um noch einkaufen zu können. Schon nach wenigen Minuten fuhr er auf das Werkstor zu. Er wollte anhalten, aber die Torschranke öffnete sich und er konnte durchfahren. Hinter dem Glasfenster der Portiersloge stand ein Mann und tippte sich zum Gruß an die Mütze. Man hatte ihn natürlich erwartet und außerdem war seine Dresdener Autonummer bekannt. Ein gut funktionierendes Informationssystem, lange geschult. Bertram nickte dem Portier zu. Er hatte sich in Berlin einen Katalog des Werkes mit Hallenübersicht angeschaut und war sich sicher, zwischen den verschiedenen Werkhallen das Verwaltungsgebäude zu finden. Als Werkleiter war ihm ein Ernst Bauer genannt worden, bekannt dafür, daß er ab sechs Uhr am Schreibtisch saß und seine Plan-Besprechungen mit den Abteilungsleitern im Sommer freitags um fünf Uhr in der Frühe begann, damit er ab Mittag auf seine Datscha fahren konnte; seine Mitarbeiter hatten sich gern dem Rhythmus angepaßt. Während im Westen, wie natürlich auch bei der EGA, die Werkleiter dem Produktionschef unterstellt waren, hatte hier der Werkleiter das Sagen über alle Bereiche des Werkes, so jedenfalls vor der Wende; ihm waren neben der Produktion der Vertrieb, die Entwicklung und der kaufmännische Bereich unterstellt. Diese Organisationsform war nach West-Vorbild oder besser Treuhand-Anweisung in der Umwandlung, was natürlich bei einigen Werkleitern noch nicht ganz angekommen war. Bauer war Bertram als ein Mann mit viel Energie und Initiative beschrieben worden, der sein Werk gut im Griff hatte, nun jedoch an der Unterauslastung ebenso litt wie die anderen Werke. Bertram fand die Verwaltung und suchte nach einem Parkplatz. Er umkurvte das Gebäude halb, fand keinen Parkplatz, mußte drehen und fuhr zurück, beäugt von zwei Werkern, die einen größeren Karren mit unbrauchbaren Motorenwicklungen aus einer der Hallen schoben. In der Zwischenzeit, dachte Bertram, wird der Pförtner seinen Chef informiert haben und dieser wird ihn dann am Eingang des Verwaltungsgehäuses abholen, da er zum ersten Mal in diesem Werk war. Aber, niemand erwartete ihn am Eingang. ›Na, dann nicht‹, dachte der Wessi und parkte seinen Wagen mitten vor der Eingangstreppe. Sechs Stufen und dann eine mächtige Eichentür. Dahinter nach einem kurzen dunklen Übergang weitere sechs Stufen zu einem großen Quergang, der durch ein Fenster am Ende des Gangs schwach erhellt war. Er betätigte einen Lichtschalter und einige Deckenleuchten ließen das übliche Linoleum besser erkennen. Mühsam versuchte er die Namensschilder neben den Türen zu lesen. Neben der zweiten Tür dann: *Werkleitung*. Bertram klopfte bewußt nicht an, öffnete die Tür und sah, daß der Raum, anscheinend ein Sekretariat, nicht besetzt war. Links und rechts führten Türen in weitere Räume. ›Mal sehen‹, dachte er, ging durch das Sekretariat auf die linke Tür zu und öffnete ebenfalls ohne anzuklopfen. Acht bis zehn Meter entfernt hinter einem großen Schreibtisch, mit dem üblichen Besprechungstisch in T-Form davor, saß ein Mann, vielleicht um die sechzig, mit hochgekrempelten Ärmeln und schrieb mit einem Bleistift in einem Heft. Das Büro wie das Sekretariat überheizt.

Bertram dachte bei sich, daß sein Gegenüber genau wußte, daß er sich bis hierher durchtasten mußte.

„Guten Tag, ich suche den Werkleiter, Bauer, wurde mir gesagt. Können Sie mir helfen? Das Sekretariat ist nicht besetzt."

Der Mann hinter dem Schreibtisch wuchtete sich hoch und kam Bertram entgegen.

„Sie sind wohl Herr Bertram. Bauer mein Name. Dresden hat Sie angekündigt. Guten Tag und willkommen im Elmo W.. Haben Sie in unserem Wohnheim gut geschlafen? Wir haben dort einen Raum hergerichtet."

›Ach ja, Elmo, die Abkürzung für Elektromotorenwerk. So heißen sie alle in den verschiedenen Städten der alten DDR.‹ „Danke, ich kann nicht klagen. Vietnamesen waren ja nicht mehr da."

Bauer wies auf einen Stuhl und die beiden setzten sich an den Besprechungstisch. Er entschuldigte sich, daß er im Augenblick keinen Kaffee anbieten könne. „Birgit, also Frau Becker, meine Sekretärin, kommt erst um halb acht. Sie ist noch in der Physiotherapie – hier im Haus. Wir können aber in die Kantine gehen."

Bertram winkte ab.

Bauer ging gleich auf das Stichwort ein und berichtete, daß die vietnamesischen Arbeitskräfte seit Beginn der achtziger Jahre als Vertragsarbeiter in die DDR gekommen waren und Zeitverträge hatten. Um nach der Wende nicht wieder in die Heimat zurück geschickt zu werden, machte sich eine ganze Anzahl von ihnen selbständig und eröffnete kleine Geschäfte. „Die schlagen sich jetzt als Händler durch, Familienbetriebe, da helfen alle mit. Sie können sie an den zwei Markttagen in der Woche in der Stadt sehen. Meist mit Textilien." Sie seien sehr geschickt und fleißig gewesen und überwiegend bei der Herstellung einfacher Handwicklungen für die Motoren eingesetzt worden. Früher hatte man einen Teil dieser Arbeiten in die nahegelegene Justizvollzugsanstalt gegeben. Aber auch zu DDR-Zeiten gab es alle fünf Jahre eine Art Amnestie – wohl aus Platzmangel. Man hatte dann mit der Einstellung der vietnamesischen Arbeitskräfte begonnen, weil sonst das Auftragsvolumen für das Comecon nicht abgewickelt werden konnte. „Und, wir haben eine sehr gute Qualität."

„Ich weiß das", erwiderte Bertram. „Unser Industriemotorenbereich hat vor Jahren eine Charge von fünftausend Motoren bei Ihnen gekauft, wir hatten einen Engpaß."

„Ja", sagte Bauer auf einmal lächelnd. „Das hat doch der", er stockte und suchte nach dem Namen.

„Das war Harald Lachmann," ergänzte Bertram.

„Ja, richtig, wir haben uns gut verstanden. Wie geht's ihm?"

„Er ist vor einiger Zeit gestorben."

„Das tut mir leid, wirklich, ein prima Kerl."

Bauer zögerte kurz:

„Ja, nun hat es im Rahmen der Wiedervereinigung wieder so eine Art Amnestie gegeben und von der Treuhand sind dann die Vietnamesen freigesetzt worden. Die haben noch eine Übergangshilfe bekommen. Glücklicherweise ist unser Auftragsvolumen, besonders aus der Sowjetunion, erheblich zurückgegangen." Er begleitete seine ironische Bemerkung mit einem Achselzucken.

„Lassen Sie uns vielleicht erst einmal durchs Werk gehen, dann kann ich das, was Sie mir alles erzählen, besser einordnen; die Frühschicht arbeitet ja schon", schlug Bertram vor. Der Werkleiter war einverstanden. Bevor sie das Sekretariat verliessen öffnete er die gegenüberliegende Tür, hinter der ein kleines Büro lag. Darin stand ein schmaler Schreibtisch und ein Schrank mit einem Kleiderhaken.

„Hier können Sie sich ja erst mal für die nächste Zeit einrichten; das Telefon ist angeschlossen. Hier hat bis vor kurzem Klaus Sandmann gesessen, war meine rechte Hand, eine Art Dispatcher. Den Ausdruck kennen Sie wohl im Westen nicht – also, so eine Art Mädchen für alles im Betrieb. Hat das Angebot angenommen, sich vor ein paar Wochen pensionieren zu lassen. Übrigens, Klaus Niebuhr, der für den Vertrieb des Werkes zuständig war, ist auch vor ein paar Wochen in den Vorruhestand gegangen. Den können wir aber jederzeit bei Fragen ins Werk holen, er wohnt hier in W."

Ein Schlag auf den anderen: erstens die Frechheit von Bauer, ihm diese Abstellkammer als Arbeitszimmer anzubieten, dann die schlichte Aussage, daß der Dispatscher, also ein wichtiger Mitarbeiter, der für die ordnungsgemäße oder operative Lenkung von Produktionsprozessen zuständig war, sich einfach hatte pensionieren lassen. Und natürlich, Vertrieb war hier noch nie wichtig, die Motoren wurden ja früher verteilt. Deshalb hatte man den Vertriebschef mit all seinen Kundenkenntnissen auch so einfach gehen lassen. Die wichtigsten Mitarbeiter also weg. Chaos auf ruhiger Geschäftsbasis und eine Art Lethargie beim Werkleiter. Dieses Werk mit ursprünglich 3.500 Mitarbeitern, das gute Motoren gebaut hatte, befand sich in Auflösung. Für einen kurzen Augenblick sank seine Hoffnung, hier etwas aufhalten, geschweige denn aufbauen zu können. ›Mein Gott, was für eine eingefahrene Organisation hatten wir in K. Und mit diesem Torso hier sollen wir gegen den Wettbewerb im Westen bestehen. Die warten doch nur auf unsere Kunden. Das ist das große Fressen. Die Euphorie eines wiedervereinten Deutschland sieht bei denen ganz anders aus, Goldgräberstimmung. Niemand im Westen braucht diese Motoren. Können die alles auch dort kaufen. Und der russische Absatzmarkt ist völlig zusammengebrochen.‹ Bertram gab sich einen Ruck, wandte sich an den Werkleiter, freundlich aber doch recht kühl:

„Herr Bauer, ist ja sehr nett die Unterkunft. Wo war denn bisher ihr Arbeitszimmer? Das wird doch in der Nähe der Produktion liegen und ihr jetziges Domizil, das Büro nebenan, war doch sicher dem Kombinatsleiter vorbehalten, wenn er hier war. Der neue Vorstand will zwar nicht gleich die gesamte interne Organisation ändern, aber es sind die Zeiten, die sich ein wenig geändert haben und wir müssen uns auch den neuen Gegebenheiten des Marktes anpassen. Da nun einmal entschieden ist, und das schon seit fast einem Jahr, daß es für die EMD einen Gesamtvorstand gibt, ist die Funktion des Werkleiters konzentriert auf die Werksfunktionen ausgerichtet. Also, ziehen Sie wieder in ihr altes Arbeitszimmer, zeigen Sie mir, wo Ihr Vertriebsleiter gesessen hat und lassen Sie den großen Raum für Besprechungen des Vorstandes bzw. für den Sprecher des Vorstandes, wenn er denn hier ist. Wir werden zwar nicht immer vor Ort sein, denn es gibt ja noch eine Reihe anderer Fabriken und Betriebsstätten, aber wir haben sicher eine Reihe von gemeinsamen Besprechungen oder wie man hier sagt, Beratungen, an denen Sie sicher auch teilnehmen werden, und dann ist der große Raum doch gut dafür geeignet. So, nun sollten wir gehen, es wird ja schon hell."

Bauer erwiderte nichts.

Bertram dachte an einen Hinweis seines ehemaligen Chefs Behnke, der, als er ihn aus der Assistentenfunktion bei ihm entließ, um zunächst die Vertriebsfunktion bei den Motorenwerken zu übernehmen, sagte: *Und denken Sie daran, wo immer Sie neu anfangen, die erste Auseinandersetzung müssen Sie gewinnen.* Mal vom nächtlichen Besuch abgesehen, hatte er in W. noch nicht verloren.

Sie gingen an dem Audi vor der Eingangstreppe vorbei, ohne ein Wort darüber zu verlieren. Die Werksführung zog sich über zwei Stunden hin. Produktionshallen, Vorfertigung, Montage, Werkstätten, Kantine. Bauer kannte sein Werk in- und auswendig. Im Lager fiel Bertram etwas auf.

„Sagen Sie, Herr Bauer, da an der hinteren Wand lagert ja eine große Anzahl an Kartons. Was ist denn da drin. Das Bild darauf verstehe ich gar nicht. Hat das was mit Motoren zu tun?"

Der Werkleiter blieb stehen, holte Luft, lächelte fast und antwortete etwas leiser als sonst:

„Ein Küchengerät, eine Fruchtpresse. Jedes Unternehmen in der DDR, auch der Schwermaschinenbau, mußte ein

Konsumgerät bauen. Wir haben davor Waschmaschinen gebaut. Eine läuft bei mir seit 15 Jahren einwandfrei. Ja, und zuletzt Fruchtpressen. Diese hier haben wir nach der Wende nicht mehr verkaufen können. Wollen ja alle Westware. Ja, so war das."

Bertram kannte das Thema schon. Sie hatten sich bei seinen Gesprächen im Großmaschinenwerk in Dresden darüber amüsiert, wie seinerzeit vom Ministerium der Auftrag gegeben wurde, neben riesigen Schiffsgeneratoren und Kranantrieben einen Plattenspieler zu bauen und wie Werkleiter Enke nach der Verabschiedung des Parteisekretärs seinen Mitarbeiterkreis zusammengerufen hatte mit der Bemerkung: *So ein Grammophon werden wir doch wohl hinkriegen*. Sie hatten es nicht hingekriegt.

Die beiden gingen zurück ins Büro. Als sie wieder an Bertrams Wagen vorbeikamen, bemerkte Bauer:

„Da drüben an der Seite vom Heizhaus ist der Parkplatz für die Werkleitung, da können Sie ja dann Ihren Wagen hinstellen. Heute, am Freitag, stört er hier nicht."

Als sie wieder durch das Sekretariat kamen, stellte Bauer Frau Becker vor, die anscheinend ihre physiotherapeutische Behandlung gut überstanden hatte. Sie wandte sich an den Werkleiter und teilte ihm mit, daß Karl sich gemeldet und mitgeteilt hatte, daß im Wohnheim im ersten Stock eine Scheibe eingeschlagen worden war.

„Sehen Sie zu, daß das repariert wird. Scheiben werden wir ja noch irgendwo kriegen."

Er wandte sich Bertram zu:

„Haben Sie in der Nacht was bemerkt?"

Bertram schüttelte den Kopf.

„Nein, es war nichts. Und es war sehr spät. Ich bin auch erst durch W. gekurvt, habe wohl einen Hinweis nicht gesehen." Und er dachte, ›wer weiß, wer meinen Wagen vielleicht in der Nacht gesehen hat, hier wurde ja alles kontrolliert.‹

Auf dem Besprechungstisch standen jetzt Tassen, eine Kanne mit Kaffee und ein Teller mit Keksen. Bertram bat Frau

Becker darum, doch zu versuchen, ob Sie nicht den ehemaligen Vertriebsleiter Niebuhr anrufen könne, damit er am Nachmittag ins Werk komme, um mit ihm die Umsatzsituation durchzusprechen.

In der nächsten Stunde erläuterte der Werkleiter die Situation des Werkes im alten Kombinat:

„Preise, das war für uns kein Thema. Die Preise waren festgelegt und wir bekamen unsere Gehälter. Unsere Problem war immer nur, genügend Material zu bekommen. Und so kam es häufig zum Tauschhandel: *Ihr braucht mehr Motoren, wir brauchen die und die Stahlträger zum Ausbau einer Halle.* Wenn unsere Vertriebsleute zum Beispiel nach Berlin, Hauptstadt der DDR, fuhren, hatten sie nicht das Problem, über die Aussenhandelsorganisation Motoren zu verkaufen, sie hatten die Taschen voller Zettel von Arbeitskollegen, was sie Ihnen für den täglichen Bedarf mitbringen sollten. Berlin wurde ja bevorzugt beliefert mit solchen Dingen, auf die wir hier manchmal Monate warten mußten."

„O.k.", warf Bertram dazwischen, „aber jetzt haben wir andere Probleme. Neben dem Umsatzeinbruch, oder bedingt dadurch, ist das größte Problem der Personalstand. Entspricht in keiner Weise den Möglichkeiten des Umsatzes, das heißt, um das Fünf- bis Zehnfache zu hoch."

Bauer nickte.

Frau Becker klopfte und betrat den Raum:

„Herr Bertram, ich habe hier ein Anruf für Sie, soll ich ihn reinstellen oder kommen Sie ins Sekretariat."

„Geben Sie ihn bitte rein."

Bertram ging an den Schreibtisch und sah Bauer mit fragendem Blick an:

„Wenn es klingelt, Hörer nehmen und auf den schwarzen Knopf drücken."

„Bertram."

„Glade. Guten Tag Herr Bertram. Kommen Sie am Wochenende nach K.?"

„Gibt es etwas Neues?"

Bertram verkrampfte sich. Er hoffte, daß Bauer nicht auf ihn achtete.

„Erstens, ja. Und zweitens müssen wir einige Dinge besprechen. Es gibt noch einige alte Unterlagen, die bereinigt werden müssen. Und das eilt."

„Ich melde mich."

„Wann?"

„Am Samstagvormittag. Ach, ist ja schon Freitag. Also heute am frühen Nachmittag. Oder, warten Sie, können wir uns morgen um 11 Uhr im Kaffee Spiegelberg in der Innenstadt treffen?"

„Ja, das geht. Ich verlasse mich darauf. Und wie läuft es in den Neuen Ländern?"

„Kann ich dann erzählen. Bis morgen."

„Ja, bis dann."

Bertram versuchte, sich nichts anmerken zu lassen. Aber sofort setzte das Karrussel wieder ein: ›Ich habe geholfen, einen Ermordeten verschwinden zu lassen, ich habe eine Pistole im Koffer, ich bin nicht mehr der Mensch von früher und nun Ute, die mich wieder daran erinnert.‹

Um sich sofort von diesen Gedanken zu trennen, bat er Bauer um die Produktionsübersicht für die nächsten Monate und die Umsatz-Planung für das kommende Jahr. Er wollte sich das ansehen, damit er am Nachmittag mit ihm und Niebuhr darüber sprechen konnte. Er war dann überrascht, als Bauer eine Mappe aus der Schreibtischschublade nahm und sie ihm mit den Worten überreichte:

„Hier haben Sie alle Unterlagen, die Sie sicher haben möchten: Leistung, Minuten pro Motor, Personal mit Funktionen, Lagerbestände an fertigen Maschinen usw. Ich würde am liebsten gleich nach Moskau fliegen, um denen mal klar zu machen, was die hier mit uns veranstalten. Wir haben fest eingestellte Aufträge für die nächsten sechs Monate in Höhe von rund 60 Millionen Mark, davon liegen 10 Millionen auf Lager, aber es kommen keine Abrufe. Reinhard, unser Ost-Vertriebs-Mann, war schon zweimal dort – zur Zeit kaum Bedarf. Verdammter Mist!"

„Gut, oder nicht gut. Ich habe schon mit Reinhard in Dresden gesprochen. Er ist ja für alle Werke zuständig und ist ja nicht nach Berlin gegangen, was sehr vernünftig ist."

„Sie können das auch alles mit mir besprechen", warf Bauer ein.

„Klar, kein Problem, aber er weiß vielleicht noch etwas mehr über die Kunden. Noch eins, ich würde in den nächsten Tagen mit einem Ihrer etwas größeren Kunden hier in Sachsen-Anhalt sprechen, um auch ein Gefühl für die Situation draußen in den Neuen Bundesländern zu bekommen."

„Ja, natürlich, in Magdeburg die SKET. Ein großer Abnehmer für Kranmotoren."

„SKET?"

„Schwermaschinenkombinat Ernst Thälmann. Soll ich Ihnen etwas über Thälmann erzählen?"

„Ein andermal."

„War auch nur ein Scherz. Schauen Sie sich die Zahlen in der Liste an. Bei der SKET erwartet Sie ein interessantes Gespräch. Ich komme gern mit."

„Na, mal sehen."

Bertram fand den Mann langsam sympathisch. Er hatte sein Königreich verloren und mußte sich jetzt mit neuen Chefs herumschlagen. Aber auch er hatte erkannt, daß die alte DDR-Wirtschaft fast am Ende war, als das Commecon zusammenbrach. Um Bauer nun nicht weiter zu frustieren, schlug Bertram vor, daß er sich jetzt erst einmal die Unterlagen ansehen und sie dann am Nachmittag mit ihm und Niebuhr noch einmal durchgehen wolle.

„Ich gehe mal in meine Suite", sagt er lächelnd zum Werkleiter und bat Frau Becker um eine weitere Tasse Kaffee, um ihm nicht auch noch die Kanne wegzunehmen.

„Wir können zusammen in die Kantine gehen. Um zwölf?" rief Bauer ihm nach und Bertram winkte zustimmend zurück.

Ein Anruf in K. und Marie-Louise war am Apparat: „Wann kommst Du?" Natürlich immer die erste Frage.

Er nahm die in Dresden gegebenen Hinweise ernst und war am Telefon sehr vorsichtig. Er erzählte nichts über die Firma, kündigte sich aber für den Abend an.

Bei Durchsicht der Unterlagen nichts Neues. Die Pro-Kopf-Leistung lag jetzt bei einem Achtel gegenüber dem Westen. Wenn sich der Umsatz nicht verbesserte, und woher sollten zusätzliche Aufträge kommen, waren 70 – 80 Prozent der Belegschaft nicht mehr zu beschäftigen. Das Werk war ein Kandidat für die Abwicklung.

Da er außer einer Tasse Kaffee an diesem Tag noch nichts zu sich genommen hatte, war er froh, als Bauer ihn zum Mittagessen in die Kantine abholte. Mit der Bemerkung *eine Gästemarke* gab ihm Frau Becker eine Essensmarke.

„Danke. Wir regeln das dann in der nächsten Woche."

In der Kantine reihten sie sich in die Schlange der Werker ein; die prüfenden Blicke war Bertram mittlerweile gewohnt. Bauer klärte ihn kurz auf, wie der Ablauf von statten ging, kein Unterschied zum Westen. Die beiden nahmen an einem etwas abseits stehenden Tisch Platz und Bauer wünschte guten Appetit. Und sofort geschah es. Und Bertram verstand, warum der Werkleiter noch nicht mit dem Essen angefangen hatte, sondern ihn nur anschaute. Bertram zuckte zusammen. Er hatte mit der Gabel seine Plombe an einem Zahn berührt. Darauf hatte sein Gastgeber gewartet:

„Immer schön langsam und sorgfältig essen. Wir hatten schon die Aluminium-Bestecke ausgetauscht. Aber die neuen Messer und Gabeln haben sich irgendwie verkrümelt, da haben wir wieder die alten genommen. Gut, haben sie die Zahlen schon durchgesehen?"

Bertram tastete mit seiner Zunge den Zahn ab. Wieder etwas, was ihm zu Hause niemand glauben würde. Aber, vielleicht hatten hier alle einwandfreie Zähne.

„Ja, aber wir sollten auf Niebuhr warten und dann gemeinsam eine erste Analyse besprechen, die Sie ja sicher schon ein paar Mal gemacht haben."

Bauer nickte und sagte dann etwas, was Bertram wieder nicht gefiel:

„Bitte behalten Sie es für sich, aber Sie sollten es wissen: Ich werde zum Jahresende in Pension gehen. Habe ich mit Ihrem Vorgänger abgestimmt. Liegt schriftlich fest. Was ich dann an Rente kriege, weiß ich nicht so ganz genau. Aber ich habe ja meine Datscha mit Gemüsegarten."

Das hatte man ihm weder in Berlin noch in Dresden gesagt. Vielleicht wußte es auch niemand. Und Bertram fragte sich leicht verzweifelt:

›Was ist das für eine Situation? Die Werke sind kaputt, weil die Aufträge eingebrochen sind. Die höheren Ecklöhner und Spezialisten läßt man in Pension gehen – niemand hält sie zurück – und die Menge der Belegschaft wartet auf blühende Landschaften. Wie soll das weitergehen? Die meisten haben sicher noch gar nicht begriffen, was hier los ist. Das sind vielleicht 500 Mitarbeiter von den gesamten 2.500 die jetzt hier zum Essen gekommen sind. Was erwarten die, wenn sie sich nach mir umdrehen? Daß ich große Aufträge aus dem Westen bringe? Da gibt es genug Lieferanten, gegen die wir nicht ankommen können. Wer von denen ahnt, daß von zehn nur einer oder zwei ihren Arbeitsplatz behalten. Wie war das mit Gebhardt? Dem haben Sie zwar in Dresden ins Fenster geschossen, aber hier ist überall Dresden. Das große *historische Ereignis ‚Wiedervereinigung'*, das überstrahlt alles, aber unten ist nur Schrott. Sicher hat keiner der Politiker dem einzelnen Menschen gegenüber gesessen und ihm gesagt: *Es wird alles gut, aber erst mal wirst Du deinen Arbeitsplatz verlieren und dann finden wir für Dich vielleicht eine neue Stelle in Duisburg. Du mußt flexibel sein, auch mit fünfzig.*‹

Bertram konzentrierte sich wieder auf seine Gabel. Nach dem Mittagessen saßen die beiden mit Niebuhr zusammen. Es war nicht zu erkennen, ob der ehemalige Vertriebsleiter sich freute, in sein altes Werk zu kommen, ob er sauer war, daß sich jemand anderes um seine Kunden kümmerte, die er über Jahre betreut hatte oder ob er die Einstellung hatte, daß die Wessis jetzt zusehen sollten, wie sie aus dem, was sie angerichtet hatten, etwas machten.

Bertram wußte, daß er auf Niebuhrs Aussagen nicht bauen konnte, aber er wollte doch von dessen Erfahrungen hören:

„Herr Niebuhr, Sie sind ja noch nicht lange aus dem Geschäft. Wenn ich die Zahlen richtig verstanden habe, hatten Sie für dieses Jahr einen Umsatz in Höhe von fast 300 Millionen Mark geplant. Bis jetzt, und wir sind kurz vor dem Jahresende, ist ein Umsatz von knapp 120 Millionen gelaufen. Da wird kaum etwas dazu kommen. Wie sehen Sie das nächste Jahr?"

Niebuhr wedelte fahrig mit den Armen in der Luft herum, stand auf und rief mehr als er sprach:

„Wir hatten für dieses Jahr schriftliche Aufträge aus der Sowjetunion in Höhe von 139 Millionen Mark, West-Mark, vorliegen. Wissen Sie, wie viel davon bis jetzt abgenommen ist?"

Bertram hatte die Zahlen gesehen, rund 420 Tausend DM.

„Quasi gar nichts! Was soll ich denn da für das kommende Jahr sagen. Für die west-europäischen Vertretungen sind in diesem Jahr rund 70 Millionen gelaufen. Was werden Sie in Zukunft mit den Preisen machen?"

„Kann ich noch nicht sagen, aber wir müssen sie wenigstens um 30 Prozent anheben. Wir sind auf uns allein gestellt. Der Staat braucht keine Devisen mehr. Wir sind es, die für eine Übergangszeit Unterstützung benötigen."

„Ja, dann rechne ich unter Berücksichtigung der zu erhöhenden Preise mit einem weiteren Rückgang von 20–30 %."

Das Gespräch zog sich nicht allzu lange hin. Niebuhr konnte die zukünftige Entwicklung für das Werk ebenso wenig abschätzen wie Bauer und Bertram. Er gab aber einige Hinweise, mit welchen Abnehmern Bertram kurzfristig Kontakt aufnehmen sollte. Das war zunächst die alte Vertriebsorganisation im Westen Deutschlands, in Essen, dann die Vertretungen in Italien, Frankreich und Dänemark. Gute

Vertretungen, wie Niebuhr sagte. Moskau danach. Das war alles, was der ehemalige Vertriebschef über seinen Absatzmarkt sagen konnte oder wollte. Bertram hatte bei den Aussagen Niebuhrs den Eindruck, als schwang im Hintergrund immer die Aussage mit: Das habt ihr nun von der Wiedervereinigung. Hier wird alles kaputt gemacht. Früher waren es mal die Russen, die alles abgebaut haben, jetzt schafft es der Westen. Nun sieh mal zu Bertram, wie Du damit zurechtkommst. Es brachte ihm im Augenblick nichts, das Gespräch fortzuführen.

Kapitel 19

Er hatte das Gefühl, als würden ihn beim Betreten des Cafés alle Gäste ansehen. *Da ist einer aus den Neuen Bundesländern.* Er hoffte, daß ihn niemand ansprach, daß kein Bekannter irgendwo in einem der Sessel saß und ihn in ein Gespräch zog. Bertram wollte nur mit Ute Glade sprechen, ohne gestört zu werden. Schon der neugierige Blick einiger Passanten ins Auto, nachdem sie bei der Einfahrt auf seinen *privaten* Parkplatz hinter der Synagoge sein Dresdner Kennzeichen identifizierten, hatte seine innere Unruhe verstärkt. Den ganzen Vormittag umschlich ihn wieder verstärkt die Angst, daß etwas Unvorhergesehenes geschehen war. Seine Hoffnung, mit dem Sprung in das andere Land alle Schrecken der letzten Wochen abgeschüttelt zu haben, war verflogen. Er sah sich in dem gut besetzten Café nach einem Tisch um, der vom Durchgang entfernt war und bemerkte, daß zwei junge Männer aufstanden und zum Garderobenständer gingen. Er belegte einen Platz mit seinem Mantel, setzte sich und blickt sich langsam um. Kein bekanntes Gesicht. Er sah Ute Glade durch die Drehtür kommen, erhob sich kurz und als sie zu ihm herüber blickte, winkte er ihr zu. Kurze Begrüßung, er nahm ihr den Mantel ab und brachte ihn mit seinem an die überquellende Garderobe. Angespannt blickte er sie an:
„Cappuccino?"
„Ja, gern."
„Wie geht's?"
„Es geht, und Dir?"
Bertram zögerte einen Moment.

„Ich habe kaum Zeit gehabt, darüber nachzudenken." Er holte Luft und sah Ute an. „Wenn das nicht passiert wäre, wäre ich nicht weggegangen. Ich denke immer noch, daß wir falsch gehandelt haben. Wenn wir den Unfall gemeldet hätten, wäre das Thema erledigt."

„Sehe ich immer noch nicht so. Außerdem, die Sache ist gelaufen. Daran ist nun nichts mehr zu ändern. Und wenn sie uns erwischen, dann Dich in Dresden oder Berlin genauso wie in K. Wir müssen jetzt aber trotzdem darüber sprechen."

Ein paar Sekunden Schweigen als der Kaffee gebracht wurde.

„Ja, und worüber?" Bertram riß unkonzentriert das Tütchen auf und verstreute ein Teil des Zuckers auf den Tisch.

„Kommissar Beckmann war in der Fabrik. Man hat den Wagen von Berg untersucht. Und um die Fingerabdrücke zu identifizieren, mußten Mannfeldt, Dr. Richter und ich Fingerabdrücke abgeben – damit man sie von den anderen unterscheiden kann. Hat man Dich auch aufgefordert?"

„Nein, bisher nicht."

„Dann hat man Mannfeldt und Dr. Richter nur als Vertuschung mit abdrücken lassen – man konzentriert sich dann wohl auf mich." Ute Glade suchte nach etwas in ihrer Tasche.

„Dann müßte ich ja auch noch aufgefordert werden." Bertram versuchte Utes Gedankengänge zu erraten.

„Vielleicht nicht. Die Polizei hat Photos in Bergs Wohnung gefunden, auf denen ich zu sehen bin. Ich weiß nicht welche. Beckmann hat sie mir noch nicht gezeigt. Hat nur wieder nach meinem Verhältnis zu Berg gefragt."

„Und, was hast Du gesagt?"

„Ich habe ihm gesagt, daß wir uns ein-, zweimal in Bremen und auch in Paris getroffen haben und er dabei einige Photos gemacht hat." Ute Glade ging nicht weiter darauf ein, wartete einen Augenblick und berichtete weiter:

„Dann ist noch etwas passiert. Ich habe im Werk etwas mit der Hauspost bekommen." Ute Glade zog ein gefaltetes

DIN A4-Blatt aus Ihrer Tasche, schob es ihm zu mit dem Hinweis: „Sei vorsichtig!"

Bertram nahm das Blatt auf den Schoß und faltete es auseinander. Es dauerte einige Sekunden, dann traf es ihn wie ein Schlag. Das Photo zeigte einen Schuh – und das konnte nur ein Schuh von Dr. Berg sein. Seine Stimme war belegt:

„Ist das seiner?"

„Ja!"

„Weißt Du das genau?"

„Ja, verdammt, ich habe den anderen."

„Du hast ihn immer noch nicht entsorgt? Das ist doch Wahnsinn!"

„Vielleicht; aber ich habe ihn noch."

„Wo ist er?"

„Gut versteckt, frag jetzt nicht. Wirklich, gut versteckt."

Bertram versuchte, ruhig zu bleiben.

„Das sind Profis, die finden alles." Er schob ihr das Blatt wieder zu und sagt ungeduldig:

„Wenn man Dir diese Fotokopie mit der Hauspost geschickt hat, mußt Du doch erkennen, aus welcher Abteilung der Brief gekommen ist."

„Erstens kam nicht dieses Blatt sondern das Originalphoto, die Copie habe ich gemacht und zweitens kam das Photo in einem brandneuen Umschlag. Mein Büro war die erste darauf geschriebene Adresse. Vielleicht sind Fingerabdrücke drauf, aber das glaube ich nicht. Oder soll ich zur Polizei gehen mit der Bitte um eine entsprechende Untersuchung?"

„Nein, o.k. Was hast Du mit dem Photo gemacht?"

Ute zögerte einen Augenblick:

„Ich habe es an die Informationstafel geheftet unter *Zu besetzende Stellen*", sagte sie leicht grinsend.

„Du bist verrückt!"

„Natürlich habe ich das nicht gemacht!" Ute Glade fuhr fort: „wäre auch unlogisch, denn die Stelle von Berg ist ja durch Brocke wieder besetzt. Also, was tun wir?"

Bertram trank einen Schluck Kaffee, zögerte beim Hinstellen der Tasse und äußerte sich dann so, als wäre er in einer offiziellen Besprechungsrunde:

„Wir haben Dr. Berg's Schuh beim Einladen in das Auto vor Deinem Haus oder auf dem Flughafen verloren, nicht bei der endgültigen Beseitigung von ihm bei Deinem Bruder?"

„Wieso mein Bruder? Der hat damit nichts zu tun." Ute Glade brauste empört auf.

„Leise! Ja, ja, ist jetzt kein Thema, aber Du weißt genau, was ich meine." Bertram wollte Ute beruhigen. Ihm war seinerzeit aber völlig klar, wo und mit wem die Entsorgung Dr. Bergs stattgefunden hatte. „Weiter: Auf dem Flughafen lag nur der eine Schuh, den ich in Deine Tasche gesteckt habe. Also kann es nur dieser Mensch sein, der dort mit seinem Hund herumläuft und der mich schon in der Nähe meines Hauses verfolgt bzw. angesprochen hat. Er wohnt in Deiner Nähe in der Pieritzstraße. Er hat den Schuh sicher vor Deinem Haus gefunden. Er weiß außerdem vom Verschwinden Dr. Berg's. Er vermutet also etwas. Er bringt nun die ganze erledigte Angelegenheit wieder in Gang. Warum er das tut, weiß ich nicht, aber er bringt uns in Gefahr. Nun zu der Frage: Wie kommt die Fotografie in die Haus-Post des Werkes. Von ihm? Kaum anzunehmen. Das kann nur bedeuten, daß er dort einen Freund oder Mittelsmann hat, den er eingeweiht hat und der jetzt auch Bescheid weiß oder was vermutet. Und die beiden haben jetzt etwas vor. Vielleicht wollen sie nur Spaß haben. Vielleicht wollen Sie Dich, also uns, erpressen. Also, wer ist der Mittelsmann? Wie können wir das herausbekommen?"

„Den Mann mit dem Hund habe ich schon einige Male in meiner Gegend gesehen, aber der arbeitet nicht bei uns und hat auch früher nicht bei uns gearbeitet, jedenfalls nicht in den letzten vier Jahren. Das wüßte ich."

Bertram war in Gedanken versunken und ging nicht auf die letzte Aussage von Ute Glade ein. Dann blickte er sie an:

„Du machst Dich verdächtig, wenn Du auf die Sendung des Bildes nicht reagierst. Man könnte später sagen, Du hättest zur Polizei gehen müssen, denn Du könntest eventuell wissen, daß es das Bild eines Schuhs von Berg ist. Er hat ihn in Italien gekauft und Ihr habt nach seiner Rückkehr darüber gesprochen. Also, entweder gehst Du zu Beckmann oder Du pinnst das Bild einfach an eine Informationstafel mit einem Hinweis: *Fehlgeleitete Post.* Dann bist Du nicht verdächtig. Mach das so! Wir bleiben in Kontakt, aber kein Wort übers Telefon oder Handy. Du wirst bestimmt abgehört. Wenn etwas zu besprechen ist, fragst Du, wann ich mal wieder in K. bin, es hätten sich ein paar geschäftliche Fragen ergeben, die nur ich beantworten kann, oder so ähnlich."

„O,k. Was hältst Du davon, wenn ich auch in die DDR komme?" Sie sah ihn auffordernd an.

„Es heißt nicht mehr DDR. Und außerdem ist der ganze Laden mehr als marode. Ich hab's mir nicht so schlimm vorgestellt. Sei froh, daß Du hier eine gute Stellung hast. Wie geht's denn mit Brocke?"

„Er ist wesentlich netter, als Du ihn immer beschrieben hast."

„Na fein, dann bin ich ja beruhigt." Zum ersten Mal legte sich ein leichtes Grinsen auf Bertrams Gesichtszüge. Ute Glade nestelte an ihrer Tasche herum, um das Blatt mit dem Schuh wieder einzustecken.

„Und noch etwas", griff Bertram das Gespräch wieder auf, „Berg hatte doch auch einen Generalschlüssel." Hast Du ihn?"

Ute druckste herum. „Ja, aber ich möchte ihn gern behalten. Nein, du hast Recht. Zu verdächtig. Ich gebe ihn Brocke, der Schlüssel hat eben die Zeit bei mir in der Schublade gelegen. Ist nicht ganz logisch, aber immerhin."

Bertram erwiderte nichts darauf. „Also von Berg nichts? Ist das Thema, ich meine sein Verschwinden, damit wirklich erledigt?‹"

„Ja, doch! Wir dürfen nur keine Fehler machen. Damit meine ich jetzt das Photo. Ich denke, es ist besser, ich gehe damit zu Kommissar Beckmann. Nicht ans schwarze Brett damit. Ich werde ihm das Photo geben, ihm aber nicht sagen, daß ich weiß, daß das ein Schuh von Dr. Berg ist."

„Du kannst es nicht lassen. Ja, geh zu Beckmann. Vielleicht der beste Weg. Die werden natürlich Fingerabdrücke auf dem Umschlag suchen und sich dann die komplette Belegschaft vornehmen. Sprich Brocke an, er soll entscheiden. Hast Du den Umschlag noch?"

„Ja, sicher. Gut, so mache ich's."

Ute stand auf, „danke für den Kaffee. Ein Ratzeputz wäre auch nicht schlecht gewesen", und verließ das Kaffee. Bertram wartete ein paar Minuten bevor er sich unter die Fußgänger mischte und auf Nebenstraßen zu seinem Parkplatz ging. Ein knallroter Wagen hatte gerade hinter der Synagoge eingeparkt und drei junge Männer stiegen aus. Als Bertram seine Tür zuziehen wollte, glaubte er zu hören, daß einer von ihnen, der sich wohl sein Autokennzeichen angesehen hatte, sagte: *jetzt kommen die Ost-Juden auch schon hier her.*

Kapitel 20

Bertram war bemüht, sich seine Unruhe durch das von Ute Glade gezeigte Schuhphoto nicht anmerken zu lassen und doch fühlte seine Familie, daß nicht alles in Ordnung war. Das wurde jedoch auf seine neue Arbeitssituation zurückgeführt. Was er seiner Frau und seinen Kindern über den Zustand der Fabriken und die Situation der Mitarbeiter erzählte, irritierte auch sie. Bertram versuchte Marie-Louise durch den Hinweis auf den langjährigen Vertrag mit der Treuhand, der eine gewisse finanzielle Sicherheit garantierte, zu beruhigen. Dies war jedoch nicht das Problem, was ihn umtrieb. Immer wieder überlegt er, ob er seine Frau in das Geschehen um Dr. Berg einweihen sollte, aber sofort standen ihm auch die dann folgenden Auswirkungen vor Augen. Das Problem mußte folglich schnell gelöst werden und Bertram entschied sich für ein Ende mit Schrecken. Am Sonntagabend packte er seine Sachen für die kommende Woche in seine Reisetasche und legte sie in den Wagen. Er schloß die Garagentür, zog sich Gummihandschuhe an, die er aus der Küche mitgenommen hatte und holte die in eine Cellophantüte gewickelte Makarow, die unter dem Reserverad unter der Bodenplatte des Kofferraums lag, hervor. Er lud sie, wickelte einen Lappen um seine Hand mit der Pistole und zielte auf einen alten Autoreifen. Natürlich drückte er nicht ab. ›Es geht nicht anders, es muß sein. Du mischt Dich in Dinge ein, die Dich nichts angehen. Aber wer ist Dein Kollege?‹ Die nächsten Minuten wischte er die Waffe so ab, daß er sich sicher war, keinerlei Fingerabdrücke hinterlassen zu haben.

Abfahrt in den Harz am Montag früh um halb sechs. Die Straßen waren schneefrei und der Wetterbericht kündigte auch vorerst keinen neuen Schnee für den Tag an. Gegen acht Uhr betrat er Bauers Sekretariat und Frau Becker öffnet ihm die Tür zu dessen Büro. Der Schreibtisch war geräumt und sie erklärte ihm, daß ihr Chef am Wochenende in sein ehemaliges Büro umgezogen sei und daß auch für ihn ein anderes Büro zur Verfügung stünde. Dieser Raum sei für den Sprecher des Vorstands, Herrn Jakobus, wenn er hier sei und für Besprechungen des Vorstandes vorgesehen. Bertram war verblüfft über die prompte Reaktion des Werkleiters. ›Hat sich innerlich von seiner Funktion verabschiedet. Nicht einfach für ihn. Kommt mir bekannt vor.‹

„Gut, dann bringen Sie mich mal in mein neues Büro, Frau Becker."

Sie gingen einige Türen den Gang entlang und Frau Becker schloß eine Tür auf, neben der das Hinweisschild *Vorstand Vertrieb, Heinrich Bertram, Sekretariat Astrid Osterholz* angebracht war.

„Astrid Osterholz?"

„Ja, ein Vorschlag von Ernst, sie müssen das dann natürlich selber entscheiden, ob Sie mit Astrid arbeiten wollen. Sie arbeitet zur Zeit in der Personalabteilung. Sagen Sie mir, wann sie kommen soll."

„Und wer, bitte, ist Ernst?"

„Ja, Bauer! Ach so, das ist wohl bei Ihnen nicht üblich. Ich kenne das gar nicht anders, wir sprechen uns alle mit dem Vornahmen an. Bei einem Minister wird wohl Genosse gesagt. Ich habe selten einen gesprochen, nur wenn der Wende mal hier war, stellvertretender Minister für Elektrotechnik. Der nahm sich auch immer gerne ein paar Räucheraale mit, draußen von den Seen, wo wir das Ferienhaus für die Belegschaft haben. Der Honecker war auch schon mal da, aber der mochte keinen Aal, wie ich gehört habe. So, ich habe Ihnen eine Telefonliste auf den Schreibtisch gelegt. Wollen Sie jetzt zu Ernst, also Herrn Bauer, gehen?"

„Nein, lassen Sie mal, ich will erst meine Sachen auspacken. Danke Frau Becker. Und Ernst steht wohl auch in der Telefonliste?"

„Hat die Nummer 301."

Als Frau Becker das Büro verlassen hatte, schob Bertram seine Aktentasche auf den Schreibtisch und setzte sich.

›Großer Gott, was will ich heute machen!‹ Er starrte vor sich hin. Dann zog er seine Tasche zu sich rüber und packte seine Unterlagen aus, wählte 301, Frau Becker war am Apparat:

„Er ist gerade auf dem Weg zu Ihnen." Da öffnete Ernst auch schon die Tür, besann sich einen Augenblick, blieb stehen und klopfte an den Türrahmen.

„Guten Morgen. Gute Fahrt gehabt?"

„Kommen Sie rein."

Der Werkleiter setzte sich an den Tisch vor dem Schreibtisch und da ging die Tür nach einem Klopfen schon wieder auf und Frau Becker brachte ein Tablett mit Kanne und Tassen. Bauer räusperte sich:

„Herr Bertram, es gibt hier viel Unruhe im Haus. Ist ja klar, jeder will wissen, wie es weitergeht. Die Aufträge fehlen. Wir haben große Gruppen in Kurzarbeit geschickt. Wieder neue Vorstände. Ich würde vorschlagen, daß wir kurzfristig hier eine Betriebsversammlung durchführen."

„Ist sicher richtig, aber das sollte Jakobus dann machen, er ist der Sprecher. Ich kann dann ein paar Takte über die Vertriebssituation sagen. Ich rufe ihn an, er ist in Dresden und Heinze wohl auch."

Er erreichte Jakobus und es wurde für den kommenden Donnerstag eine Betriebsversammlung festgelegt. Alle drei Vorstandsmitglieder würden anwesend sein.

Im Laufe des Tages fielen ein paar Schneeflocken. Bertram verließ daß Werk am Abend, gegen halb sechs Uhr. In der Verwaltung arbeitete niemand mehr. Um keine doppelten Spuren zu hinterlassen, parkte er sein Auto auf der Straße vor dem Wohnheim. In seinem Zimmer war seit dem letzten Freitag nichts verändert worden. Er ließ die Deckenleuchte an als er das Haus verließ. Nur in einem der zwei kleinen Häuser auf der anderen Straßenseite, eine gute Strecke entfernt von der Toreinfahrt, schien Licht hinter einem Vorhang zu brennen. Bertram hatte gut zweieinhalb Stunden, um an sein Ziel zu kommen. Eine leichte Schneedecke auf den Straßen. Nach einer Dreiviertelstunde war die Autobahn erreicht. Sie war schneefrei. Er fuhr nur so schnell, wie es erlaubt war, um auf keinen Fall geblitzt zu werden. Kurz vor halb zehn Uhr fuhr er auf einen leeren Parkplatz, kratzte am Waldrand etwas Schnee zusammen und warf ihn sowohl vorn wie auch hinten gegen die Autokennzeichen, so daß sie nicht mehr eindeutig zu erkennen waren. Auf die rechte Hand zog er einen Küchenhandschuh. Nach weiteren zehn Minuten parkte er den Wagen fünf Gehminuten von Ute Glades Haus entfernt in einer kleinen Straße ohne Beleuchtung. Einige Schneeflocken fielen auf die Frontscheibe und zerschmolzen sofort. Noch hatte er etwas Zeit. *Ich gehe immer nach der Tagesschau mit Otto um die Häuser spazieren. Die guten Filme kommen ja erst spät am Abend.* Die Aussagen des Hundehalters kreisten in Bertrams Kopf. Und dann wieder ›Bin ich wahnsinnig, was ich hier tun will? Ich denke doch noch klar. Habe ich mich so sehr verändert? Kommt hier mein wahres Ich zum Vorschein? Quatsch! Ich muß das Thema jetzt endgültig erledigen, sonst kommen wir nie zur Ruhe. Warum hat sich der Kerl eingemischt.‹ Er stieg aus und entfernte sich sofort von seinem Wagen. Eine Pudelmütze über den Kopf und weit in die Stirn gezogen ging er mit schnellen Schritten Richtung Pieritzstraße. ›Wenn ich den Rundgang um diese Häuserreihen mache, muß ich ihm begegnen. Vielleicht laufe ich aber falsch herum? Egal, erst einmal weiter.‹ Er verlangsamte seine Schritte in den Abschnitten zwischen den Straßenleuchten und ging schneller, je mehr er in deren Lichtkegel kam. Wie eine Maschine, die auf abwechselnde Geschwindigkeiten programmiert war, ging er die erste Runde. In der rechten Manteltasche seine Hand um die Makarow geklammert, die in einer Cellofantüte steckte. Kein Mensch begegnete ihm. Wo blieb der Mann, der ihm und Ute das Leben ruinieren wollte. Nicht zu sehen. Er drehte sich um und ging den Weg entgegengesetzt. Und nach wenigen Minuten nähert sich ihm, unter einer der Straßenleuchten gut erkennbar, eine Gestalt, vor der ein Hund an den Gartenzäunen und Hecken entlang lief. Beide kamen langsam im dunkleren Bereich aufeinander zu und plötzlich stand Bertram vor dem Hund und hatte wieder den Eindruck, daß dieser ihn angrinste. Er war so verblüfft, daß er stehen blieb und sich fragte, ob der ihn wiedererkannt hatte. Dann stand der Mann vor ihm, wollte etwas sagen, als Bertram ihn aus seiner Erstarrung aufgeschreckt anfuhr:

„Sie haben einen Schuh gefunden. Wo ist er?"

Lükermann war völlig verdattert und im plötzlichen Bewußtsein, daß der vermeintliche Mörder von Dr. Berg vor ihm stand, stammelte er:

„Habe ich nicht mehr, hat Weisshäupl und ich weiß nicht, was er ..."

Er sprach nicht weiter, denn ruckartig hatte Bertram das Gesicht abgewendet und war auf die andere Straßenseite gelaufen und er konnte ihn nicht mehr sehen und hören.

Bertram faßte an einen Zaun, stützte sich ab mit dem Gefühl, sich übergeben zu müssen.

›Was war das? Wieso habe ich es nicht gemacht? Kein Mensch ist mir begegnet, keiner hat mich gesehen. Ich hab's nicht geschafft. Deswegen bin aber hier. Nicht gemacht! Was ist mit mir los?‹ Er stieß sich vom Zaun ab, drehte sich um, lief zunächst hinter seinem Opfer her, wandte sich wieder um und stolperte mehr als er ging den entgegengesetzten Weg. Nach ein paar Minuten sah er das Gespann schnell auf sich zukommen. Der Hund war jetzt angeleint. Und als er kurz vor den beiden stand, Lükermann hat schon leicht einen Rückwärtsschritt vollzogen, zog er die russische Pistole und schoß seinem Feind in die Brust. Der brach schlagartig zusammen und rutschte halb in eine Hecke, von der ihm Schnee auf Kopf und Brust fiel. Der Hund wurde, da Lükermann mit dem Rücken auf die Leine fiel, dicht an sein Herrchen gezerrt, war aber absolut still. Das Grinsen aus seinem Gesicht war verschwunden. Bertram hastete auf die andere Straßenseite, den Kopf gesenkt, die Pistole noch verkrampft in der Hand. Hatte es einen Knall gegeben? Er konnte sich an nichts erinnern. ›Verdammt, wo steht mein Auto? Muß ich mich nicht sofort von der Pistole trennen? Nein! Man wird hier alles absuchen.‹ Er hastete in eine ihm unbekannte Straße, kehrte um, lief in die nächste Nebenstraße, sah einen Wagen, konnte das Nummernschild nicht sofort erkennen. Sein Auto. Er stocherte den Schlüssel ins Schloß, riß die Tür auf. Der Wagen sprang an und er zwang sich, langsam in Richtung Autobahn zu fahren. Auf einem Parkplatz kratzte er mit einem Stock den angebappten Schnee ab, um von keinem Polizeiwagen angehalten zu werden. Als er über die Weserbrücke fuhr, konnte er nicht halten, um die die Pistole ins Wasser zu werfen, da zu viele Autos hinter ihm fuhren. Das Gleiche später auf der Allerbrücke. Die Fahrt kam ihm immer länger vor. Er mußte in sein Wohnheim! Runter von der Autobahn. Dann die ehemalige Grenze zur DDR, ein kleiner See neben der Straße. ›Nein, hier könnte man auf die Idee kommen, zu suchen. Weiter!‹ Nach einer halben Stunde fuhr er um W. herum, nach weiteren zehn Minuten eine Kiesgrube. Er nahm die Pistole aus der Plastiktüte und warf sie ins Wasser. Er fuhr den Wagen auf den Hof seiner Unterkunft in die Nähe des Eingangs, knipste im Treppenhaus kein Licht an, öffnete in seinem Zimmer das Fenster, blickte einen Augenblick in den fallenden Schnee und legte sich aufs Bett. Nach kurzer Zeit schreckte er hoch. ›Habe ich geträumt? Verdammt, ich habe verschlafen!‹ Dann sah er seinen Mantel über dem Stuhl liegen und aus einer Tasche war ein Teil der Plastiktüte zu sehen. Als er sie herauszog war sie leer. ›Kein Traum! Ich habe es getan!‹ Und er hoffte, daß dieser Herr Weisshäupl gewarnt war und in alle Ewigkeit seinen Mund hielt. ›Wohin mit der Plastiktüte?‹ Er holt aus seinem Reisekoffer ein paar Äpfel und legte sie damit auf den Tisch.

Das Klingeln seines Handys weckte ihn auf. Es war fast zwei Stunden nach Mitternacht. Marie-Louise am Telefon.

„Ist was passiert?" Bertram hielt den Atem an.

„Die Polizei hat eben nach Dir gefragt. Eben, jetzt in der Nacht."

„Wieso Polizei? Was wollten die?"

„Sie wollten Dich sprechen und sagten dann etwas, was wohl Deinen Kollegen Dr. Berg betrifft."

„Louise, ich verstehe kein Wort, warum hat die Polizei Dich angerufen?" Bertram war hellwach und überlegte jedes Wort.

„Die waren hier, haben nicht angerufen. Was ist denn los? Wollten auch Dein Auto sehen."

„Keine Ahnung? Hast Du nicht gefragt? Ist Dr. Berg wieder aufgetaucht oder hat man ihn gefunden? Warum wollten die mein Auto sehen?"

„Ich weiß es nicht. Haben sich in der Garage umgesehen. Ist etwas passiert?"

„Beruhige Dich, mit mir ist alles o.k. Ich werde da morgen früh anrufen, warum sie mitten in der Nacht mein Auto sehen wollen. Das steht hier unten auf dem Hof. Es ist nichts. Oder, vielleicht hat man etwas von Berg gefunden und jetzt müssen Sie bei seinen Kollegen nachforschen, ob die etwas damit zu tun haben. Ich habe ja von Berg's Sekretärin schon gehört, daß man Ihnen die Fingerabdrücke abgenommen hat, also alles Routine, beruhige Dich."

„Sie haben nach Deiner Adresse gefragt. Ich wußte nur Vietnamesen-Wohnheim in W. Vielleicht kommen Sie morgen zu Dir. Sag mir bitte, falls etwas nicht in Ordnung ist." Marie-Louises Ton hörte sich flehentlich an.

„Es ist alles o.k. Ich komme am Freitag etwas früher. Geh wieder schlafen. Ich hab Dich lieb."

Bertram legte auf. ›Sie haben ihn spät gefunden. Sie haben mich in Verdacht. Vielleicht sind Sie gleich hier.‹ Er schaute vorsichtig aus dem Fenster. Es fiel dichter Schnee – wie ein Vorhang – ›Gott sei Dank!‹

In der Nacht schreckte er auf. Seine Stirn war mit kaltem Schweiz bedeckt und seine Zähne klapperten. Er mußte sich zwingen, aus dem Bett zu steigen und das Fenster zu schließen. Es schneite immer noch. Dann hörte er Geräusche und sah Lichtstrahlen über den Hof huschen. ›Die konzentrieren sich auf mein Auto. Der Wagen steht dort seit drei Stunden. Er muß völlig kalt sein. Und ich habe vorhin noch keine Spuren im Schnee hinterlassen. Kommen Sie jetzt rauf.?‹ Hallo-Rufe. ›Die wollen mit mir sprechen. Nicht so schnell reagieren.‹

Er wartete eine halbe Minute, dann machte er das Licht an und ging zum Fenster. Ohne es aufzumachen, schaute er zunächst durch die Scheibe in den Schnee. Dann zog er das Fenster auf und wurde von zwei Taschenleuchten angestrahlt.

„Herr Bertram?"

„Ja?"

„Wir müssen mit Ihnen sprechen, öffnen Sie die Eingangstür."

„Ja, warum? O.k. Ich komme runter."

›Die müssen über den Zaun gestiegen sein oder haben die hier Schlüssel für alle Türen?‹ Bertram zog Hose und Schuhe an und einen Pullover über. Dann ging er die Treppen hinunter und öffnete die Eingangstür. Zwei Polizisten standen auf den Stufen, zeigten unnötigerweise ihren Ausweis und baten ihn, sein Auto aufzuschließen.

„Hat das etwas mit dem Besuch der Polizei bei meiner Frau vor einer Stunde in K. zu tun? Meine Frau hat mich eben angerufen."

Die Polizisten gaben ihm darauf keine Antwort sondern fragten, seit wann der Wagen hier stünde.

„Seit gestern."

„Seit wann genau?"

„Ich bin wohl so um sechs gestern Abend hier gewesen. Fühlte eine aufkommende Grippe und habe mich früh ins Bett gelegt. Können wir bitte reingehen. Mir ist kalt und ich habe etwas Schüttelfrost."

Die beiden gaben wieder keine Antwort, suchten etwas im Kofferraum, kratzen an den Reifen herum, fotografierten das Nummernschild und den ganzen Wagen – mit dem Schneedach.

Bertram ging auf die Eingangstür zu, sagt den beiden, daß er den Wagen offen ließe und wenn sie noch etwas von ihm wollten, bitte vierter Stock. Er wolle nicht krank werden. Er ging die Treppe hinauf und einer der Polizisten folgte ihm in sein Zimmer. Höflich fragt der ihn, ob er seinen Koffer durchsuchen dürfe und Bertram erwiderte, obwohl er die Antwort wußte, nach was er suche.

„Nein, ich habe keine Waffe, noch nie eine gehabt und auch nicht vor, mir eine zuzulegen."

Der junge Beamte tastete seinen über den Stuhl gelegten Mantel ab, schlug das Bett auf und drehte die Matraze um. Natürlich fand er nichts. Bertram schwieg.

Am nächsten Morgen rief er auf der Polizeistation in W. an. Es sei Kollegenhilfe für eine Untersuchung in K., wurde ihm gesagt. In K. teilte man ihm bei seinem Anruf mit, daß jemand erschossen worden sei und bat ihn, in den nächsten Tagen auf der Polizeiwache bei Kommissar Beckmann vorzusprechen.

›Man nimmt mich hier nicht mit und bestellt mich auch nicht sofort ein. Die haben nichts. Ute kein Wort von der Fahrt sagen. Habe ich einen Fehler gemacht? Vielleicht hat mich jemand gesehen.‹ Dann sagte er sich, daß Lükermann vielleicht nicht tot sein könnte, nur verletzt war und am nächsten Tag den Polizisten nicht nur eine Personenbeschreibung sondern auch seinen Namen geben könnte. ›Wo habe ich ihn getroffen? Kann der Hund mich identifizieren?‹

Bertram stand noch einmal auf, öffnete das Fenster und schaute in den Hof hinunter. Von der Polizei war nichts mehr zu sehen. Sein Wagen war nicht mit einem Sperrband abgegrenzt. Nichts, was darauf schließen ließ, daß Kommissar Beckmann sagen konnte *jetzt habe ich ihn.*

Kapitel 21

Die Zentrale der KSB in Frankenthal lag am Rande der Stadt. Bertram hielt an einem Taxistand und erkundigte sich nach dem Weg. Nach der Auskunft mußte er vor einigen Minuten schon durch einen Teil dieser Straße gekommen sein, hatte aber das Gebäude wohl übersehen. Als er sich für die Auskunft bedankte und wieder einsteigen wollte, zeigte der Taxifahrer auf das Kennzeichen seines Wagens:
„DD, was ist das?"
„Dresden", erwiderte Bertram, schaute ihn fragend an, sagte dann aber nichts mehr und wollte einsteigen.
„Das ist in der DDR, oder ehemaligen, das ist Sachsen", bestätigte der nun mit sich über sein Wissen zufriedene Wessi.
„Stimmt."
Der Taxifahrer zögerte einen Augenblick und ergänzt dann: „Sie sprechen aber ein gutes Deutsch."
Das hatte so noch niemand zu ihm gesagt, aber ihm war sofort klar, daß er ja aus einem für diesen Baden-Württemberger fernen Land kam, dem Land Ulbrichts und dessen unverwechselbarem Sächsisch.
„Wir bemühen uns." Er nickte dem Mann noch einmal zu und stieg in seinen Wagen. Er fragte sich, wie das Gespräch wohl gelaufen wäre, wenn er mit einem Trabi gekommen wäre. Das Ziel war nun schnell gefunden, anscheinend hatte er in den letzten Minuten gedöst. Nun sein erstes Kundengespräch für eine andere Firma, für eine Firma aus der ehemaligen DDR. Er war immer mit stolzem Bewußtsein zu Kunden oder potentiellen Abnehmern gefahren, wenn er die EGA ver-

trat, einen Weltkonzern und die Motoren hatten einen sehr guten Ruf. Jetzt DDR-Motoren. Mit nicht ganz so großem Selbstvertrauen stieg er aus dem Audi. Nach alter Vertriebsregel hatte er seinen Wagen rückwärts eingeparkt – um den *Fluchtweg* frei zu haben. Eine junge Frau an der Rezeption war intensiv mit dem Einräumen von Werbebroschüren in ein Regal beschäftigt, wendete sich ihm aber gleich zu, begrüßte ihn freundlich und fragte nach seinen Wünschen. ›Was mache ich, damit sie mich als Lieferanten für zukünftige Besuche sofort richtig einordnen kann?‹

„Guten Tag, mein Name ist Bertram von der Firma EMD. Ich habe einen Termin mit Herrn Grause."

„Herr Grause? Weiß ich gar nicht. Wo soll Herr Grause denn arbeiten?"

„Ich denke, das ist Ihr oberster Einkaufschef."

„Ach, sie meinen Herrn Krause?"

„Ja, natürlich. Was haben Sie verstanden?"

„Ich hatte Grause verstanden. Entschuldigung. Ich melde Sie an."

„Ich muß mich entschuldigen. Wir Sachsen haben unsere Schwierigkeiten mit dem K, hört sich oft wie ein G an."

„Sie gommen aus Sachsen?" erwiderte die KSB-Empfangsdame lachend.

„Da haben Sie ja schon eine lange Fahrt hinter sich. Meine Oma stammt aus Leipzig. Also, versuchen wir mal Herrn Grause", und sie grinste dabei.

Irgend jemand sprach auf der anderen Seite der Leitung und Frau Späßig, Bertram hat inzwischen ihr Namensschild auf dem Tresen entdeckt, wandte sich ihm zu: „Tut mir leid, Herr Grause ist in einer Besprechung und das wird noch etwas dauern. Herr Glein, sein Assistent, wird Sie gleich abholen."

Bertram bedankte sich und schaute an einem Ständer die Firmen-Kataloge an, hob zwei mit Blick auf Frau Späßig hoch und sie nickte ihm zu, schon wieder am Telefon. Nach wenigen Minuten kam ein junger Mann, ca. 30 – 35 Jahre alt, die Treppe herunter und stellt sich vor:

„Klein, guten Tag Herr Bertram, kommen Sie jetzt aus Dresden?"

Bertram mußte sich zusammen nehmen, um ihn nicht mit Glein anzusprechen.

„Das wäre wohl etwas zu weit, nein, ich habe hier in der Gegend übernachtet."

Er folgte dem Assistenten in die erste Etage. Klein entschuldigte seinen Chef, der zur Geschäftsleitung gerufen wurde, aber in Kürze zu dem Gespräch dazu kommen würde. Er führte Bertram in ein Besprechungszimmer und bat ihn, Platz zu nehmen.

„Möchten Sie einen Kaffee? Meine Sekretärin hat sich heute leider krank gemeldet, aber wir haben einen Kaffee-Automaten. Kaffee, ja? Milch, Zucker?" Dann eröffnete Klein das Gespräch:

„Vielleicht einige Sätze zu unserer Firma. KSB ist einer der größten Pumpen-Hersteller weltweit, besonders bei den großen ..."

Bertram hob die Hände und unterbrach ihn:

„Herr Klein, nichts für ungut, aber mir ist KSB ist sehr gut bekannt und ich weiß das alles. Vielleicht habe ich nachher einige Fragen zu speziellen Produkten, wo wir mit unseren Motoren bei Ihnen tätig werden können. Ich bin hierhergekommen, um über einen Reklamationsfall zwischen unseren Häusern zu sprechen. Das ist bei meiner Anmeldung vor ein paar Tagen Herrn Krause mitgeteilt worden. Alles andere können wir danach gern besprechen. Sind Sie über dieses Thema informiert?"

In diesem Augenblick ging die Tür auf und ein Herr um die sechzig Jahre trat ein, warf einen kleinen Schreibblock auf den Tisch, reichte Bertram die Hand mit einem kurzen *Krause* und setzte sich ihm gegenüber. Er blickte zu seinem Assistenten:

„Nun Klein, wie weit sind Sie?"

Bertram hatte schon zu seinen alten EGA-Zeiten einiges

über den obersten Einkäufer von KSB gehört; er wußte, daß ihn viele Vertriebsleute der Lieferanten zum Teufel wünschten. Klein richtete sich etwas auf und hob an, wurde aber von Krause sofort unterbrochen, der sich an Bertram wandte:

„Vielleicht wollen Sie sich noch einmal kurz vorstellen, ich konnte nicht von Anfang an dabei sein, die Herren brauchten einige Aufklärung." Er sah Bertram an; Klein sackte in sich zusammen.

Bertram zögerte einen Augenblick und überlegte, wie er diesem Herrn beikommen konnte.

„Herr Krause, im Auftrag des von der deutschen Bundesregierung eingesetzten Treuhand-Unternehmens, des z. Zt. größten Unternehmens der Welt, sind zwei Kollegen und ich eingesetzt worden, das größte elektrotechnische Motoren-Unternehmen der ehemaligen DDR, die EMD, in ein tragfähiges Fahrwasser zu bringen. Das ist nicht einfach, wie Sie sich sicher vorstellen können, denn ein großer Absatzmarkt, die Sowjetunion, ist zusammengebrochen. Die Absatzmärkte im Westen laufen auf etwa gleichem Niveau weiter wie bisher, aber da gibt es, wie Sie ja wissen, einen offenen Problemfall zwischen dem Großmaschinenwerk in Dresden und Ihrem Haus. Das zu meiner Vorstellung und dem Grund meines Besuchs. Es ist übrigens mein erster Kundenbesuch für die EMD, ich gehöre dem Unternehmen erst für eine kurze Zeit an und bin als Vorstand für den Vertrieb zuständig."

Bertram reichte Krause eine provisorische Visitenkarte über den Tisch.

„Darf ich fragen, wo Sie früher tätig waren?"

„Ich war Bereichsleiter bei der EGA für Spezialmotoren und einige Jahre auch für Industriemotoren, bis wir diese mit dem Anlagenbereich zusammengelegt haben."

„Ach so, dann waren Sie früher ein Konkurrent von uns auf dem Gebiet der Heizungsumwälzpumpen. Haben uns die Preise kaputt gemacht."

Bertram hatte geahnt, daß dieses Thema auf den Tisch kam. „Na ja, Herr Krause, so schlimm war es wohl nicht. Wir hatten mit unserer geringen Produktion nie eine Chance an Ihr Preisniveau heranzukommen. Da gab es ein paar Kunden aus früheren Zeiten, die wir beliefert haben. Und das haben wir schon getan, bevor Ihre Firma überhaupt auf diesem Gebiet tätig wurde. Ich denke, Sie haben uns auf diesem Sektor kaum im Markt bemerkt."

Das stimmte zwar nicht, aber Bertram hoffte, daß Krause über die geschichtliche Entwicklung dieses Produkts nicht so genau informiert war.

Krause setzte wieder an:

„Und warum sind Sie jetzt hier?"

Bertram zwang sich, zunächst fünf Sekunden ruhig zu bleiben.

„Wie gesagt, ich arbeite mich erst seit ein paar Tagen in die Problemfälle ein. Und dabei nimmt das Thema Pumpenmotoren für ihr Haus einen großen Umfang ein. In Dresden liegen 42 Maschinen, die für Ihr Haus gebaut wurden und die Sie nun nicht mehr abnehmen wollen. Und macht einen Betrag von 1,7 Millionen Mark aus, welcher letztlich der Treuhand gehört."

„Da haben Sie sich wohl noch nicht richtig eingearbeitet oder man hat sie falsch informiert. Ich will es mal kurz machen: Es gibt keinen Liefervertrag zwischen Ihrer Firma und dem Haus KSB und damit gibt es keine Abnahmeverpflichtung. So einfach ist die Sache."

Bertram wußte, daß Krause recht hatte. Aber so leicht konnte er nicht aufgeben.

„Es gibt Schreiben und Notizen über Gespräche, auch mit Ihnen, in welchen festgehalten ist, daß mit der Lieferung von entsprechenden Maschinen zu rechnen ist, wenn der Mustermotor technisch o.k. ist. Und er ist o.k., das hat Ihre Technik," Bertram hob ein Blatt Papier leicht an, „ein Dr. Härtel, mit Schreiben vom 13. August 1990 bestätigt."

„Ja, ja, die Techniker, die schreiben so einiges. Sollten sich auf ihre Schrauben konzentrieren und das Sprechen dem Einkauf überlassen. Nun hören Sie mal zu: Es sind technische

Gespräche geführt worden und man hat sich auf die Herstellung eines Prototyps geeinigt, mit dem Hinweis, daß, wenn das Geschäft unseres Hauses mit der Unesco, die ein Projekt für den Brunnenbau in Simbabwe finanzieren will, zustande kommt, die Möglichkeit für ihr Werk in Dresden besteht, nach der technischen Freigabe rd. 40 Maschinen zu liefern. Das Projekt ist bei der Unesco zurückgestellt worden. Es sieht nicht gut aus. Das ist der Stand und mehr gibt es nicht, schon gar nicht einen Liefervertrag." Krause lehnte sich zurück, klappte seinen Block zu und vermittelte den Eindruck, daß das Gespräch somit für ihn beendet war. Dann begann er noch einmal:

„Sie sollten Ihren Leuten aus der DDR mal beibringen, daß ein Vertrag erst zustande gekommen ist, wenn erstens die Technik klar ist, zweitens der Preis und die Stückzahl und drittens die Lieferzeit. Und dann erst, wenn beide Seiten unterschrieben haben nennt man das einen Liefervertrag."

In Bertram kochte die Wut hoch – auf Krause und die Dämlichkeit seiner Dresdner Leute. Er durfte jedoch kein Aufgeben erkennen lassen.

„Ja,ja, dieses Vertrags-Dreibein kenne ich auch schon seit der Zeit, als ich vor fünfundzwanzig Jahren im Vertrieb anfing. Gut, es mag keinen schriftlichen Vertrag geben, die Kameraden haben sich eben in alter Gewohnheit auf das Wort unter Vertragspartnern verlassen und nun liegen in Dresden 42 völlig einwandfreie Maschinen am Lager. Und in unseren Berichten an die Treuhand soll doch sicher nicht angeführt werden, daß kurz nach der Wende die Firma KSB die Naivität der in den kapitalistischen Wettbewerb gezwungenen Ossis ausgenutzt hat. Rechtlich haben Sie sicher recht, Herr Krause, aber was können wir jetzt machen?"

„Nichts! Und machen Sie mal halblang. Das sind speziell angefertigte Maschinen. Die sind nicht x-beliebig einzusetzen. Müßten auf jeden Fall für einen ähnliches Projekt umgebaut werden. Gehen Sie doch mal zu einem der großen technischen Händler, die brauchen manchmal sehr schnell solche Maschinen und passen sie technisch an. Dieser Ratschlag ist kostenlos für Sie. Wir jedenfalls können die Motoren nicht verwenden."

„Gut, sehe ich ein. Können wir über ein Kompensationsgeschäft sprechen?"

„Was heißt Kompensationsgeschäft?"

„Sie brauchen große Mengen an Motoren für Ihre Pumpen und davon können wir sicher eine ganze Menge bauen. Ich meine, daß durch neue Geschäfte unser Schaden – ich akzeptiere, viel Naivität und eigene Schuld – wenigstens zum Teil ausgeglichen werden kann."

Nach zwei Stunden weiterer zum Teil heftiger Diskussion – was konnte Bertram hier verlieren – wurden ihm technische Unterlagen übergeben, die bei einem Erfolg der Zusammenarbeit innerhalb von zwei bis drei Jahren zu einer Teil-Kompensation der entstandenen Kosten führen konnten. Und Krause gab Bertram noch mit auf den Weg:

„Und wenn es dann die EMD nicht mehr gibt, werde ich mich wegen der bei uns entstandenen Kosten an Sie oder besser wohl an die Treuhand wenden."

„Sie bekommen dazu keine Chance! Und sicher wollen doch auch Sie einen Beitrag zu den blühenden Landschaften leisten. Auf Wiedersehen Herr Grause."

Kapitel 22

Frau Becker hatte Kaffee auf den Tisch gestellt und Gerhard Tee serviert. Erste Sitzung des neuen Vorstands der EMD AG in W. und die erste Frage Heinzes an Bertram galt *König Otto,* dem Trainer von Werder Bremen, Otto Rehhagel. Heinze war schon seit Jahren ein Fan der westdeutschen Fußball-Bundesliga und besonders dieses norddeutschen Vereins, hatte aber bisher Spiele nur im Fernsehen gesehen. Da Bertram in der Nähe von Bremen wohnte, sollte er seiner Meinung nach ein Kenner und Fan des Vereins sein und er konnte nicht verstehen, daß Bertram ihn nur fragte, was denn mit Otto sein solle.

Zwei Stunden bis zur Betriebsversammlung. Noch war es ruhig auf dem Werkshof. In einer Stunde würden die ersten der in Kurzarbeit geschickten Mitarbeiter und die Kollegen aus der Nachmittagsschicht eintreffen.

„Wie viele werden da sein?" Jakobus blickte Heinze mit angespannter Miene an. Der zuckte mit den Schultern:

„In der Kantine finden ungefähr achthundert Kollegen Platz. So viele Stühle sind auch da. Zwei- bis dreihundert können noch stehen. Damit sollten wir rechnen. Fünfhundert arbeiten zur Zeit in der Frühschicht. Vor einem Jahr noch rund vierzehnhundert."

Bertram schlug vor, zur Abstimmung über den Ablauf der Versammlung auch Bauer mit in die Besprechung zu holen; Jakobus bat jedoch, noch ein paar Minuten zu warten, er wollte kurz von seinem letzten Besuch bei der Treuhand berichten. Er schrieb einige Wörter auf ein Blatt Papier und reichte es herum. *Ich bin nicht sicher, ob wir hier abgehört werden.* Jakobus und Bertram schauten Heinze an. Der zögerte ein paar Sekunden, blickte nach oben an die Decke und sagte: „Kann sein." Jakobus fragte: „Wer?" Heinze zuckte mit den Schultern. Jakobus faltet das Blatt und legte es zu seinen Unterlagen. Dann berichtete er von seinem gestrigen Besuch in Berlin:

„Gabriel, zu dem werde ich gleich noch etwas sagen, war nicht in Berlin, aber wir brauchten dringend Geld für die Löhne und Gehälter für alle Werke und Betriebsstätten. Das Gespräch in Berlin war also nicht zu verschieben. Unser Dresdner Kaufmann, Dr. Buschmann, der die ganze Abwicklung schon unter meinem Vorgänger gemacht hat, war dabei. Also, Alexanderplatz, Treuhand. Wir standen einer jungen Frau und einem älteren Herren gegenüber. Ja, standen, es gab kein freies Besprechungszimmer und wir standen auch nicht allein auf dem Flur, da diskutierten noch andere Gruppen. Die Dame war, wie sie sagte, seit kurzem für unseren Bereich zuständig. Mein Vorgänger hatte mir einen anderen Namen mitgegeben und Dr. Buschmann stakste nach kurzer Zeit schon unruhig hin und her. Ich habe der Dame also die Situation erklärt. Wir hatten alles nach letztem Stand vorbereitet und dann hat sie uns nach zwanzig Minuten gefragt, was wir eigentlich produzieren. Da hatte ich keine Lust mehr und wollte nur noch weggehen. Ich weiß nicht, wie der ganze Apparat da abläuft, aber die beiden hatten keine Ahnung. Sie bat dann darum, daß wir am Nachmittag noch einmal kommen sollten, sie möchte sich doch erst von ihrem Vorgänger genau informieren lassen, unser Besuch käme für sie etwas überraschend. O.k. Ich hatte uns erst vier Tagen vorher angemeldet. Mensch, Herr Bertram, Sie haben ja ein tolles Büro in Berlin. Da sind wir dann über Mittag hingefahren. Nachmittags ging's weiter und der Vorgänger von Frau Leseberg, jetzt fällt mir der schöne Name wieder ein, ein Herr Droste, war dabei und auch gut informiert. Es ging um 80 Millionen, die wir dringend für die nächsten sechs Wochen brauchten. Gott sei Dank benötigt unser Kollege Heinze ja zur Zeit nicht so viel Material für die Produktion."

Heinze verzog sein Gesicht.

„Gut, das Ergebnis: Wir bekommen das Geld in der nächsten Woche. Es ist verbunden mit der Auflage, ich will es kurz und drastisch sagen", und er blickte dabei an die Decke, nahm dann wieder sein Blatt Papier und schrieb eine Zahl darauf, „weitere Mitarbeiter freizustellen, wenn wir sie nicht voll beschäftigen können." Das Blatt wurde von Jakobus weitergeschoben und die mit Kugelschreiber hingeworfenen Ziffern *zwischen 5 und 7 Tausend* waren für den ersten Augenblick nur Zahlen. Der Inhalt und die Auswirkungen konnten von den drei Männern nicht so schnell erfaßt werden. Schweigen. Niemand sagte etwas. Als erster nahm Heinze das Wort.

„Wir haben eine Aufstellung der Werke und Betriebsstätten mit der Zahl der Beschäftigten und der Auslastung für die nächsten drei Monate auf dem letzten Stand. Ich lasse mal Copien machen." Er stand auf und ging mit seinen Blättern ins Sekretariat. „Bleiben Sie mit am Copierer", rief Jakobus ihm nach.

„Was geschieht mit den Leuten?" Bertram sah Jakobus an, und wies darauf hin, daß er erst ein paar Tage dabei sei und überwiegend nur Zeitungswissen habe.

„Ich bin auch dabei, mich zu informieren. Dr. Buschmann ist da gut drin. Also, es gibt die Beschäftigungsgesellschaften, welche die Leute für eine Weile übernehmen, Umschulungen wenn nötig durchführen und versuchen, die Menschen irgendwo unterzubringen. Die Überbrückung zahlt der Staat. Ja, für die blühenden Landschaften muß noch viel Unkraut ausgerupft werden."

Bertram stand auf und ging an ein Fenster. Ein paar Männer standen vor dem Tor zur großen Maschinenhalle und diskutierten anscheinend miteinander. ›Das ist jetzt also Unkraut. Ihr da unten, Ihr seid Unkraut! Und gleich stehen wir vor einem großen Unkrautfeld. Großer Gott, die schlagen uns tot, wenn wir das erzählen. Vielleicht mit Recht. Es werden ja nicht die Verursacher dieser Scheiße zur Verantwortung gezogen, sondern die Überbringer der schlechten Nachrichten.‹ Er setzte sich wieder an den Tisch und sagte:

„Wir müssen schnellstens daran gehen, einzelne Betriebsstätten zu verkaufen. Dann können wir vielleicht einen, wenn auch kleinen, Teil der Leute bei anderen Firmen unterbringen. Die Treuhand wird ja nicht ewig bestehen bleiben. Das Problem ist nur, wer will solche unterausgelasteten Fabriken haben? Wohl niemand, bevor wir sie nicht in die schwarzen Zahlen gebracht haben oder zumindest in die Nähe. Und das heißt doch," er zögerte einen Augenblick, „also, wenn wir auf Grund der absehbaren Auftragslage höchsten 30 % der Leute beschäftigen können, daß von den rund zweieinhalb Tausend, die jetzt hier noch im Werk sind," er zögert, mag die Zahl der Freizusetzenden nicht aussprechen, „nur sieben- bis achthundert der Mitarbeiter weiter beschäftigen können. Und ich fürchte, denn ich habe mir die Zahlen dieses Werkes genau angesehen, auch mit Bauer und Niebuhr durchgesprochen, daß das immer noch zu viele sind. Und Voraussetzung ist, daß das Ganze von der Treuhand überhaupt so lange finanziert wird, bis wir uns annähernd an ein ausgeglichenes Ergebnis hinarbeiten können und das geht nicht von Heute auf Morgen. Das wird Jahre dauern. Wir bräuchten Jemanden, eine West-Firma, die Ihren Gewinn und somit Steuern auf ihren Gewinn durch unseren riesigen Verlustvortrag drastisch senken könnte." Bertram dachte kurz an seine alte Firma, aber leider war der Gewinn dort nicht so hoch, daß es sich lohnen würde.

„Wenn Sie das alles in der Betriebsversammlung sagen wollen, bleibe ich lieber hier", bemerkte Jakobus ohne die geringste Ironie. „Wir Wessies müssen uns darüber im Klaren sein, daß wir hier", und Bertram hatte das Wort schon vor kurzem gehört, „als Besatzungsmacht angesehen werden und nicht wie die hohen Ecklöhner in Bonn glauben, als Gärtner für blühende Landschaften." Heinze und Bauer, der inzwischen dazu gebeten worden war, reagierten nicht; Heinze war mit seinen Papieren beschäftigt, Bauer schaute durch sie hindurch und war anscheinend woanders.

In der nächsten Stunde stimmten sich die vier ab, wer welches Thema ansprechen sollte. Jeder von Ihnen hatte sich innerlich auf diese Veranstaltung vorbereitet. Konkrete Zahlen sollten nicht genannt werden, um hier überhaupt heil herauszukommen, wie Jakobus vorschlug. Das würde sich zu schnell herumsprechen und wäre in den nächsten Tagen Hauptartikel in den Regionalzeitungen der Umgebung. Werkleiter Bauer wurde vergattert, die Informationen, die er bekam, für sich zu behalten. Ihm wurde zugesichert, daß er alle Informationen bekommen wird, die aus Treuhand-Gründen das Werk betreffen. Es wurde vereinbart, daß er sich ausschließlich auf die Situation in den einzelnen Werkstätten des Werkes beschränken sollte – sowohl in der Produktion wie der Entwicklung. Zunächst würde Jakobus über die Situation der EMD AG als Ganzes im Rahmen der Treuhand sprechen – nichts Gezieltes auf das Werk bezogen. Wie es in der gesamten EMD aussah, interessierte die Leute aber nur am Rande, es war mehr ein Füllstoff. Als letzter würde Bertram einen genereller Überblick über die Markt- und Auftragssituation geben und dann ausführlicher auf die Situation der hier gefertigten Motoren eingehen. Heinze würde nicht auftreten, er war hier bekannt. Und um über neue Investitionen in der Fertigung zu sprechen wie in normalen Betriebsversammlungen? Absurd! Bertram schob seine Unterlagen zusammen. ›Wäre ja schön, wenn mal jemand von der Regierung dabei wäre, wenn diese Realitäten der Wiedervereinigung den Leuten vor Ort erzählt werden. Statistiken aus der Ferne betrachten ist wie Zeitunglesen. Hier sage ich es jedem Einzelnen. Was für eine Scheiße!‹

Sie waren schon auf dem Weg, das Büro zu verlassen, als das Telefon im Sekretariat klingelte, Frau Becker den Hörer abnahm und hinter Bertram herrief: „Ein Gespräch für Sie, aus K."

Bertram hatte dauernd mit einem Anruf der Polizei gerechnet, erwartete schon einen Polizeiwagen auf dem Hof. ›Hat auch sein Gutes, dann brauche ich die BV nicht mehr mitzumachen.‹

„Ja, bitte." Bertram hatte schlagartig einen trockenen Mund.

„Hallo Herr Bertram, Glade hier. Wie läuft es bei Ihnen?" Bertram starrte Ute Glade durch das Telefon an. Er realisierte, daß sie sich nicht so anhörte, als stünde die Polizei vor ihrem Schreibtisch.

„Hallo, Frau Glade, was gibt es? Ich bin etwas unter Zeitdruck, wir haben gleich eine Betriebsversammlung."

„Herr Bertram, mir fehlt ein Ordner, ist einfach verschwunden. Haben Sie noch etwas zu Hause oder könnte der vielleicht bei Dr. Berg privat sein?"

„Was für ein Ordner? Ich habe doch nichts aus Ihrem Sekretariat mit nach Hause genommen. Und Berg müßten Sie," er stockt einen Moment, „ist er wieder da?"

„Nein, wird immer noch vermißt. Es geht um einen Personalordner."

„Also, ich muß jetzt los, die BV. Den hat Berg doch sicher in der Personalabteilung abgegeben, da bin ich ganz sicher. Ich rufe nachher zurück. Noch etwas?"

„Nein, d.h. es ist jemand erschossen worden, bei mir in der Nähe."

„Im Werk?"

„Nein, in der Nähe, wo ich wohne. Gestern Abend. Die Polizei befragt die Nachbarn. Hat einen Hund bei sich gehabt."

„Ja, tut mir leid. Passen Sie gut auf sich auf. Ich melde mich nachher oder wenn ich zu Hause noch einmal nachgesehen habe. Kann ich mir aber nicht vorstellen."

Bertram legte benommen den Hörer auf. Jakobus und Heinze hatten auf ihn gewartet, Bauer war anscheinend schon vorgegangen. Sie gingen gemeinsam zur großen Kantine. Am Eingang standen Mitarbeitern mit Schildern und Aufschriften wie: *Herr Bertram, was zahlt Ihnen die EGA, daß Sie uns plattmachen?* Oder: *Herr Heinze, lassen Sie sich nicht über den Tisch ziehen.* Oder: *Hauen Sie ab in den Westen, wir schaffen das allein.* Oder *Jakobus und Bertram, IM des westdeutschen Wettbewerbs.* ›Geh weiter! Keine Diskussion anfangen! Die glauben Dir sowieso kein Wort. Wie würde es mir als Ossi ergehen? Nicht stehen bleiben!‹

Die Kantine war umgeräumt und mit Stuhlreihen vollgestellt. Vorn vor der ersten Reihe waren zwei Tische für den Vorstand und Werkleiter sowie den Betriebsrat und den IG Metall-Vertreter zusammengestellt. Kurze Begrüßung mit dem Betriebsrat; ein Herr König von der IG Metall wurde vorgestellt. ›Sicher einer von den ganz linken Bazillen aus dem Westen‹ dachte Bertram.

Nachdem der einladende BR die Mitarbeiter begrüßt hatte, die katastrophale Auslastung des Werks gestreift und den Mitarbeitern eingeschärft hatte, sich nicht leichtsinnig ohne Abstimmung mit dem BR auf die Vorschläge einer Frühpensionierung einzulassen, ergriff König das Wort. Bertram merkte sofort, daß man keinen Profi geschickt hatte, mit dem man hätte diskutieren können. Alle Gemeinplätze des westlichen kapitalistischen Systems wurden angeführt und Bertram schaltete innerlich ab; darauf konnte man nicht eingehen. Seine Gedanken wanderten ab. ›Was hat sie mit dem fehlenden Ordner gemeint? Oder will Sie nur die Information über den Erschossenen loswerden? Dann hat sie mich nicht in Verdacht, denn ich müßte es ja wissen. Oder hat sie mich trotzdem angerufen, weil sie vermutet, daß sie abgehört wird?‹ Bertram realisierte kaum, was Bauer vortrug, hörte auch unaufmerksam auf die Aussagen von Jakobus. ›Soll ich mich jetzt vorne hinstellen und sagen *Das kriegen wir schon hin, ich habe auch die Sache Dr. Berg bereinigt?*‹ Er sah den Aufmacher im Bremer Tageblatt *Ehemaliger Motorenchef als Mörder entlarvt, in BV im Osten verhaftet.* Hat er auch Dr. Berg beseitigt? Warum stehe ich nicht auf, setze mich ins Auto und fahre zur Polizei?‹

„Na, dann mal los." Jakobus setzte sich wieder neben ihn. Er hatte ein feuchtes Gesicht, warf ihm aber einen aufmunternden Blick zu. Bertram hatte nicht mitbekommen, daß Jakobus mit seinem Vortrag fertig war. Also dritter Akt. Er stand auf, ging an das Rednerpult und blickte in eine stumm dasitzende Menge. Es war ruhig in der Halle. Gespenstisch ruhig.

›Wie rede ich die an? Was hat Jakobus gesagt? Bestimmt nicht liebe Mitarbeiter oder Genossinnen und Genossen. Also los, fang an!‹ Bertram verzichtete auf eine Anrede:

„Ich habe kein fertiges Konzept, daß ich Ihnen hier vorstellen könnte. Ich bin seit einer Woche in dieser Firma, habe vorher 25 Jahre in einer anderen Motorenfirma gearbeitet. Wir waren bisher Konkurrenten und Sie haben uns manchmal das Leben schwer gemacht. Sie haben aus Ihrem Maschinenpark, und der ist zum großen Teil um die vierzig Jahre alt, wie ich gesehen habe, eine gute Qualität herausgeholt. Die Motoren sind dann zu einem für uns im Westen viel zu niedrigen Preisniveau in den Markt gebracht worden – das war Politik, nicht Ihre, aber es hat uns zu schaffen gemacht. Eine derartige Politik, um Devisen zu bekommen, kann jetzt nicht mehr gemacht werden. Wir müssen uns jetzt allein im Markt behaupten. Sicher werden wir in einer Übergangsphase noch von der Treuhand unterstützt. Aber das wird nicht jahrelang so gehen. Ich habe mir in Berlin im Zentralvertrieb und hier im Werk mit Herrn Bauer und Herrn Niebuhr die Zahlen des Umsatzes der Motoren angesehen und wir können kein Geheimnis daraus machen: sehr beruhigend sieht das für die Zukunft nicht aus, um nicht zu sagen, es sieht einfach schlecht aus. Der Wegfall fast des gesamten Comeconmarktes, einem Ihrer Hauptabnehmer. Daraus resultiert natürlich die geringe Auslastung aller EMD-Werke; Sie sehen das täglich hier in Ihrem Werk. Der westeuropäische Markt läuft einigermaßen, aber dort müssen wir zukünftig die Preise erheblich erhöhen, denn das Material ist mit harter Währung zu bezahlen. Wenn also auf absehbare Zeit kaum noch Umsätze im Osten zu holen sind, müssen wir die Verluste im Westen kompensieren, in einem komplett vom Wettbewerb besetzten Markt – auch von meiner alten Firma. Und gehen wir nicht davon aus, daß uns der Wettbewerb im Westen freundlich erwartet. Man wird nicht zusammenrücken, um uns auch noch unterzubringen. Ich bin kein IM des westdeutschen Wettbewerbs, wie Sie es unfreundlicherweise auf einem Plakat geschrieben haben. Ich bin hierhergekommen, um eine Aufgabe zu übernehmen; ich habe keine Rückfahrkarte. Wenn wir abgewickelt werden, stehe ich genauso auf der Straße wie Sie. Also, unsere Aufgabe: Es wird uns gelingen, dieses Werk am Leben zu erhalten, denn wir, Sie, bauen Motoren, die qualitativ konkurrenzfähig sind und", Bertram macht eine Pause, „und, wir sind bei der Treuhand bisher als sanierungsfähig eingeschätzt. Das ist eine gute Basis. Aber ich würde lügen, wenn ich sagte: *machen Sie sich mal keine Sorgen*. Es geht ihnen hier genauso wie jedem anderen Motorenwerk – auch denen im Westen: Niemand braucht diese Motoren, die Anderen können das alles mit ein paar Überstunden übernehmen. Das heißt, wir werden hier im Werk Arbeitsplätze verlieren; wir werden viele Arbeitsplätze verlieren. Ein Großteil unserer Belegschaft muß von Beschäftigungs-Gesellschaften übernommen werden. Von dort bestehen dann nach Umschulungen verschiedene Möglichkeiten, in anderen Unternehmen unterzukommen, die aber werden sich nicht immer in der Nähe von W. befinden. Ja, so wird es sein."

„Dann macht den Laden doch gleich dicht!" Ein Zwischenruf irgendwo hinten.

›Darauf eingehen oder nicht? Doch, antworte‹: „Nein, wir wollen den Laden nicht zumachen. Nebenbei bin ich der Meinung, daß das hier kein Laden ist. Ein Laden hätte sich nicht solche Marktanteile erarbeiten können und hätte uns früher im Westen sicher keine Probleme bereitet. Den *Laden zumachen* hätte ich mir gemütlich bei fester Anstellung in meiner alten Firma in den Nachrichten anhören können. Ich bin hier hergekommen, um eine Aufgabe zu übernehmen, die Aufgabe, dieses Werk in der neuen Situation zu stabilisieren und nicht, um den Laden dicht zu machen. Ich kann Ihnen aber nichts vormachen und meine Kollegen und ich können nur sachlich und ehrlich an die Aufgabe herangehen. Viele von Ihnen können in den Vorruhestand gehen und das sollten sie sich gut überlegen, auch wenn sie gern noch einige Jahre arbeiten möchten. Wir werden uns sofort mit dem Betriebsrat zusammensetzen, um das weitere Geschehen zu besprechen. Und noch einmal, wir haben unsere alten Firmen im Westen verlassen – nicht weil wir mußten! Ich danke, daß Sie mir zugehört haben."

Es gab keine weiteren Zwischenrufe; zwei Mitarbeiter in den vorderen Reihen standen auf und warfen ihre Stühle in den Mittelgang. Keine weiteren Reaktionen. 800 Mitarbeiter blickten schweigend zum Rednerpult und standen nicht auf. Der Vorstand mußte die Kantine durch den mittleren Gang verlassen. Vereinzelt Schimpfworte. Heinze stellte die Stühle beim Vorbeigehen wieder auf und Bertram hörte ihn sagen *das hilft uns und Euch auch nicht.*

Am Nachmittag saßen die drei Vorstände wieder zusammen.

„Habe ich mit dem Alter der Maschinen etwas Falsches gesagt?" Bertram blickte Heinze an.

„Nein, das stimmt. Was wir an Geld eingenommen haben, mußten wir ja abliefern, konnten wir nicht selber investieren. Wovon sollten denn die Wohnungen z. B. gebaut werden? Unser größtes Problem war, Ersatzteile zu bekommen. Das ist im Westen, wie ich von unseren Vertretungen weiß, ganz anders. Gehen Sie mal hier im Werk in den Werkzeugbau, da waren bis vor einem Jahr rund 300 Mitarbeiter z.B. damit beschäftigt, ihre Bohrer selber herzustellen, wo Sie im Westen in den nächsten Werkzeugladen gegangen sind." Heinze hatte Tränen in den Augen. Er legte nach: „300 Mitarbeiter, wo vielleicht 20 reichen sollten. In der Küche 30 Mitarbeiter, die haben die Pommes Frites selbst geschnitzt. Das war politisch vorgegeben, wir sollten in den Kombinaten alles selber machen und Leute beschäftigen." Jakobus winkte ab:

„Gut, Herr Heinze. Wir haben dafür jetzt keine Zeit. Ich fasse zusammen und fange mit mir an: Kontakt zur Treuhand, Geld besorgen, Kaufmännische Aufgaben wie Finanz- und Rechnungswesen und Controlling. Dann in Zusammenarbeit mit der Treuhand die Unterbringung freigesetzter Mitarbeiter in Beschäftigungsgesellschaften. Sie, Herr Bertram, werden ja viel unterwegs sein und sich um den Vertrieb kümmern und hoffentlich viel Umsatz machen. Ich denke, Sie müssen sich ständig mit den Leuten von Herrn Heinze abstimmen wegen der Produktionspläne und Sie Herr Heinze müssen die Übersichten über den Maschinenpark in jedem Werk und in jeder Betriebsstätte noch einmal überprüfen. Ich habe noch keine Ahnung, aber wir müssen feststellen, was wir von den kleinen Betriebsstätten überhaupt retten können – und das sind ja neben den drei Hauptwerken noch 11 oder 12. Alle Werke, die für die NVA produziert haben, sind ja schon von unseren Vorgängern dicht gemacht worden. Also, es war ein interressanter Tag und wir treffen uns nächstes Mal in Zwickau."

Bertram sprach noch einmal das Thema an, was ihn am meisten beschäftigte:

„Wir dürfen nicht den Eindruck erwecken, daß wir die ehemalige DDR als Kolonie des Westens betrachten. Wir sind nicht hierhergekommen, um die Unternehmen zu liquidieren, um den West-Unternehmen Konkurrenten vom Hals schaffen."

„Tun wir das nicht?" fragte Jakobus. „Boomen die nicht jetzt schon?"

Am Nachmittag wurde mit der Personalabteilung auf Basis der Produktionsplanung damit begonnen, die ersten Listen für die Freisetzung von 1.000 Mitarbeitern in W. zu erstellen. Jeder wurde vergattert, kein Wort dieser Arbeit nach draußen verlauten zu lassen. Im Augenblick, das heißt, für ein paar Tage, war das alles noch Statistik. Heulen und Zähneklappern würde später kommen, wenn der jeweilige Abteilungsleiter den einzelnen Mitarbeitern erklären wird, daß er zwar gute Arbeit geleistet hat, aber auf Grund der Umstände nicht mehr beschäftigt werden könnte. Und alle drei Mitglieder des Vorstands wußten, daß das erst der Anfang war. Während Heinze bei dieser Arbeitsgruppe in Jakobus Büro blieb, zogen sich Jakobus und Bertram in dessen Büro zurück.

Auf dem Weg dahin sagte Jakobus leise: „Seien Sie vorsichtig hier in W.. Sie haben es ja gehört, meinem Vorgänger haben sie die Schrauben eines Autorades abgedreht und ihm auch ins Fenster geschossen. Ich würde zunächst in keine Kneipe gehen. Ich denke auch, daß wir noch abgehört werden, fragt sich, von wem. Wir sollten in einem Raum, in dem ein Telefon steht, nur das aussagen, was wir auch dem BR sagen können."

Als sie in Bertrams Büro waren, fuhr Jakobus fort: „Nun noch etwas zu Gabriel. Ich habe gehört, daß er sich von der Treuhand zurückzieht und wieder voll in seiner alten Firma tätig sein wird. Als neuen zuständigen Treuhand-Chef sollen wir einen Banker bekommen, der dann in der Treuhand sitzen wird. Mehr weiß ich noch nicht."

Am Nachmittag meldete sich Bauer bei Bertram:
„Da gibt es eine Kneipe in der Hauptstraße, heißt *Brokkenhexe*, die haben einige Zimmer ausgebaut. Können Sie sich ja mal ansehen und wenn Sie in W. sind, ist das vielleicht bequemer als im Wohnheim."

„Danke. Mache ich. Es hat mir aber auch im Wohnheim gut gefallen, da lernt man so viele verschiedene Menschen kennen."

Bauer sah ihn etwas zweifelnd an.

Bertram hätte gern mit Ute Glade telefoniert, um etwas mehr über den Mord zu erfahren. Er ging jedoch davon aus, daß ihr Telefon überwacht wurde. Gern hätte er ihr mitgeteilt, daß er den Absender des Schuhphotos kannte, denn er wußte, daß Weisshäupl in der Personalabteilung arbeitete und wofür er zuständig war. ›Was wird er machen? Was ist zu tun? Besser ich behalte mein Wissen für mich.‹

Sein Telefon klingelte. Frau Becker: „Der Reitstall. Ich lege auf."

"Wer ist da?"

"Hier ist Gleim vom Reitstall. Guten Tag. Wir müssen dringend Heu kaufen. Ich kann noch etwas in Gernrode bekommen, muß mich aber schnell entschließen. Es ist überall knapp. Kann ich die Bestellung rausgeben?"

"Entschuldigung, Sie haben sich verwählt. Sie sind im Motorenwerk, im Elmo, in W.. Schönen Tag noch." Damit legte er auf und ging ins Sekretariat.

"Frau Becker, solche Anrufe müssen Sie mir bitte nicht reinstellen. Der hat sich verwählt."

Klara Becker sah ihn zerknirscht an:

"Ja, hätte ich Ihnen vielleicht vorher erklären sollen. Unser Reitstall in Gernrode. Die haben zwar einen Etat, aber im Augenblick geht wohl alles Kopf über. Willi Gleim sagte, sie hätten kein Heu mehr. Kann ich ja nicht entscheiden. Herr Bertram, die Pferde können doch nichts für die Wiedervereinigung."

Sie sah ihn bittend an. Bertram bekam fast einen Lachanfall. "Das glaubt mir keiner. Wir haben einen Reitstall?"

"Ja, natürlich, was denken Sie, wie oft unsere Leute mit ihren Kindern da hingehen? Sie sollten sich mal die Übersicht mit den Projekten geben lassen, für die wir zuständig sind. Kindergärten, wir haben auch ein Ferienheim auf Rügen, verschiedene Sportvereine. Dann das Erholungsheim in Thale mit den Teichen und der Aalräucherei. Das alte Elektro-Kombinat hatte mal fast 200 solcher Projekte. Einige sind ja schon zugemacht, eigentlich schade."

"Hören Sie auf. Besorgen Sie mir die Liste und rufen Sie den Reitstall an, daß wir uns um das Heu kümmern. Wir haben gerade nichts zu tun. Und," er sah die etwas bedröppelt guckende Frau Becker an, "natürlich sollen die Pferde nicht unter der Wiedervereinigung leiden. Bauer soll sich darum kümmern, er hat meine Zustimmung. Aber er soll es nicht weitererzählen."

Kapitel 23

Kommissar Beckmann kam am Montag schon kurz nach sieben Uhr ins Büro. Am Wochenende hatte er immer wieder nach einem Zusammenhang zwischen dem verschwundenen Dr. Berg und dem erschossenen Ottfried Lükermann gesucht. Er war sich sicher, daß eine Verbindung bestehen mußte. Nur ein gegenseitiges Umbringen der beiden schloß er aus.

Vor ihm auf dem Schreibtisch lagen Fotos, welche in starker Vergrößerung das Oberleder eines Schuhs zeigten. Es waren die Ausschnitte des Fotos, welches ihm Frau Glade aus dem Motorenwerk mit einigen Erklärungen gebracht hatte. Hätte vielleicht etwas mit der Entführung von Dr. Berg zu tun, hatte sie gemeint. Beckmann glaubte nicht an solche Mafia-Geschichten im friedlichen K. Die Vergrößerung des Fotos hatte erkennen lassen, daß auf dem Oberleder leichte Bißstellen zu sehen waren, sicher nicht von Dr. Berg, sondern, wie man in Zusammenarbeit mit einem Tierarzt festgestellt hatte, von einem mittelgroßen Hund. Die Rasse des Hundes konnte nicht festgestellt werden. Also hatte der Besitzer des Hundes vom Schuh ein Foto gemacht, welches als Hauspost an das Sekretariat von Ute Glade geschickt worden war. Um Hauspost zu verschicken, mußte man Mitarbeiter des Werkes sein. Das waren seine ersten Schlußfolgerungen. Dann geschah die Ermordung von Ottfried Lükermann, der einen Hund hatte. Wieder in Zusammenarbeit mit dem Tierarzt hatte man Lükermanns Hund in ein Stück Leder beißen lassen und festgestellt, daß die Bißstellen identisch waren.

Und dann kam ein weiteres Stück des Puzzels dazu. Nach dem Mord an Lükermann, der ausführlich in den Zeitungen mit einem Bild des Erschossenen mit seinem Hund kommentiert wurde, hatte sich eine junge Frau gemeldet, die im Café Krinke angestellt war. Sie hatte die Aussage gemacht, daß sie das Opfer, also Ottfried Lükermann, mehrmals zusammen mit einem anderen Herrn am späten Nachmittag in ihrem Café gesehen habe. Sie könnte sich deswegen gut daran erinnern, weil die beiden häufig getuschelt und hinter ihrem Rücken dann aus einer mitgebrachten Flasche Alkohol in den Tee geschüttet hätten. Daraus schloß nun Kommissar Beckmann, daß der zweite der beiden Männer, der sich, wie die Serviererin gesagt hatte, am späten Nachmittag mit Lükermann getroffen hatte, nach Feierabend aus dem nahege-legenen Motorenwerk gekommen war. Und dieser Mann könnte das Foto in die hausinterne Post gelegt und an Frau Glade geschickt haben.

›Warum?‹

Auf dem Umschlag wurden nur die Fingerabdrücke von Ute Glade festgestellt. Ungeklärt war für Beckmann weiter der Vorgang des verlorenen und wiedergefundenen Kfz-Nummernschildes von Dr. Büschkings Auto. Das war ebenfalls in der Pieritzstraße geschehen. Das Schild war genauestens untersucht worden. Man hatte außer den normalen Steinschlagschäden zwei winzige gegenüberliegende Abschrammungen im Lack am Rand des Kennzeichens festgestellt. Daraufhin hatte Beckmann die Dienstwagen von Bertram, dessen ehemaligen Kollegen und auch das Auto von Frau Glade untersuchen lassen. Er hatte eine Vermutung, aber es hatten sich keine Hinweise an deren Autokennzeichen ergeben.

Um zu einem weiteren Baustein seiner Schlußfolgerungen zu kommen, hatte er für heute Morgen mehrere Personen vorgeladen. Zunächst wollte er mit Bertram sprechen. Sie setzten sich in das kleine Besprechungszimmer des Reviers; Beckmann war nicht allein, ein Kollege, ein Hauptkommissar, setzte sich an dessen Seite an den Besprechungstisch und an der Querseite saß der schweigsame Psychologe Fischbeck, den Bertram nur als Polizisten seinerzeit im Werk kennengelernt hatte.

Wiederum eröffnete Beckmann das Gespräch mit einer überraschenden Frage.

„Herr Bertram, führen Sie ein Fahrtenbuch?"

Bertram hatte eine solche Frage erwartet, stutzte trotzdem, blieb sehr ruhig als er antwortete:

„Nein, habe ich nie geführt. Sie meinen doch sicher meinen Dienstwagen? Nein, weder für den Wagen bei der EGA noch bei der EMD. Und soweit ich weiß, führt meine Frau für ihren Wagen auch keins. Warum fragen Sie das?"

„Besitzen Sie eine Pistole? Ein ausländisches Fabrikat. Vielleicht eine russische Waffe?"

„Nein, besitze ich nicht." Bertram setzte ein kühles Gesicht auf und erwiderte leicht verärgert: „Können Sie bitte deutlicher werden."

„Ja, sicher. Wo waren Sie in der Nacht vom letzten Montag auf den Dienstag?"

„Montag war ich in W. und in der Nacht in meiner Unterkunft im Vietnamesen-Heim. Das haben Ihnen doch sicher Ihre Kollegen aus Sachsen-Anhalt mitgeteilt. Bitte, was ist es denn nun, was Sie suchen? Was suchen Sie in meiner Privatgarage und holen meine Frau nachts aus dem Bett? Sie hat mich nach ihrem Besuch angerufen. Ich habe wirklich viel Verständnis für Ihre Tätigkeit oder auch Arbeit, aber was suchen Sie?"

Beckmann zögerte einen Moment, schaute Fischbeck an und sagte dann zu Bertram: „Wir würden gern eine Gegenüberstellung machen."

„Natürlich, mit wem bitte?"

Fischbeck stand auf, öffnete eine Tür und ein weiterer Polizist wies Ute Glade in den Raum. Bertram war verblüfft. Es schoß ihm durch den Kopf, daß Ute der Polizei alles berichtet und ihn als alleinigen Schuldigen hingestellt hatte. Ute blickte Bertram ebenfalls überrascht an. Dann sahen beide Beckmann fragend an.

„Nein, nein, ich nehme schon an, daß Sie sich kennen. Einen Augenblick noch."

Er ging zur gegenüberliegenden Tür des Zimmers, öffnete sie und eine Frau mit einem Hund wurde in den Raum begleitet. Bertram konzentrierte sich, nach einem kurzen Blick auf den Hund, darauf, nur die Frau anzuschauen. Er wußte, daß die Kommissare ihn genau beobachteten, aber auch auf eine Reaktion des Hundes warteten. Beckmann bat die Frau, den Hund loszuleinen. Der Hund schaute erst zu seiner Herrin hoch, dann zu Beckmann, ging ein paar Schritte auf ihn zu, schaute sich nach dem Polizisten um, der ihn in den Raum gebracht hatte, drehte sich wieder und tapste zu seiner Herrin zurück. Bertram wurde nicht beachtet. Es war Beckmann, der leicht ungeduldig die stille Zeremonie unterbrach.

„Frau Glade, kennen Sie den Hund?"

Anscheinend war Ute Glade der Sinn dieser Vorstellung nicht klar geworden. Oder sie war so cool, nicht einen Augenblick zu Bertram hinzuschauen.

„Könnte sein, daß ich ihn schon ein paar Mal gesehen habe, wenn ich abends von der Arbeit nach Hause kam. Ein Hund lief dann an den Büschen bei meinem Grundstück vorbei und jemand ging davor oder dahinter, ich habe aber nicht weiter drauf geachtet. Ist das der Hund, von dem ich in der Zeitung gelesen habe?"

Beckmann wandte sich Bertram zu.

„Haben Sie den Hund schon gesehen?"

Beckmann zögerte. Er hatte mit großer Erleichterung bemerkt, daß der Hund ihm gegenüber keine Reaktion gezeigt und ihn auch nicht angegrinst hatte.

„Ich weiß es nicht genau. Vor einigen Tagen habe ich bei einem morgendlichen Spaziergang in der Nähe meines Hauses einen Mann mit einem Hund getroffen. Wir haben ein paar Worte gewechselt – ich meine, der Mann und ich. Könnte der Hund sein. Ich bin mir aber nicht sicher. Ich habe den Mann aber nicht wiedergesehen."

Die Frau, die einen nervösen Eindruck auf Bertram machte, griff in das Halsband des Hundes, blickte Beckmann an und fragte, ob sie jetzt gehen könne. Auf eine Frage von Beckmann erwiderte sie, daß sie beide Personen, also Ute Glade und Bertram, noch nie gesehen habe. Ein Polizist begleitete sie auf den Gang. Beckmann wandte sich Bertram und Glade zu:

„Bitte, wir untersuchen einen Mord und da in der betreffenden Gegend, in welcher der Mord geschah, auch Frau Glade wohnt und Herr Dr. Berg, kurz bevor er verschwunden ist, auch Frau Glade in dieser Gegend besucht hatte, und Sie, Herr Bertram, Dr. Bergs Kollege waren ..." Er stockte und Bertram fuhr fort:

„Ich verstehe Ihre Aufgabe Herr Kommissar, aber ich denke, Frau Glade und ich können jetzt wohl gehen oder haben Sie an mich noch einige Fragen?"

Beckmann wandte sich ab, schaute einen Moment aus dem Fenster, drehte sich abrupt um und fragt Ute Glade:

„Ich frage Sie noch einmal: Kennen Sie Dr. Büschking?"

Ute Glade überlegte keinen Augenblick: „Ich habe Ihnen schon gesagt, daß mir der Name nichts sagt. Vielleicht geschäftlich in der Firma vom Sehen."

Es war zu erkennen, daß Beckmann im Augenblick nicht weiter wußte. Er blickte in die unbeweglichen Mienen seiner Kollegen. Keine Reaktion. Bertram und Ute Glade schauen sich an, beide zogen die Augenbrauen hoch und vermittelten damit den Eindruck, als wüßten sie nicht, warum sie eigentlich hier waren.

Beckmann stand auf, sah Ute Glade lange an, schüttelte etwas ab, das in seinem Kopf vorging, lächelte leicht, was auch Bertram bei ihm noch nicht bemerkt hatte und verabschiedete Frau Glade. Er brachte sie auf den Korridor, um ihr den Weg zum Ausgang zu weisen und sah ihr längere Zeit nach. Er bat seine noch anwesenden Kollegen, ihn einen Augenblick mit Bertram allein zu lassen und setzte sich ihm gegenüber an den Tisch:

„Noch einmal die Frage, Herr Bertram: Wie ist Ihr Verhältnis zu Frau Glade?"

Bertram antwortete völlig locker:

„Sie ist eine ausgezeichnete Mitarbeiterin mit sehr viel Erfahrung und Übersicht und ich denke Dr. Berg war bestens mit Ihr zufrieden."

Beckmann sagte kein weiteres Wort, schaute Bertram nur unverwandt an.

„Ach so," Bertram kniff die Lippen zusammen. „Nur einmal. War ein Fehler. Ist lange her."

„Ja, dann noch eine Bitte. Wir haben von Ihren Kollegen und Frau Glade Fingerabdrücke genommen, um Sie mit denen im Auto Dr. Bergs abzugleichen. Wir bitten Sie folglich auch um Ihre Fingerabdrücke, das verstehen Sie sicher. Kollege Eichenbaum wird das nebenan schnell erledigen. Und alles Gute in den Neuen Bundesländern." Er öffnete die Tür zum Nachbarraum und gab einem Kollegen in Bezug auf die Fingerabdrücke einen Hinweis.

Während Beckmann danach wieder an seinem Schreibtisch saß und vor sich hin sinnierte, ob der Fingerabdruck von Bertram etwas bringen konnte, trat ein Kollege aus dem Nachbarraum ein und legte Beckmann eine kleine Handtasche auf den Tisch, mit dem Hinweis, daß entweder Frau Lükermann oder Frau Glade die Tasche hatte liegen lassen. Beckmann murmelte nur: „Dann wird sicher eine von den beiden gleich wiederkommen."

Seine Gedanken waren weit weg. ›Warum komme ich nicht weiter? Ist es das, was mich so beunruhigt? Oder ist es Frau Glade, die mich verwirrt? Ein nicht geklärter Fall, gut, es gibt viele. Aber was macht mich so kribbelig?‹ Er wollte aufstehen um sich einen Kaffee zu holen, zog dann aber fast teilnahmslos die Tasche zu sich herüber. ›Ich wette, sie gehört Ute Glade. Wäre mir auch lieber, sie noch einmal zu sehen‹. Mit einem Klick öffnete er die Tasche und warf einen Blick hinein. ›Steht mir das jetzt zu?‹ Ihr Personalausweis steckte in einer Seitentasche. Er zog ihn heraus und warf einen Blick auf ihr Bild. „Sieht gut aus, kann einfach nicht in die Sache verwickelt sein. Quatsch! Unlogisch! Die gut Aussehenden sind häufig die Bösen!"

Er wollte den Ausweis schon wieder in die Tasche schieben, als er noch einmal auf den Namen und Geburtsort blickte und da traf es ihn wie ein Blitz. Ihm wurde schwindelig und er mußte sich an der Tischkante festhalten.

Bertram hatte das Haus verlassen und holte die langsam gehende Ute Glade schnell ein. Sie schaute ihn fragend an.
„Er hat gefragt, ob wir ein Verhältnis haben. Ich habe ihm gesagt, da war mal was. Weiter ist er nicht drauf eingegangen." Sie gingen ohne weiter zu reden einige hundert Meter nebeneinander her, dann brach Ute das Schweigen.
„Kannst Du mir etwas über den Vorgang sagen?"
„Du meinst Lükermann?"
„Wen wohl sonst?"
Bertram zögerte und sagte dann trocken: „Nein!"
Ute blickte ihn an, aber er erwiderte den Blick nicht. Er sah keinen Grund, sie in das Geschehen einzuweihen. Ute schaute ihn noch einmal von der Seite an und sagte dann:
„Ich habe eine neue Mitteilung von dem Unbekannten bekommen. Kennst Du das Symbol der drei Affen *Nichts sehen, nichts hören, nichts sagen?*"
Bertram zeigte keine Reaktion. ›Das kann nur Weisshäupl sein, der um sein Leben fürchtet und jetzt um Gnade bittet. Mein Gott, was ist von dem noch zu erwarten?‹
„Also, kennst Du das?"
„Ja, natürlich."
„Ich habe in der Betriebspost ein Foto der drei Affen bekommen. Was will er?"
Bertram schwieg, schaute dann Ute an: „Ich denke, Du solltest das jetzt auf sich beruhen lassen, es wird nichts weiter geschehen. Gib das Foto aber Beckmann, hättest Du vorhin schon machen können" Er blieb dann stehen, schaute sie intensiv an und wiederholte:"Es wird nichts weiter geschehen.Übrigens, was hast Du mit dem Nummernschild gemacht, das Du bei unserer Fahrt zum Flughafen an meinem Auto angebracht hast?"

Ute schwieg, als würde sie noch über Bertrams Antwort nachdenken und sagte dann wie geistesabwesend:

„Habe ich bei mir in die Garage gestellt, um es bei Gelegenheit wieder zu benutzen. Fällt sicher nicht auf, solche gebrauchten Schilder habe ich schon öfter in anderen Garagen gesehen." Sie schaute ihn prüfend an. „Nein, ist natürlich ein Scherz. Habe ich vor der entsprechenden Einfahrt in die Straßenrinne fallen lassen. Sind auch garantiert keine Fingerabdrücke dran und ich habe besonders die Kanten abgerieben, damit keine Partikel irgendwelcher Art von Deinem Auto und dem Draht dran haften geblieben sind. Ich hatte dann allerdings keine Nerven mehr, das Schild wieder am Auto anzubringen." Und dann fügte sie hinzu: „Laß uns jetzt verabschieden, ich weiß nicht, ob wir beobachtet werden. Wenn noch etwas wegen dieser Angelegenheit kommt, ruf ich Dich auf dem Handy an und frag nach irgendeinem Vorgang aus der Vergangenheit. Dann weißt Du, daß wir sprechen müssen. Hat sich bei Dir noch etwas wegen Dr. Berg ergeben?"

„Nichts."

Ute Glade reichte ihm die Hand, wollte gehen, blieb aber noch stehen, schaute ihn von der Seite an und sagte: „Ich habe etwas in der Zeitung gelesen. Man hat im Tierfutter in Süddeutschland einen Goldzahn gefunden, der zu keiner Kuh und keinem Schwein paßt." Sie sah ihn mit völlig ernstem Gesicht an. Bertram zuckte zusammen.

„Du bist verrückt!"

Nach ein paar Sekunden verzog sie das Gesicht:

„Du mußt nicht so nervös sein, natürlich ist das Unsinn." Sie faßte auf seinen Arm und versuchte ihn damit zu beruhigen.

Langsam gingen ihm ihre Bemerkungen an die Nerven und deshalb stellte er ihr eine Frage, die er gar nicht mehr stellen wollte:

„Warum hast Du Berg umgebracht?"

Ute drehte sich um und ging weg. Nach einigen Schritten blieb sie stehen, kam dann zurück:

„Das kann ich Dir jetzt nicht mehr sagen. Es bleibt dabei, wie ich es Dir erzählt habe. Laß uns damit Schluß machen."

Sie wollte wieder gehen, aber Bertram hielt sie zurück. Er zögerte einige Sekunden, dann sah er ihr intensiv in die Augen.

„Doch, noch etwas, Ute, und stell auch Du weder jetzt noch später dazu irgendeine Frage: Ich gehe davon aus, daß Du noch Bergs Generalschlüssel hast und ich gehe ebenfalls davon aus, daß Du noch den zweiten Schuh hast. Überlege gut, ob Du das, was ich Dir jetzt sage, tun kannst, sonst laß den Schuh und den Schlüssel so schnell wie möglich verschwinden. Das müßte sein! Also, wie Du weißt, gibt es da einen kleinen Raum hinter der Personalabteilung in dem alle alten Personalakten aufgehoben werden. Der Raum ist immer verschlossen. Dahinein bringst Du den Schuh und versteckst ihn hinter Ordnern oder in einem Karton. Und mach ihn vorher sauber. Es darf Dich dabei niemand sehen. Du weißt, wann die Wache abends ihren Rundgang macht. Und dann laß den Schlüssel endgültig verschwinden. Darauf muß ich mich verlassen. Wir verbleiben, wie besprochen. Alles Gute."

Ute blickte ihn gebannt an, versuchte seine Gedanken zu lesen und einen Augenblick achtete keiner der beiden darauf, daß an Ihnen ein Polizeiauto vorbeifuhr, in Richtung Pieritzstraße. „Du bist es, Bertram, nur Du!" murmelte Beckmann vor sich hin, der sie bemerkt hatte. ›Nicht Ute!‹

Er fuhr völlig ziellos durch die Straßen, wurde an einer Kreuzung geblitzt, als er bei tiefem Rot nicht anhielt. Dann fuhr er auf die Autobahn und verließ sie wieder an der nächsten Abfahrt. Er fuhr in die Pieritzstraße, stieg aber am Tatort nicht aus, sondern blieb mehrere Minuten im Auto sitzen. Er meldete sich im Revier ab, wußte aber keine Begründung und fuhr nach kurzer Zeit wieder auf den Polizeihof. ›Du mußt nach Nienburg!‹, klopften seine Gedanken an die Schädeldecke.

Kapitel 24

›Mein Gott, wie groß ist Deutschland geworden. Hoffentlich kommen nicht auch noch die alten Ostprovinzen dazu, die man im letzten Krieg verspielt hat. Dann kann ich mich ja totfahren – nach Königsberg vielleicht.‹
Bertram starrte angestrengt durch den fallenden Schnee. Hinter Leipzig abbiegen in Richtung Erzgebirge. Eine Stunde später, es ging auf Mitternacht zu, kurvte Bertram durch einen engen Fachwerk-Häuser-Ort, dann ging's bergauf. ›Na endlich! Das Erzgebirge. Habe ich noch nie gesehen. Sollte mir vielleicht noch einmal die Gegend im Hellen ansehen. Warum bin ich nur immer nachts unterwegs?‹
Astrid Osterholz, seine neue Sekretärin, hatte ihm eine Übernachtung in einem kleinen Hotel mit Restaurant in der Nähe von Zwickau bestellt und als er kurz vor der Geisterstunde dort ankam, stand nur ein Auto auf dem Parkplatz hinter dem Haus. Er klingelte und nach kurzer Zeit ging Licht im Haus an und ihm wurde geöffnet. Auch im Schankraum wurde Licht angemacht und die Wirtin bot ihm an, noch etwas Kaltes aus der Küche zu holen. Bertram dankte, nahm den Schlüssel, ging in die erste Etage, schloß seine Kammer auf, registrierte kaum das Ambiente. ›Mein Leben für die kommenden Jahre.‹
Am nächsten Morgen sah er sich überrascht im Gastzimmer um. Die Wände und die Decke des Raums waren wunderschön mit Lärchenholz ausgekleidet. Kannte er aus Bayern und Österreich. ›Komische Welt. Wie kommt das ins Erzgebirge? Oder haben die das hier früher schon so ge-

macht?‹ Es waren noch zwei weitere Gäste anwesend, die sich am kleinen Frühstücks-Buffet bedienten.

Friedrich Gruber, der das Werk seit vielen Jahren leitete, begrüßte Bertram freundlich und führte ihn voller Stolz durch die Produktion. Hier wurden die kleineren Leistungen der Motoren – also unterhalb des Programms von W. – gebaut. Einige hundert Mitarbeiter werkelten an Maschinen, die ihre besten Zeiten lange hinter sich hatten. Auch hier eine Gießerei für die Gehäuse und Lagerschilde. ›Warum hat man das mit W. nicht koordiniert? Konnten sich wohl nicht einigen. Was man hat, das hat man und gibt es nicht weg, auch wenn's sinnvoll wäre.‹ Von ursprünglich dreitausend Mitarbeiter waren noch über zweitausend angestellt, und davon wenigstens noch eintausend- fünfhundert zu viel. In allen Werken die gleiche Situation. Bertram ging schweigend mit Gruber durchs Werk. ›Hier schließen und nach W. verlagern? Dann könnte man aus zwei ein Drittel gefüllten Werken ein gut halb volles machen. Das wäre das Einzige, was Sinn macht. Aber, wie soll das gehen? Eine Verlagerung der Maschinen würde sofort von den Mitarbeitern sabotiert werden und die Werkzeuge für diese Maschinen in W. neu anzufertigen? Viel zu teuer, besonders in der heutigen Situation. Also keine machbare Lösung.‹

Friedrich Gruber, von seinen Mitarbeitern und auch seiner Sekretärin, wie Bertram es gehört hatte, Fritz genannt, wußte das alles und legte Bertram nach dem Rundgang in seinem Büro Listen vor, wie er sich die Reduzierung auf die derzeitige und absehbare Liefersituation vorstellte, welche weiteren Mitarbeiter in den vorgezogenen Ruhestand gehen sollten und welche in Beschäftigungs-Gesellschaften unterzubringen waren.

„Die Unterlagen sind für Sie, schauen Sie sich die Zahlen an. Wir haben auf der anderen Seite vom Gang für Sie ein kleines Zimmer eingerichtet. Ihre neue Residenz, wenn Sie hier sind. Ich weiß, wer Sie sind. Ich meine, ich habe Ihren Namen öfter bei unserer Vertretung in Essen gehört. Sie kennen den Markt und wenn Sie sich gleich die Zahlen ansehen, und Sie sind ja eben mit mir durchs Werk gelaufen, dann wissen Sie, daß alle großen Hersteller im Westen von Grauguß-Gehäusen auf Aluminium umrüsten. Sie wollen sich von ihren Gießereien trennen, kaufen einfach die Stranguß-Profile in Aluminium für die Gehäuse, die sie dann nur noch zuschneiden müssen. Damit verlieren sie aber den Markt mit den agressiven Umgebungen – das kann Aluminium nicht ab, also: Chemie-Bereich, Bergbau usw. Einige gute Chancen für uns. Wir sollten nicht umrüsten. Und die Preise in diesen Branchen sind nicht schlecht. Die kaufen keine Billig-Maschinen in Rumänien oder Rußland." Ob die lange Zeit überbrückt werden konnte, bis der Westen auf Aluminium umgestellt hatte und man die Grauguß-Maschinen als Monopolist anbieten konnte, war eine andere Frage. ›Kann man ebenfalls in W. machen‹ dachte Bertram, akzeptierte aber die Überlegungen von Fritz Gruber. Der druckste noch ein wenig herum, holte dann eine Mappe aus seinem Schreibtisch:

„Wir haben im Augenblick ein kleines spezielles Problem, auf dieser Etage." Gruber machte eine Pause. „Wir haben einen IM im Haus, in der Personalabteilung und er hat einen Kollegen im Auftrag der Stasi, na ja, Sie haben das gehört, beobachtet oder ausspioniert. Wir wissen das, also im kleinsten Kreis, jetzt seit zwei Wochen. Und der Betroffene weiß das jetzt auch. Wir haben alles versucht, daß sich die beiden aussprechen. Keine Chance. Hübner läßt sich auf nichts ein, wird ihm das niemals vergeben. Hier", und damit reichte er Bertram eine dicke Unterlage, „das ist ein Teil seiner Akte, hat er sich in Berlin besorgt. Bis jetzt ist nichts nach draußen gegangen. Schauen Sie sich das mal an. Sie haben ja vielleicht sowas auch noch nicht gesehen. Wir sollten nachher noch darüber sprechen."

In seinem zugewiesenen Arbeitsraum schlug Bertram die IM-Akte auf und begann zu lesen. Er las und las und konnte es nicht glauben. Sauber, mit Bleistift geschrieben, erfuhr er über Seiten vom Privatleben des technischen Einkäufers Axel

Hübner. Der Text war bereichert durch einige Bleistift-Zeichnungen, z.B. dessen Wohnzimmer: Zwei Sessel, ein Sofa, ein runder Tisch, ein Fernsehapparat mit einer neben dem Fenster an der Außenwand des Hauses angebrachten Antenne, eine Stehleuchte neben einem der Sessel, eine Art Topfblume vor einem der beiden Fenster, ein Regal. Ein Hinweis mit Sternchen am Regal: In Klammern waren einige Buchtitel aufgeführt, die Bertram aber nichts sagten. Eine eingezeichnete Tür als Verbindung zum Flur. Alles über mehrere Jahre aufgeschrieben. Urlaubsreisen nach Bulgarien, eine Reise nach Cuba. Dann immer wieder seine Kontakte zu einer Dame, die den Kiosk vor dem Bahnhof leitete. Genaue Daten, wann er mit seinem Hund die Kiosk-Verkäuferin abgeholt hatte, fast immer gegen 8 Uhr abends. Einmal jede Woche, in den Wintermonaten, gingen die beiden in ein Restaurant und verblieben dort knapp eine Stunde. Bertram war fassungslos. Das war alles derart naiv, ja geradezu primitiv, daß er nach rund vierzig Seiten die Akte zuschlug. ›Der muß geisteskrank sein. So etwas brauchte die Stasi? Was hat das gebracht? Was wollte die Stasi von Hübner? Was hat sich IM Schild – vielleicht vom Motorschild abgeleitet? – dabei gedacht? Wurde Schild erpresst? Ich könnte mit ihm sprechen. Besser doch nicht einmischen. Muß Gruber allein klären und beenden.‹

Gruber holte ihn zum Essen in die Kantine ab. Auch hier die neugierigen Blicke. Er vereinbarte mit dem Werkleiter, daß in der nächsten Woche eine Betriebsversammlung durchgeführt werden sollte, damit sich der Vorstand vorstellte und die Situation und notwendige Maßnahmen erklären sollte. Die Stasi-Unterlagen konnte er zum Wochenende mit nach K. nehmen. Eine kleine Geschichtsstunde für seine Kinder.

Als Gruber Bertram am späten Nachmittag die Treppen von der zweiten Etage nach unten zum Wagen brachte, bemerkte er grinsend:

„Ich muß mich erst dran gewöhnen, daß ich am Wochenende Ruhe habe. Meist kam früher um diese Zeit ein Anruf aus Berlin, bestimmt ein- bis zweimal im Monat."

Sie blieben in der ersten Etage stehen und Bertram fragte: "Hat Honecker angerufen?"

"Nein, den habe ich nie erlebt. Das war dann immer Karl Wende, stellvertretender Minister für Elektrotechnik, war auch für uns zuständig. Und dann ging das immer so los: *Na, Fritz, was glaubst Du, wo Du morgen bist?* Nun, ich wußte ja was kam und sagte dann immer: *Keine Ahnung.* Also fuhr ich am Samstag nach Berlin, ins Haus des Elends."

"Und wie ging's dann weiter?" Bertram sah ihn neugierig an.

"Ja, dann stand ich erst mal zehn Minuten vor seinem Schreibtisch und hörte mir an, daß ich die Zielsetzungen des letzten Fünfjahresplanes wohl immer noch nicht richtig verstanden hatte und er erklärte mir noch einmal, was ich als Beitrag zur Steigerung unseres sozialistischen Nationalprodukts – oder so ähnlich – zu leisten und wohl wieder verfehlt hatte. Die Zahlen gingen ja auch über das Kombinat nach Berlin. Und Wende war einer der Fleißigsten, der las – und verstand – leider fast alles."

"Und dann?"

"Ja, dann durfte ich mich setzen und wir haben uns so ein bis zwei Stunden unterhalten, was so alles zu verbessern wäre. War dann ganz freundlich."

"Und dann durften Sie wieder fahren?"

"Ja, er machte dann auch irgendwann Schluß und wir verließen zusammen das Haus. Unterwegs legte er mir manchmal seinen Arm auf die Schulter und sagte: *Ja, Fritz, so ist das.*"

Bertram lachte. "Ja, kenne ich ähnlich. Ich wurde immer sonntags am Nachmittag von meinem Vorstand angerufen und dann gingen wir meistens über eine halbe Stunde die Dinge durch, die ich noch zu erledigen hatte oder noch nicht erledigt hatte. Immer alles zur Freude meiner Familie."

"Na, sehen Sie," grinste Gruber, "da haben wir ja die gleiche Ausbildung hinter uns."

Kapitel 25

Werkleiter Enke wurde vom Pförtner aus der Vorstandssitzung gerufen, ein 7er BMW war auf den Werkshof in Dresden gefahren. Bertram und seine Kollegen schauten neugierig aus dem Fenster und sahen, daß sich ihr angekündigter neuer Chef von der Treuhand, Herbert Plischke, und Enke an der offenen Tür des Autos unterhielten und daß Enke immer wieder in den Wagen blickte. Der darin sitzende Fahrer erklärte ihm anscheinend etwas. Als Enke den Besucher dann im zweiten Stock ablieferte, bemerkte er, daß selbst die kleine Straße vor dem Werk in Niedersedlitz programmiert sei. Zunächst verständnislose Blicke, dann verstanden sie, daß es um ein neuartiges Navigationssystem ging. Zunächst nur in den großen Wagen, wie Bertram im Gespräch mitbekam. ›Aha‹ dachte er, ›der Mann ist auf neue Techniken eingestellt und das kommt jetzt auch zu uns.‹ Bertram hatte von Jakobus gehört, daß Plischke als Sanierer einer Anlagen-Leasing-Gesellschaft tätig gewesen war. Also Banker, auch gut. Im Augenblick war dieser an einem Durchgang durchs Werk nicht interessiert. Eben kein Techniker.

„Also, meine Herren", sagte Plischke, im Besprechungszimmer angekommen, „wenn ich hierher komme oder in die anderen Werken, dann will ich mit Ihnen sprechen, dann brauchen wir keinen Werkleiter dabei. Der kann uns nachher das Werk zeigen. Die haben in der Vergangenheit das gemacht, was man ihnen gesagt hat und keine eigenen Ideen entwickelt. Denen können Sie auch nicht von heute auf morgen moderne Maschinen hinstellen. Damit können die gar nicht umgehen. Das ist rausgeschmissenes Geld. Woher sollen die das auch wissen? Also, Sie sind es, die hier verantwortlich sind!"

Glücklicherweise hatte sich Ihnen Enke nicht angeschlossen und Plischke schien nicht zu wissen, daß ihr technischer Kollege aus dem alten System kam.

Plischke dozierte weiter:

„Unsere Aufgabe ist es, die Betriebe, welche rentabel sind – da werden sicher keine dabei sein – oder kaum Sanierungsbedarf haben, sofort zu privatisieren, also zu verkaufen. Bei den Werken, wo ein erheblicher Liquiditätsbedarf vorhanden ist, bei denen aber die Möglichkeit besteht, in absehbarer Zeit rentabel zu werden, muß ebenfalls ein Übernahmepartner gesucht und gefunden werden, solange hilft die Treuhand. Sie aus dem Westen", und dabei schaut er die drei Vorstände an, „haben doch sicher auch durch ihre früheren Tätigkeiten viele Kontakte. Die sollten Sie mit einbringen."

Heinze wollte etwas sagen, aber Plischke ging nicht darauf ein.

›Mensch Heinze, wo ist Dein Stolz!‹ Bertram schaute ihn länger mit hochgezogenen Augenbrauen an. Doch der Techniker schwieg und Plischke erklärte weiter:

„Unternehmen, die nicht zu sanieren sind, müssen abgewickelt werden, tut mir leid, ist aber nicht zu ändern."

›Klare Lage. Sanieren und verkaufen oder abwickeln. Der Mann redet Klartext. Nur gut, daß er bei seinen Ausführungen nicht den Daumen benutzt hat. Rom ante portas. Sollte ich ihn fragen, ob er dann auch bei den Betriebsversammlungen in den Werkhallen dabei ist? Besser im Augenblick nicht.‹

Und dann, nachdem Plischke ihnen die Firmen aufgezählt hatte, die zu seiner Management AG gehörten, und das waren die verschiedensten Branchen, von Transportunternehmen bis zu Gießereien, dazwischen die Motoren, kam noch eine kleine Überraschung:

„Wir werden uns gleich nach dem Mittagessen Foron ansehen. Die bauen Kühlschränke in einer ganz neuen Technik, die es noch gar nicht im Westen gibt. Den Kompressor-Bereich als separates Produkte haben Sie zu übernehmen, da gibt es doch reichlich Abnehmer in Europa", und dabei sah er Bertram an.

›Kompressoren aus der ehemaligen DDR, darauf hat die Welt gewartet,‹ Bertram dachte an seine Fertigung in K. Eine Menge für den eigenen Konzern, die kaum wettbewerbsfähig war gegen die großen wie z. B. Danvoss, mit einer Produktion von über 4 Millionen Stück. Weiter Miele, Elektrolux, Liebherr, Siemens usw. Und dann noch mit einer neuen Technik! Das wird richtig Spaß machen.‹

Aber er und seine Kollegen waren dann wirklich überrascht. Das Werk lag nur wenige hundert Meter entfernt, hinten auf dem Gelände des Großmaschinen-Werks und Bertram und seine Kollegen erhielten eine technische Lehrstunde. Man arbeitete seit längerem daran und erste Prototypen wurden getestet, bei der Kühlung ohne das giftige Fluorchlorkohlenwasserstoff auszukommen und durch ein umweltfreundliches Propan-Butan-Kühlgemisch zu ersetzen. Das wäre wirklich ein außerordentlicher technischer Fortschritt zur Schonung der Umwelt. Im Westen noch nicht im Markt. Wenn das bekannt würde, müßte der Wettbewerb sehr schnell darauf reagieren.

Bertram sprach Plischke an:

„Das sollte man absolut geheim halten und dann auf der Kölner Hausgeräte-Messe vorstellen, aber nicht, bevor das Werk voll lieferfähig ist. Vielleicht könnte man einen Vorsprung von einem Jahr herausholen."

Die Antwort Plischkes war kurz: „Was denken Sie, wie lange wir hier Zeit haben? Stimmen Sie sich mit den Verantwortlichen ab, das muß sofort in den Markt gehen."

Ebenfalls neu: Der Kühlschrank als halbrundes Gerät, in jede Ecke zu stellen. Die Innenflächen konnten gedreht werden. Gute Idee. ›Auch hier bloß nicht zu früh an die Öffent-

lichkeit, nicht protzen: *Neu und besser als der Westen!* Oder, was hatte er ein paar Mal gelesen: *Überholen ohne einzuholen.* Besser noch: *Von der DDR lernen heißt siegen lernen.*‹
Und dann doch noch ein Gang durchs Großmaschinen-Werk. Und da standen immer noch die dicken KSB-Brummer.
„Und warum haben Sie die noch nicht verkauft?"
„KSB will Sie nicht haben!"
Und überraschender Weise entwickelten sich ähnliche Fragen an Bertram, wie er sie vor ein paar Tagen an die Dresdner gestellt hatte. Nur diesmal war er der Schuldige. Plischke blickte ihn starr an. Bertram erklärte ihm den Stand der Gespräche. Der Treuhand-Manager kommentierte das Ganze nicht und wandte sich ab. Dann ein überraschender Sprung:
„Machen Sie einen Termin mit der Meier-Werft in Papenburg. Ich habe da kürzlich mit einem Vorstand gesprochen. Da fahren wir hin. Wir brauchen Umsatz."
Bertram hoffte, daß Plischke der Schiffswerft nicht die speziellen Pumpen-Motoren verkaufen wollte, dann würde er besser bei dem Gespräch nicht dabei sein. Er hatte den Eindruck gewonnen, daß Plischke die Technik und der spezielle Einsatz von Elektromotoren noch nicht ganz geläufig war.
›Nun wissen wir aber, was wir zu erwarten haben.‹
Jakobus und Heinze schwiegen ebenfalls. Es wurde dann mit Plischke ein monatliches Gespräch vereinbart – in der Treuhand oder in einem der drei großen Werke der EMD. In einem Nachgespräch sind sich die Drei einig: Der Mann mag seine Macken haben, aber *Volle Verantwortung bei uns,* und *einmal im Monat treffen wir uns,* das ließ viel Freiheit und entsprechende Hilfe zu und es keimte eine kleine Hoffnung, daß sie es schaffen könnten, den Kern der EMD zu erhalten. Dazu brauchten sie allerdings nach ihrem jetzigen Kenntnisstand noch jede Menge Zeit und noch mehr Geld und dann jemanden, der interessiert an ihnen war, wenn auch nur, weil er durch einen Verlustvortrag weniger Steuern zahlen wollte.

Kapitel 26

„Polizeirevier Friedrichstraße, Kommissar Gieselmann am Apparat. Was kann ich für Sie tun?"

„Guten Tag, ich suche – nein, noch einmal: Kommissar Beckmann, ich rufe aus K. an. Ich bitte Sie um Hilfe. In Zusammenhang mit einem Mordfall in K. suchen wir eine Person, die uns vielleicht weiterhelfen kann und die könnte ganz in der Nähe von Nienburg auf einem Dorf wohnen. Vielleicht Lemke oder Marklohe. Habe ich aus dem Atlas gesucht. Mehr wissen wir nicht."

Kommissar Gieselmann antwortete nicht sofort und überlegte, ob das vielleicht ein Scherz-Anruf sein könnte, antwortete dann aber freundlich:

„Das ist unser tägliches Geschäft, Personen zu suchen, die wir nicht kennen." Er winkte einem Kollegen zu und flüsterte ihm zu, zu klären, woher dieser Anruf kam. Dann wandte er sich wieder dem Anrufer zu:

„Haben Sie etwas, was uns weiterhelfen könnte?"

„Ja, die Person könnte eine Tochter haben, die Ute Glade heißt, gebürtige Kanning."

„Also sie suchen eine Familie Kanning, oder sehe ich das falsch? Das wäre doch wirklich einfach."

Der Kollege schob ihm einen Zettel und darauf stand: *Polizeirevier K.* Gieselmann fragte sich, ob er es mit einem Ostfriesen zu tun habe, führte sein Gespräch aber freundlich fort:

„Also Herr Kollege, wo sehen Sie ein Problem?"

„Ja, es ist so, wir suchen die Mutter von Frau Glade, ohne hierüber mit Frau Glade zu sprechen – dann könnte eventuell eine Abstimmung zwischen den beiden erfolgen, die wir vermeiden wollen."

„Gut, Herr Kollege, wir werden das heraussuchen. Geben Sie mir Ihre Nummer, ich rufe wieder an. Und schöne Grüße nach Ostfriesland."

Beckmann saß wie betäubt an seinem Schreibtisch. ›Was habe ich da für einen Scheiß geredet. Hätten wir natürlich von hier rausfinden können. Was denken die von uns? Aber ich konnte doch keinen Kollegen hier im Revier einschalten.‹

Und schon klingelte das Telefon und er erhielt die Adresse des Kanning-Hofes. Er bedankte sich und konnte gerade noch sagen, daß K. nicht in Ostfriesland liege. Der Kollege lachte und wünschte trotzdem einen erfolgreichen Tag.

Zwei Tage später nahm sich Beckmann einen dienstfreien Tag. Lange hatte er überlegt, ob er seine Fahrt in Zivil oder in Dienstkleidung durchführen sollte, entschloß sich dann, nicht in Uniform zu fahren. Er legte jedoch seine Dienstjacke auf den Rücksitz.

Während dieser für ihn traumatischen Fahrt machte er zweimal eine Pause, um zu überlegen, was er wollte und wie er es anstellen sollte, herauszufinden, was er wollte. Ein Film über seine Jugendzeit, der immer wieder riß und dann nach dunklen, verschwommenen Stellen wieder aufflackerte, lief ständig vor ihm ab. Seine ersten Streifengänge in Nienburg tauchten auf, die Schulungsstunden, dann die Abende mit den Kameraden, fast alle im gleichen jugendlichen Alter. Die Tanzabende in der Gastwirtschaft am Waldrand; der Name *Krähe* für diesen Wald fiel ihm wieder ein. Und dann sah er sie wieder vor sich. Sie hatten den ganzen Abend ausschließlich miteinander getanzt. Und am nächsten Wochenende wieder und dann wieder. Und dann der wunderschöne Sommerabend, an dem es passierte und ihr letzter Bus abgefahren war und er ihr Geld für ein Taxi gab, denn er traute sich nicht, ihr anzubieten, sie mit dem Fahrrad nach Hause zu fahren. Und am nächsten Wochenende kam sie nicht und am übernächsten auch nicht. Und auch eine ihrer Freundinnen, die öfter in ihrer Begleitung war, weigerte sich, ihm Auskunft über ihre Adresse zu geben. Und dann kam überraschend ein Einsatz über mehrere Tage an der holländischen Grenze. Dann der neue Einsatzort in K. Er hatte sich damals vorgenommen, sie in seiner ersten Freizeit zu suchen – es verblieb. Er sah sie auf der ganzen Fahrt nach Lemke vor sich: Ute, nein, nicht Ute Glade, Carola war ihr Name, Carola Kanning – CK von ihrer Freundin und dann auch von ihm genannt wie er sich wieder erinnerte.

›Warum habe ich mich nicht gemeldet? Was ist mit ihr passiert? Warum war ich so feige? Kann ich sie überhaupt besuchen?‹

Kurz vor dem Dorf fuhr er noch einmal auf einen Parkplatz. Er drehte ein Fenster herunter. Er merkte die kühle Luft kaum.

›Ich kann sie nur in der offiziellen Sache Dr. Berg aufsuchen. Ihre Tochter sei eventuell in den Vorgang verwickelt. Ich muß sehen, wie ich klarkomme.

Jetzt nicht zurück.‹ Er gab Gas und fuhr langsam in das Dorf. Bremerstraße sechs. Eine lange Hofauffahrt, gesäumt von alten Eichen, dann der Hofplatz. Es war niemand zu sehen, nichts rührte sich. Beckmann stieg nicht aus. Er hielt sich am Steuerrad fest. Überlegte kurz, umzudrehen. Da wurde das Tor eines Nebengebäudes geöffnet und ein Mann, so um die vierzig Jahre, wie Beckmann schätzte, zögerte einen Moment und kam dann auf seinen Wagen zu. Er stieg aus, blieb neben seinem Auto stehen.

„Guten Tag, kann ich Ihnen helfen?"

Beckmann erwiderte den Gruß, sah in das Gesicht seines Gegenüber, stotterte ein wenig, als er erklärte, daß er in einer ungelösten Kriminalsache ein Gespräch mit einer Frau Carola Kanning führen möchte, die ihm in dieser Angelegenheit vielleicht eine Auskunft aus früherer Zeit geben könne. Er zog dann seinen Polizeiausweis aus der Tasche und stellte sich als Kriminalkommissar aus K. vor.

„Sie wollen meine Mutter sprechen", erwiderte der Mann und stellte sich als Berthold Kanning vor. Beckmann hatte den Eindruck, als hätte sein Gegenüber plötzlich alle Farbe aus dem Gesicht verloren. „Ja, sie ist drinnen, ich sage ihr Bescheid. Soll ich bei dem Gespräch dabei sein?"

„Nein, nein", beeilte sich der Beckmann zu sagen und hätte fast hinzugefügt, daß es sich um eine private Angelegenheit handle. „Nein, es sind nur ein, zwei Fragen, dann fahre ich wieder. Lassen Sie sich nicht von der Arbeit abhalten. Das Ganze kann hier draußen ganz schnell geklärt werden."

Der Hof-Mann drehte sich um und stolperte fast über einen höher stehenden Stein der Pflasterung bei seinem Gang in das Wohnhaus.

Nichts geschah. Nach zwei, drei Minuten entschloß sich Beckmann zu der Tür des Hauses zu gehen, durch die Berthold verschwunden war. In dem Augenblick ging die Tür auf und sie kam heraus. Beckmann blieb stehen. Er wußte nicht, was er tun sollte. Carola kam mehrere Schritte auf ihn zu, sah ihn an und sagte mit unbewegtem Gesicht:

„Du kommst spät. Willst Du Dein Taxigeld zurück haben?"

Und da sagte Beckmann wieder etwas Dämliches:

„Ach, Du glaubst doch nicht, daß ich wegen dieser paar Mark hierher komme."

Das Gesicht von Carola Kanning verzog sich leicht, sah ihn spöttisch an und antwortete dann mit einem milden Lächeln:

„Berti, Du bist noch genau so naiv wie damals. Was willst Du jetzt?"

Und dann sprudelte es aus ihm heraus, daß Verschwinden von Dr. Berg und wie in ihm das Gesicht von Ute Glade Erinnerungen wach gerufen hätte. Wie er sich schäbig vorgekommen sei und wie er diesen Besuch nun machen mußte, um ... Er stockte und sagte zögerlich: „und ich bin natürlich nicht wegen des Mordes hier, sondern um Dich, um ...", er stockte wieder, wollte weiterreden, da unterbrach ihn die Hofherrin:

„Berti, wir waren damals beide jung und beide naiv. Und ich habe das dann eingesehen und ich dachte, daß Du das auch so angesehen hast und ich habe nicht mehr nach Dir gesucht. Und nun noch eins Berti, und das ist ja sicher der Grund, weshalb Du überhaupt gekommen bist: Du hast nichts mit Ute zu tun, absolut nichts. So, und nun fahr beruhigt nach Hause, laß Ute in Ruhe, denn sie hat natürlich nichts mit dem Verschwinden ihres Chefs zu tun. Und dann lass die Vergangenheit ruhen. Fahr mit Gott, Berti, aber bitte, fahr jetzt."

Sie drehte sich um und ging ins Haus zurück. Während Beckmann noch völlig starr auf dem Hof stand, zog Carola Kanning ihren Sohn hinter der Gardine weg, streichelte seine schweißnasse Wange und sagte:

„Es ist alles in Ordnung, Berti, fahr ruhig wieder nach Hannover. Es wird nichts mehr geschehen."

Kapitel 27

„Dann müssen wir unsere Zusammenarbeit beenden. Auf der bisherigen Preis-Basis können wir keine Motoren mehr an Sie liefern."

Demonstrativ klappte Bertram seinen Ordner zu und steckte den Kugelschreiber in die Innentasche seiner Jacke. Schweigen. Er blickte aus dem Fenster des Besprechungszimmers in den kleinen Innenhof eines modernen und zweckmäßigen Gebäudes. Ein kleiner Teich, zugefroren. Ein kalter Januar. Ebenso die Stimmung. Sein erster Besuch in der EMD-Vertretung in Dänemark. Man hatte ihn gebeten, zu kommen und er hatte einen anderen Termin verschoben, war am gestrigen Abend von W. nach Hause gefahren, seine Kinder schliefen schon, war nach einem schnellen Frühstück am nächsten Morgen die rund 400 km bei leicht verschneiten Autobahnen ins Land der Dänen gekommen. Gustafsson Senior und Junior hatten ihm das gut gefüllte Lager gezeigt, vielleicht mit dem Hintergedanken, ihm zu demonstrieren, daß man in den nächsten Monaten nicht auf weitere Zulieferungen der EMD angewiesen war. Sicher war den cleveren Unternehmern auch klar, daß die goldenen Zeiten des billigen Einkaufens aus einem kommunistischen Land, das auf Devisen angewiesen war, nun zu Ende gingen. Die Werkstatt der Fremdvertretung war optimal eingerichtet um kurzfristig und flexibel auf Kundenwünsche reagieren zu können. Bertram hatte bei seinen alten EGA-Vertretungen nichts Vergleichbares gesehen. Bertram wußte, daß seine Kalkulationen immer noch nicht in Ordnung waren, daß die Preise auf Grund der derzeitigen niedrigen Auslastung der Werke wesentlich höher sein müßten. Man hatte sich im Vorstand jedoch darauf geeinigt, alles auf Basis einer siebzigprozentigen Auslastung zu kalkulieren, da sie sonst die Werke sofort hätten schließen müssen.

›Wir müssen tausende von Mitarbeiter freisetzen und die haben sich hier über Jahre eine goldene Nase verdient. Es gibt keinen anderen Weg als diese notwendigen Preiserhöhungen! Du kannst Dich auf keinen Kompromiß einlassen!‹ Daran bissen sich seine Gedanken fest. Er mußte sich zur Ruhe zwingen, als er schon nach kurzer Diskussion vom Vertriebsleiter der Firma angegiftet wurde: „Sie denken, nachdem Sie die DDR übernommen haben, können Sie mit den alten Vertriebspartnern machen, was Sie wollen. Seit über zwanzig Jahren verkaufen wir die Motoren aus W., Zwickau und Dresden nicht nur in Dänemark, sondern auch gezielt an einige Kunden in Schleswig-Holstein. Das ist mit den Werken abgestimmt. Sie wissen wohl auch nicht, daß wir vor rund zehn Jahren hunderte von Generatoren für Windkraftparks über Dänemark in die USA geliefert haben. Wir haben auf unserem Arbeitsgebiet den größten Marktanteil in Dänemark. Und jetzt kommen Sie und verdoppeln mal eben die Preise. Da müssen wir uns sofort um einen anderen Partner in Europa kümmern."

Senior und Junior Gustafsson hatten bei den Tiraden ihres Mitarbeiters keine Miene verzogen und Bertram nur unverwandt angesehen. Auch der schwieg und dachte, jetzt innerlich ruhig geworden ›Friß es oder stirb; er wird es fressen müssen!‹ Und dann machte Gustafsson Junior einen Fehler, wie er einem ausgebufften Einkäufer nicht passieren durfte. Er blickte Bertram halbwegs freundlich an und sagte: „Ja, vielleicht sollten wir jetzt erst einmal etwas zu Mittag essen. Wir haben nebenan", und er wies durch die bis zum Boden gehende Glaswand auf den anderen Teil des Hauses „etwas vorbereitet." Diese Einladung war für Bertram das Signal, daß man gewillt war, die Gespräche auf einer anderen Basis fortzuführen. Der Junior wollte aufstehen, aber da winkte Bertram ab. „Vielen Dank Herr Gustafsson, daß Sie mich zum Essen einladen wollen, aber zunächst möchte ich doch ein wenig auf das eingehen, was Herr Hansen eben gesagt hat", und damit wandte er sich direkt an den Leiter des Vertriebs:

„Herr Hansen, ich will es wirklich sehr zurückhaltend und freundlich sagen, aber Sie vermitteln mir den Eindruck, als hätten Sie in keinster Weise verstanden, was sich seit einem Jahr in Deutschland abgespielt hat und wie sich das Land zur Zeit entwickelt. Sie vermitteln weiter den Eindruck, als wären Sie gänzlich uninformiert darüber, daß die Firma Gustafsson – natürlich mit Zustimmung des Kombinats in der DDR – zwanzig Jahre lang lukrative Geschäfte gemacht hat, wie Sie es mit Motoren aus westlichen Ländern nie erreicht hätten. Ich will nicht sagen, daß ich persönlich das nicht auch an Ihrer Stelle gemacht und ausgenutzt hätte, aber ich traue mir so viel Verstand zu, daß ich wüßte, in welcher Situation sich die Firma in dieser Zeit des Umbruchs befindet. Ich würde mir außerdem zutrauen zu verstehen, daß dort im Osten Deutschlands jetzt Mitarbeiter am Werk sind, die gute Positionen in Westdeutschland aufgegeben haben, um zu versuchen, eine Reihe von Firmen, darunter die EMD, am Leben zu erhalten und damit auch mit allen ihnen zur Verfügung stehenden Möglichkeiten versuchen, zum Beispiel der Firma Gustafsson, soweit es nur eben geht, entgegenzukommen, um mit ihr weiterhin Motorengeschäfte zu machen. Und, Herr Hansen, Sie sollten mir zutrauen zu erkennen, daß die Firma Gustafsson nicht von heute auf morgen einen neuen Lieferanten für Motoren bekommen kann, selbst aus China nicht, es sei denn, Sie wollen sich auf rumänische Motoren konzentrieren. Ich weiß recht genau, in welcher Lage, ja Abhängigkeit, Sie sich befinden und die will ich – hören Sie gut zu – die will ich nicht ausnutzen, deshalb bin ich nicht hier. Ich versuche mit Ihrem Haus einen Weg zu finden, daß wir beide damit leben können."

Bertram stand auf, ohne weiter auf Hansen zu achten, blickte Gustafsson Junior freundlich an und dankte ihm noch einmal für die Einladung zum Mittagessen. Er fühlte sich nach dieser Ansprache wesentlich besser und es war ihm völlig egal, ob er jetzt einen Freund fürs Leben gewonnen hatte oder nicht. Ihm war wieder ein Stück klarer geworden, daß die Freude der Deutschen über ihr wiedervereinigtes Land ausschließlich eine innerdeutsche Angelegenheit und für die Geschäftspartner der früheren DDR-Betriebe andererseits eine ziemliche Pleite war. Aber es gab keinen anderen Weg. Er hatte zwar noch den Vorteil der niedrigeren Lohnkosten im Osten gegenüber den westdeutschen Wettbewerbern, der wurde jedoch durch die fehlenden Rationalisierungs-Möglichkeiten beim Einsatz des veralteten Maschinenparks und somit der Produktivität mehr als überkompensiert.

Ähnlich verliefen die Gespräche in anderen Auslandsvertretungen, die Bertram in den Monaten Januar und Februar besuchte.

Überraschend verlief sein Antrittsbesuch in Italien, wo ein Vertreter der EMD sieben Händler betreute. Die hatte dieser in einem Hotel zu dem Gespräch zusammen geholt. Kurz vor Beginn der Besprechung teilte er dem fassungslosen Bertram äußerst kühl mit, daß er am nächsten Tag in Pension gehen werde. Das habe er der Zentrale mitgeteilt. Um einen Nachfolger habe er sich nicht bemüht, denn das sei Aufgabe der Zentrale. Der Herr war zu keinem Einlenken bereit. Er habe, bis auf dieses Treffen, schon alle seine Verbindungen im Land gekappt und werde sich in Berlin, in Ost-Berlin, wie er betonte, zur Ruhe setzen.

Wieder eine Situation, in der Bertram mit zusammen gebissenen Zähnen Haltung bewahren mußte. Auch, um diesem Altkommunisten nicht eine in die Fresse zu schlagen. Bertram forderte ihn dann auf, gleich zu Beginn der Besprechung die Vertreter über diese Situation zu informieren. Der Mann hatte keinerlei Skrupel, ohne irgendeine Bewegung den Sachverhalt darzustellen. Bertram konnte es sprachlich nicht kontrollieren, schloß es aber aus den erstaunten Blicken der anwesenden italienischen Händler. Stille. Zwei Händler besprachen sich und dann meldete sich einer der beiden.

„Mein Name ist Enrico Partisani. Ich spreche etwas deutsch, weil meine Sekretärin, Frau Müller, ist Schweizerin. Sie bearbeitet alle Korrespondenz mit Ihrer Firma. Mein Büro ist in Mailand und das Lager und die Werkstatt in Forli, das ist nicht weit von hier. Ich schlage Ihnen einen Vertreter für Ihre Firma in Mailand vor. Das ist Ingeniere Migliarini, den Sie vielleicht kennen."

Überraschung! Er kannte Michelangelo Migliarini seit über 20 Jahren. Er war der EGA-Vertreter für seine alte Motoren-Firma. Ein guter Ingenieur, der fließend deutsch sprach.

„Danke, natürlich kenne ich ihn. Aber er arbeitet für die EGA, steht also nicht zur Verfügung."

„Er arbeitet seit Ende letztes Jahr nicht mehr. Ist in Pension geschickt. Fragen Sie ihn. Er möchte sicher noch ein paar Jahre arbeiten."

Das war ein wirklicher Glücksfall. Noch im Besitz der ehemaligen geschäftlichen Telefonnummern versuchte er sofort, Migliarini zu erreichen. Das EGA-Büro gab ihm dessen Privatnummer und Bertram erreichte ihn. Er war bereit, in Kürze nach W. zu kommen, um eine Vereinbarung zu treffen. Nach der Entlassung von tausenden von Mitarbeitern die erste Einstellung – ein Italiener!

Unangenehm verlief es in der französischen Vertretung mit Sitz in Straßburg. Und der Einkaufsleiter war natürlich Elsässer. Nachdem auch dort die Notwendigkeit der Preiserhöhungen vorgetragen worden war, um überhaupt weiter liefern zu können, wurde vom Kaufmann der Vertretung sehr drastisch zum Ausdruck gebracht, daß die Deutschen ja sehr viel Übung im Brechen von Verträgen hätten. Der Eigentümer der Vertretung saß still daneben. Wieder eine Konfrontation mit der Geschichte. ›Warum bin ich nicht geschult worden, bei solchen Stigmatisierungen richtig zu antworten?‹ fragte sich Bertram. Er sagte dann durch die Zähne und schaute seinen Gegenüber starr an:

„Lassen Sie mich in Ruhe bis zehn zählen, dann können

wir entweder vernünftig weiter miteinander sprechen oder wir brechen das Gespräch ab."

Einen Augenblick passierte nichts. Dann stand der Kaufmann auf, nahm seine Unterlagen und verließ den Raum.

Es kam zu einer kühlen, aber letztlich sachlichen Verabschiedung und die letzten Worte des Eigentümers waren:

„Wir werden weiter zusammen arbeiten, geben Sie mir Ihre Vorstellungen schriftlich. Seien Sie aber vergewissert, daß wir einen zweiten Lieferanten aufnehmen müssen."

Aufgewühlt verließ Bertram das Gelände der Firma und erst als er das Elsass verlassen hatte fuhr er auf einen Parkplatz an der Autobahn. ›Werden wir diesen Mist nie los?‹

Kapitel 28

Die ersten ein, zwei Stunden des ersten Messetages waren wie immer die ruhigsten. Die drei Vorstände hatten sich zu einem Kaffee zusammengesetzt, informierten sich gegenseitig über die letzten Ereignisse in ihren Bereichen und stimmten den Ablauf des Tages ab. Heinze wollte Jakobus über die Stände der Wettbewerber führen und Bertram erwartete die EMD-Vertretungen, die er noch nicht besucht hatte und natürlich deren Kunden, von denen sich einige für den Tag angemeldet hatten.

Bertram berichtete über den Stand des Ausbaus der Vertriebsbüros in Deutschland.Er suchte noch Unterkünfte in Stuttgart und Dresden. Damit verbunden war die Auflösung des Zentralvertriebs in Berlin. Für den Standort Berlin wurde ein kleines Büro für vier Mitarbeiter im Wedding gesucht. Vorbei mit dem Überblick auf Weihnachtsmarkt und KWG-Kirche.

Es gab keine umständlichen Abstimmen mit der Zentrale wie in früheren Zeiten, als selbst Anfragen der Regionalzeitung nach Köln verwiesen werden mußten. Und solange die immer wieder vorsichtig von ihnen gestellte Frage an die Treuhand damit beantwortet wurde, die EMD gehöre noch zu den sanierbaren Gesellschaften, wurden mehr als 14 Stunden am Tag gearbeitet.

„Ja, etwas Positives", bemerkte Bertram, „der Hesse will kaufen."

Es war ihm gelungen, einen Pumpenhersteller aus dem Frankfurter Raum, den Bertram schon seit Jahren für seine alte Firma besucht hatte, ihn aber nicht als Kunde gewinnen konnte, zu überzeugen, sich ein Werk in der Nähe Dresdens anzuschauen. Eine gute Ergänzung zu seinem Programm für Gartenteichpumpen. Der ehemalige stellvertretende Minister für Elektrotechnik, Karl-Heinz Wende, der nun für die Treuhand arbeitete, und Bertram holten den Wessi am Dresdner Flughafen ab und da die Maschine eine halbe Stunde Verspätung hatte, beschloßen sie, zunächst in einem Gasthaus auf dem Lande zu Mittag zu essen. Sie betraten das leere Gastzimmer um wenige Minuten nach zwei Uhr und nach einiger Zeit schaute eine Frau in den Gästeraum und sagte:

„Die Küche ist um zwei geschlossen." Der Hesse sah sie freundlich an und fragte.

„Ei, wolle Sie nix verdiene?" Äußerst kühl und ohne die Miene zu verziehen kam die Antwort:

„Wollen Sie jetzt frech werden?"

Diese Einstellung zum Kunden aus früherer DDR-Zeit war selbst dem mitgefahrenen ehemaligen Minister zu viel und er sagte der Frau, in anscheinend altem DDR-Stil, einige drastische Worte. Sie bekamen etwas zu essen.

Dieser Hesse hatte sich nun gemeldet und mitgeteilt, daß er Interesse habe, das Werk zu übernehmen, unter der Voraussetzung, daß vorher noch rund 60 Prozent der Mitarbeiter abzubauen seien und dann müßten natürlich die Löhne und Gehälter erheblich reduziert werden.

Schweigen unter den Dreien.

„Na gut", sagte Jakobus und holte tief Luft, „dann fahren Heinze und ich hin und bereiten das mit der Personalabteilung vor. Die Treuhand informiere ich. Allein kann das Werk wohl nicht überleben und bei uns wohl auch nicht. Wir sollen ja privatisieren."

Es war das zweite kleine Spezialmotorenwerk, für das sie einen Interessenten gefunden hatten. Alles was an Produkten in weiteren kleinen Werken und Betriebsstätten der EMD anzubieten war, wurde im Westen wesentlich günstiger und qualitativ besser hergestellt.

Bertram lernte in den folgenden Tagen freundliche Menschen aus den EMD-Vertretungen in Südamerika mit langjährigen geschäftlichen Verbindungen kennen. Auch Vertreter aus dem Ostblock fanden sich ein. Eine große Familie, wie er sie bei seiner alten Firma nicht gekannt hatte, da deren Vertreter ständig die unterschiedlichsten Stände ihrer Muttergesellschaft aufsuchen mußten. Moskau war nicht vertreten. Dort hatte die EMD eine eigene Vertretung, die in der ehemaligen Botschaft der DDR untergebracht war. Er würde sie als Nächstes besuchen.

Aus den Gesprächen mit einer großen Anzahl von westdeutschen Kunden ergaben sich im Laufe der Messetage merkwürdige Zusammenhänge. Die EMD-Mitarbeiter stellten fest, das bisherige Kunden, verteilt über Westdeutschland, gezielt mit äußerst niedrigen Preisen vom Wettbewerb angesprochen wurden. Die Übersicht zeigte, daß jeder der fünf großen Wettbewerber aus dem Inland und zwei ausländische Unternehmen sich anscheinend je drei Kunden vorgenommen hatten, denen sie Preise auf den Tisch legten, die bis zu 25 % unter dem üblichen und ihrem bisherigen Marktpreisniveau lagen und auch die alten EMD-Preise noch unterboten. Es gab keinen Zweifel: Der westdeutsche Wettbewerb, der Franzose und der Schwede hatten die EMD-Kunden aufgeteilt und wollten sie, selbst bei eigenen Verlusten, dem ehemaligen Ost-Unternehmen abnehmen.

Was war dagegen zu tun? Neben all den anderen Problemen nun die geeinigte Phalanx der westlichen Wettbewerber.

„Kennen Sie die Leute?" fragte Jakobus am Abend im Hotel.

„Alle, ja."

„Was können wir machen?"

Bertram zögerte einen Augenblick und äußerte sich dann vorsichtig.

„Ich würde an deren Stelle das Gleiche tun, um es deutlich zu sagen: mitmachen, wenn ich im Westen geblieben wäre. Für mich gibt es im Augenblick zwei Möglichkeiten:

Erstens, wir gehen mit unseren Erkenntnissen zur Treuhand und bitten um eine entsprechende Kampagne bei den Vorständen der entsprechenden Firmen. Ich denke aber, die Treuhänder werden das Problem auf die Schnelle überhaupt nicht verstehen oder solange brauchen, bis es für uns sowieso zu spät ist. Oder sie würden es vielleicht sogar begrüßen, erspart ihnen Arbeit und die Arbeitsplätze bleiben ja im Lande. Ich denke, daß die zweite Möglichkeit für uns die bessere ist: Ich werde damit drohen."

„Wem werden Sie drohen?" Heinze schaute ihn fragend an.

„Natürlich diesen Kameraden, wem sonst! Ich kenne die, die kennen mich. Und nun lassen Sie uns darüber nicht mehr sprechen und damit meine ich: überhaupt, denn das ist ein heikles Thema."

Am vierten Tag der Messe hatte Bertram, wie er gehofft hatte, mehrere von, wie er meinte, erfolgreichen Gesprächen geführt. Und das würde niemand zu würdigen wissen, denn er konnte es sich nicht offiziell an die Fahne heften.

Dann kam ein Anruf, auf den er schon seit Wochen unruhig gewartet hatte:

„Hallo, Herr Bertram. Glade hier. Störe ich?"

„Im Prinzip ja, ich bin auf der Messe und ärgere mich gerade über meine alte Firma. Wollen Sie ein Friedensangebot machen?"

Ute Glade schien ihn nicht zu verstehe. Fragte dann aber: „Wissen Sie es schon?"

Bertram wurde schlagartig in seine Unterwelt zurück geführt und der Lärm um ihn herum drang nicht mehr durch. Trotzdem verließ er den Stand und verzog sich in eine Ecke der Halle.

„Was ist los?"

„Große Aufregung! Unser Mitarbeiter in der Personalabteilung, Weisshäupl, ist von der Polizei abgeholt worden."

„Warum das denn?"

„So ganz genau weiß ich es nicht. Aber Kommissar Beckmann, der wohl immer noch intensiv an dem Verschwinden

Dr. Bergs arbeitet, hat die alten Personalunterlagen durchsehen lassen, ob da irgendwann etwas zwischen Dr. Berg und einem Mitarbeiter passiert ist, was den zu irgendeiner extremen Handlung veranlaßt haben könnte."

„Ja und, hat man einen Vorgang gefunden? Könnte ich ja vielleicht auch was davon wissen."

„Nein, aber in dem Raum, in welchem die alten Personalunterlagen, Gehälter und solche Sachen gelagert werden und für den nur Weisshäupl und ein anderer Kollege aus der Personalabteilung Zutritt hatten, hat man einen Schuh gefunden und das ist wohl der Schuh auf einem Foto, von dem ich Beckmann informiert habe."

„Und wieso Weisshäupl?"

„Man hat so eine Gegenüberstellung aller Mitarbeiter der Personalabteilung mit einer Frau aus einem Kaffee gemacht und die hat ihn wiedererkannt."

„Ich verstehe kein Wort, was heißt wiedererkannt? Als er Dr. Berg entführt hat oder was?"

„Nein, sie hat ihn öfter mit dem Ermordeten Otfried Lükermann in ihrem Kaffee gesehen. Also, so hat mir das Brocke erzählt."

„Und man meint jetzt, die beiden hätten Dr. Berg entführt und sich nachher selber umgebracht, bzw. Weisshäupl den Mann mit dem Hund?"

„Ich weiß nicht mehr, wollte Ihnen das nur sagen. Vielleicht müssen Sie ja auch noch einmal kommen. So, das nur zur Information. Gute Geschäfte, ich meine, aber nicht gegen uns." Sie legte auf.

Bertram blieb einen Augenblick stehen, drehte sich dann abrupt um und ging wieder auf den Stand. Die Geräusche der Messe drangen wieder an sein Ohr.

›Hat ja lange gedauert.‹

Die englischen Partner der EMD hatten Bertram eine Flasche Whisky mitgebracht. Der Hintergrund wurde ihm schnell klar: Sie wollten die EMD-Vertretung in Birmingham kaufen. Was versprachen sie sich davon? Bertram sagte zu,

sie in den nächsten Tagen nach der Messe zu besuchen. Und da hörte er zum ersten Mal eine Aussage über sich, als die beiden Vertreter glaubten, ungehört zu sein: *Is he cricket?* Und als Antwort: *He is from west-germany.*
›Wir werden sehen!‹ Es war das erste freundliche Wort von einem ihrer europäischen Vertreter. Aber sie sollten sich täuschen.

Zurück auf dem Stand, erhielt Bertram von Frau Nolte, der guten Seele des Ausstellungsstandes, einen persönlich an ihn gerichteten Briefumschlag ohne Absender.

„Ist für Sie vorhin abgegeben worden."

Bertram riß den Umschlag auf und fand eine kurze Notiz: *Wir wandern im Elsaß.* Datum und Hotel waren angegeben. Keine Unterschrift. ›Na, dann hat es ja gewirkt und sie haben mich aufgenommen‹. Er trug sich das Datum in seinen Kalender ein.

Als Bertram am Montag nach der Hannover-Messe von Frau Becker aus der Vorstandssitzung in W. geholt wurde, ein Telefonat, teilte ihm Ute Glade eine schreckliche Nachricht mit: Maximilian Weisshäupl hatte sich in der Untersuchungshaft in seiner Zelle erhängt. Und während Bertram vor sich hinmurmelte: „Dann hätte ich ja gar nicht in den Osten zu gehen brauchen", setzte Kommissar Beckmann ihm den dritten Toten auf die Rechnung, denn Ute Glade war für ihn keine Verdächtige mehr.

Bertram ging zurück in die Sitzung und sagte: *„Es hat sich von selbst erledigt."*